坚持中国特色社会主义

坚持马克思主义中国化

坚持中国基本经济制度

所有制改革

胡德巧 著

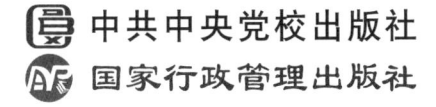

中共中央党校出版社
国家行政管理出版社

图书在版编目（CIP）数据

所有制改革 / 胡德巧著 . -- 北京：国家行政管理出版社：中共中央党校出版社，2021.12
ISBN 978-7-5150-2051-8

Ⅰ．①所… Ⅱ．①胡… Ⅲ．①所有制改革—中国—文集 Ⅳ．① F121.2-53

中国版本图书馆 CIP 数据核字（2021）第 224208 号

所有制改革

责任编辑	任丽娜　桑月月
责任印制	陈梦楠
责任校对	占　琴　张瑛琦
出版发行	中共中央党校出版社
地　　址	北京市海淀区长春桥路 6 号
电　　话	（010）68922815（总编室）　（010）68922233（发行部）
传　　真	（010）68922814
经　　销	全国新华书店
印　　刷	天津鑫旭阳印刷有限公司
开　　本	787 毫米 × 1092 毫米　1/16
字　　数	218 千字
印　　张	19.5
版　　次	2022 年 1 月第 1 版　2022 年 1 月第 1 次印刷
定　　价	68.00 元

微信 ID　中共中央党校出版社　　　邮　箱　zydxcbs2018@163.com

版权所有·侵权必究
如有印装质量问题，请与本社发行部联系调换

序 言

陈东琪[*]

好友胡德巧所著《所有制改革》一书由中共中央党校出版社出版。本人深感高兴，在此表示祝贺。

党的十一届三中全会向全党全国人民发出了经济体制改革的总动员。经济理论界和相关决策部门，按照党中央统一部署和实践是检验真理的唯一标准的基本要求，解放思想，实事求是，开始剖析传统计划经济体制的弊病，探索经济体制改革的道路。

所有制改革，是市场化改革的前提和基础，是从计划经济向有计划的商品经济、再向社会主义市场经济转变的关键。经过40多年的探索创新，基本形成了具有中国特色的"公有制为主体、多种所有制经济共同发展"的社会主义基本经济制度。这是几代人共同努力的结果。

本书作者胡德巧同志，在亲历改革政策制定过程中，对所有制改革问题进行了前瞻性研究，敏锐地提出了富有创建性的观点，为中国特色社会主义所有制体系和所有制结构的构建和完善，作出了难能可贵的贡献。长期以来，理论工作者从实际出发，把马克思主义与我国国情相结合，在所有制改革研究方面取得了很多好的成果。

---

[*] 陈东琪，国家发展改革委宏观经济研究院原常务副院长，著名经济学家，中国经济50人论坛专家成员，多次参加党和国家领导人主持的专家学者座谈会，多次在中央政治局学习会上授课。

现在呈现在读者面前的这部著作，就是其中的优秀佳作和突出代表之一。

仔细阅读《所有制改革》，我深刻感受到德巧同志的家国情怀和责任担当，感受到他对社会主义的笃定信念，感受到他深邃思考重大敏感问题的心路历程，感受到他将所有制理论成果转化为改革方针政策的信心和决心。相信，《所有制改革》的问世，定将给读者带来新的启迪，给倾心研究改革的同志增添新的鼓舞。

本书的显著特点是注重理论联系实际，在改革的关键时期研究关键问题，执意用新的观点影响改革决策。德巧同志从1986年开始研究所有制改革。本书主要从学术探索视角，研究所有制改革的核心范畴，如公有制、全民所有制、国家所有制、个人所有制等。他一方面指出，社会主义、公有制、国家所有制不等于全民所有制，所有制体系模式和公有制实现形式不能超越现实阶段，不能排除公有制以外的所有制形式存在。另一方面，社会主义初级阶段发展商品经济，建立公有制和商品经济相结合的体制机制，就必须取消全民所有制，转型国家所有制，重建个人所有制，支持混合所有制和民营经济发展。书中这些文章，集中讨论和明晰了现阶段所有制理论的基本概念，厘清和确认了发展商品经济所需要的所有制范畴和建构要件，为所有制改革理论转化为所有制改革政策制度，提供了有价值的思想来源和理论基础。

当然，从新型所有制理论创建和发展的历史脉络、时间曲线来看，之前的许多经济学家，对公有制、国家所有制、全民所有制等范畴的研究，对计划、市场和公有制实现形式之间关系的理解等，已经有大量知识积累和思想储备。但是，德巧同志关于突破传统公有制模式、公有制与市场经济的关系、调整所有制结构、完善基本经济制度、改革产权制度、发展民间投资等文章的重要贡献，不仅在于使其概念范畴更加清晰明了，而且主要在于其思想观点更具有系统性和政策指向性，为在"学术成果"和"政策举措"之间搭建直通桥梁铺垫了重要基石。

德巧同志是一个用心钻研改革的人。他擅长从实践应用视角，深入研究所有制改革的政策，总结概括所有制改革先行先试的宝贵经验，积极推动所有制改革理论在全国范围内得以实践实施。他与许多工作在改革第一线的同志一样，满怀建设中国特色社会主义、实现中华民族伟大复兴的责任感和使命感，自觉排除陈旧意识形态的各种干扰，用自己的知识、智慧和胆量，为国家的顶层改革决策起草政策文件，贡献政策思想，共同谱写改革理论与实践相结合的大文章。他的《中国现阶段"全民所有制"现实性问题的理论思考》一文，对"全民所有制"的思想渊源、本质特征、经验教训以及取消它现实存在的客观依据、重要意义等，分析透彻，笔到理到，解放思想，实事求是，与时俱进，大胆创新，直至决策采纳，直到"全民所有制"在国家的重要方针政策、实际工作实施和我们的经济生活中逐步淡出。这一研究成果，为我们找到了推进改革的重点、难点和切入点，对调整和完善所有制结构、坚持市场化改革、建立和完善社会主义市场经济体制，其理论意义和实践意义不言而喻。文章发表后，引起理论界强烈共鸣。这不能不说，该文是《所有制改革》书中的一篇重量级大作。

从他专门为本书写的导言中得知，他在撰写1993年全国上半年改革进展情况的稿子中，有意写了一条关于产权制度改革的内容，领导看到后，认为产权制度改革问题敏感，要求删除。但德巧同志根据一些地方实行产权制度改革的情况，包括股份制改革试点、产权交易市场试行、实施产权转让、企业兼并破产、国有小企业向"国有民营"转变等,在修改定稿时,不仅没有删除这一内容,反而对其进行了充实完善,并形成正式材料以简报形式发至各地,接着以个人名义在有关重要报刊公开发表。"结果这一条差一点被删除的内容,引起海内外很大反响,特别是引起一些省(区、市)的极大关注"。"在全年改革工作总结时,很多地方把产权制度改革的情况总结进去了,有的还把产权制度改革的内容列入了下一步改革工作计划。从此,所有制结构调整和产权制度改革在各地开始被逐步重视和开展起来"。这就不得不说,此举在一定程度上为推动关键领域改革提供了理论和实践支撑。1999年12月,他第一次向国务院提出的关于民间投资和民间资本概念、鼓励和引导民间投资发展的政策建议,经国务院总理多次批示上总理办公会讨论,被引起高度重视和中央决策采纳,并相继出台了一系列关于鼓励民间投资发展的政策性文件,使之成为党和国家的大政方针,为指导深化改革开放和促进民营经济发展起到重要作用。这也是他在研究所有制改革方面的一大贡献。

  近期,德巧同志认真阅读了《共产党宣言》与相关经典著作,写出了原创长篇作品《〈共产党宣言〉及其所有制问题》。文章旨在紧密联系实际,通过揭示我们曾经搞教条主义的极大危害和机械照搬苏联所有制模式的深刻教训,阐述在中国共产党的坚强领导下,坚持走中国特色社会主义道路、坚持把马克思主义中国化、坚持"两个毫不动摇"和坚定不移推进市场化改革所取得的辉煌成就,提出了进一步改革和调整所有制关系的观点,是一篇意义深刻且很有思想造诣的学习《共产党宣言》的心得体会。文章发表后,在庆祝中国共产党成立100周年期间受到广泛关注,引起很好反响。可以说,此文乃至全书，对于我们学习党史、新中国史、改革开放史、社会主义发展史等有一定帮助。

《所有制改革》是一部专门研究中国特色社会主义所有制改革理论与实践的著作。我之所以愿意为本书写序，除了以上说的，还因为本书内容集中，立意高远，见解独到，每一篇文章，句句说理，字字犀利，表现出作者对科学的敬畏，对真理的追求，以及不唯书、不唯上、只唯实的创新精神。

这是本人在阅读《所有制改革》后的真实感受。大家在阅读的过程中，可能会感受到本书不一样的魅力。尤其是在对照回顾我国经济体制改革的光辉历程时，我们还可能会切实感受到本书在改革中所扮演的不一般的角色。

现在来看，公有产权明晰，国有产权股份化和市场化经营，私有产权合法化，民间投资和民营经济蓬勃发展，完善了"公有制为主体、多种所有制经济共同发展"的体系模式，加快了现代企业制度的建设和发展，在国内外市场竞争中发挥了中国特色社会主义的制度体制优势，促进了中国经济的持续快速增长和繁荣昌盛。而我们之所以能够获得这样一份出色的成绩单，主要得益于中国共产党带领全国人民（包括在理论前沿和实践前线奋斗的改革者们），在探索中不断改革，在改革中不断创新，在创新中不断发展，在发展中不断繁荣进步！后人在分享这些改革发展的果实时，应当铭记包括德巧同志在内的这些默默无闻的"改革者们"付出的心血和贡献。

世界经济的近现代发展史，实际上都是创新文明的演进史。现代创新文明的内核是科技创新，科技创新的持续动力是基于开放和分工的市场制度，而开放市场的微观基础就在于产权制度和所有制关系的进步。从第一次工业革命到第三次工业革命，以英、美为代表的西方经济，获得多轮周期性繁荣，主要得益于以私权宪法化为基础的排他性私权和自由市场的所有权制度的持续效率。然而，随着以信息化、智能化、万物互联化的全球渗透，人类获取信息、研究思考、经济行为的方式，以及相互间的权利关系和商贸流联通模式，都发生了百年未有的深刻变化。这个深刻变化几乎无所不及，无域不包，无时不在。但是，从现代市场经济制度的建构和运行趋势看，赖以支撑的西方私产权结构模式正在发生裂变，无论是区块链之间，还是区块链内部，抑或是独立个体获取的信息，以及依据其信息创造出来的产品、服务，越来越多地以公共品形态和方式出现，西方经济体内整个产权结构中的公权份额越来越高，而排他性私权的比重趋向下降。

西方世界出现的这个新趋势，对中国意味着什么呢？在我看来，这并不意味着中国所有制改革、体制创新过程的终结。目前，我们的所有制结构模式，离"市场决定资源配置"的要求还相距较远，不同所有制经济之间的公平竞争机制还未完全形成，国有经济规模仍然较大，国有产权的运行效率还比较低，有些领域外资准入已经放开，而民营经济还不能自由进入。所以，推动传统所有制模式转型、构建自由竞争的产权运营机制的任务还未完成，需要继续深入推进。所以，我们在未来改革发展和现代化建设中，要继续坚持"两个毫不动摇"，完善我国基本经济制度，深化国有企业改革，发挥好公有制经济和非公有制经济两个积极作用。实现中华民族伟大复兴，不断增强中国特色社会主义制度的内生动力和外部吸引力，既要赢在自觉突破传统，又要积极引领未来。

目录
Contents

序 言 ··· 1

所有制改革回顾与展望 ··· 1
　　——《所有制改革》一书导言

所有制改革理论

所有制改革回顾与展望 ··· 1

突破传统的二元公有制模式 ··· 3

社会主义公有制和商品经济关系的历史回顾与几点思考 ······· 12

社会主义公有制形态简辨 ··· 30

市场经济与公有制和全民所有制的关系 ···························· 40

理顺产权关系，建立市场体制 ··· 45

中国现阶段"全民所有制"现实性问题的理论思考 ············· 50

改革重任：调整和完善所有制结构 ·································· 73

所有制改革实践

中国所有制结构调整及产权制度改革取得重大进展 ············ 85

进一步解放思想，放开搞活小企业 ·································· 98

鼓励和引导民间投资发展的政策建议 …………………… 107
围绕完善所有制结构深化经济体制改革 …………………… 117
坚持和完善中国特色社会主义基本经济制度 …………… 132
优化营商环境，促进民营经济发展 …………………………… 155

经典著作所有制思想

《资本论》中的"重新建立个人所有制"
　　——评中国"个人所有制"问题的几种观点 ………… 167
《共产党宣言》及其所有制问题 ……………………………… 182

插　图

笔者《中国现阶段"全民所有制"现实性问题的理论思考》
　　一文在《当代经济研究》1995年第5期发表原件 ………… 53-54
1848年2月在伦敦首次出版的德文版《共产党宣言》
　　第一版封面，没有马克思恩格斯的署名 ……………… 185-186
马克思恩格斯《共产党宣言》1872年德文版序言，
　　对《共产党宣言》中的相关内容已经开始有所反思 …… 217-218
1920年8月，陈望道翻译出版的马克思恩格斯《共产党宣言》
　　中文版封面，由于排版疏忽把书名错印成
　　《共党产宣言》，9月重印改正为《共产党宣言》 ………… 243-244

后　记 …………………………………………………………… 265

所有制改革回顾与展望*

——《所有制改革》一书导言

所有制问题是一切人类社会的基本问题。全部社会发展更替和矛盾运动的历史都是所有制关系不断变化的历史。不同阶级对立、不同社会制度发展以及国际无产阶级革命运动的掀起，归根到底都是围绕所有制问题进行或以所有制关系变革为基础的。

在中国共产党的正确领导下，我国改革开放取得辉煌成就，世人有目共睹。40多年来，中国坚持推进所有制和产权制度改革，我国社会主义基本经济制度不断得到完善，极大促进了社会生产力的解放和发展。

改革是一场深刻的伟大革命。风雨兼程一路走来，中国发生翻天覆地的变化实属不易。回想一下，这个路到底是怎么走过来的，探索和推进经济体制改革最关键的问题是什么？对于这个问题，在改革之初还是有些疑惑的。随着改革的不断深化和经济社会的快速发展，理论界越来越形成共识，对问题的看法也越来越清晰了。

然而，在改革的前十年，争论的问题有很多。首先争论的是"姓资姓社"的问题，接着争论要不要搞商品经济的问题，后来争论什么是

---

* 此导言是笔者专门为《所有制改革》一书而写。它记录了本人在研究所有制改革理论和实践方面的一段经历，反映了我国改革开放以来所有制改革和所有制结构调整变化和完善情况，体现了作者对改革发展未来前景的良好愿望。

改革的关键的问题。所谓改革的关键问题，是指在整个经济体制改革中处于引领、主线和核心地位的关键性领域的改革。什么是改革最关键的问题？这是当时一段时间争论的重点。在众说纷纭的观点中，争论比较集中的有两派，一个是价格改革派，认为价格改革最重要；另一个是所有制（产权制度）改革派，认为所有制改革最重要。由于当时所有制问题较为敏感，大家谈论所有制改革都很谨慎，尤其是在一些公开场合基本避而不谈。这样一来，价格改革的呼声就显得比较高了。到底孰轻孰重，现在回过头来再看，就都看明白了。不可否认，价格改革很重要。但是，价格改革和产权制度改革不是一个层次上的问题，它们之间的关系类似于从属关系。从总体和全局看，更深层次、更实质性、更为关键的改革，是所有制改革和产权制度改革。如果不进行产权制度改革，必然会使改革陷入困境，中国特色社会主义基本经济制度就难以建立和完善，价格改革也不可能成功。只有实行所有制改革，打破传统的"一大二公三纯"的所有制关系，建立多元的产权和市场主体，培育不同的财产所有者，才能进行商品生产和商品交换，不同所有者之间才能开展市场竞争，从而各种产品才能根据市场情况形成商品价格。这个道理不仅已被改革实践证明，而且也符合政治经济学一般原理。改革开放之前，我们受"左"的和教条主义的影响，实行单一的公有制模式和高度集中的计划经济体制，否定市场经济和排斥商品交换，非公有制经济基本被消灭，产品由政府定价，封闭自守，经济社会十分落后。40多年来，我们抓住了所有制改革这个改革中的主要矛盾，不断解决改革发展面临的重大理论和实践问题，使中国改革一步一步走向成功。因此说，所有制改革是经济体制改革的最高境界，是经济制度创新的最深层次，是最有成效和最有意义的改革。

经济制度和生产关系的自我完善，首先是实行所有制关系和所有制结构的自我完善。因此，我们敢于以所有制和产权制度改革为突破口，大胆调整和完善所有制结构，不断鼓励、支持和引导个体、私营等非公有制经济发展，相对缩小公有制和国家所有制经济在国民经济中的比重，相应提高非公有制经济的比重，持续把经济体制改革向纵深推进，使社会主义市场经济体制逐步建立和完善起来。在党和国家"两个毫不动摇"大政方针指引下，公有制经济和非公有制经济已经在平等的市场、政策和法律环境中得到共同快速发展。然而，正当民营经济的贡献、地位、作用被普遍认可和称赞的时候，有些人却仍然思想僵化，抱着陈旧观念不放，对发展民营经济不负责任地说三道四。特别是个别所谓的理论家，在2018年纪念马克思诞辰200周年和《共产党宣言》诞辰170周年之际，借机在有关媒体发表奇谈怪论，公开提出我国社会主义要消灭私有制，公开否定、怀疑、动摇我国社会主义基本经济制度，在经济理论界造成混乱，在民营企业界引起恐慌。这类人不是从中国特色社会主义实际出发，不是把马克思主义中国化，而是把马克思主义教条化，把我国迅速发展起来的私营经济与资本主义等同起来。这些错误言行，完全与改革开放以来特别是党的十八大以来的中央精神相违背，与党和国家关于"两个毫不动摇"的大政方针相违背，其目的就是要搞乱我们的思想，搞垮我们的经济，动摇我们改革开放的决心。对于这些论调，我们不要听、不要信，必须坚决予以批判。

《共产党宣言》确实提出过，在社会主义取代资本主义之后要消灭私有制，把所有生产资料转归"公共占有"即实行"高级"的公有制形式。这是马克思恩格斯揭示人类社会发展规律得出的科学结论，是指导国际共产主义运动和人类社会不断进步的科学原理。但是，要实现《共产党宣言》提出的目标任务，这是有客观条件的，决不能凭空臆造。在生产力还没发展到全面充分发达、产品还没有丰富到按需分配的程度时，消灭私有制是绝对办不到的。马克思恩格斯设想，如果是在高度发达资本主义基础上建立的社会主义，消灭私有制和实现单一的公有制是可以做到的。而我国社会主义是在半殖民地半封建基础上建立起来的，生产力水平不仅不高，而且很不平衡。改革开放40多年，虽然我国社会生产力水平有了极大提高，经济社会发生翻天覆地的变化，但由于我们目前总体仍处于社会主义初级阶段，生产力还未发展到足以最后消灭私有制和实现单一公有制的程度。这就决定了我们在相当长的时间，要坚持"两个毫不动摇"，坚持和完善公有制为主体，多种所有制经济共同发展的基本经济制度。这就是马克思主义活的灵魂所在，是马克思主义中国化的具体体现。我们过去在对待所有制问题的做法上，有经验，也有脱离实际、教条主义的沉痛教训。因此，凡是这些打着《共产党宣言》的旗号，在现实经济生活中鼓吹消灭私有制的观点，实属是反马克思主义的言论，完全是别有用心。

改革开放以来特别是党的十八大以来，党中央、国务院出台了一系列关于促进民营经济发展的政策措施，法律法规也在不断完善，民营经济和非公有制经济发展迎来最好的时期。这一时期，在巩固和发展公有制经济的同时，个体私营经济、民间投资、中小企业等非公有制经济得到持续快速发展。这是在中国化的马克思主义理论指引下，坚持走中国特色社会主义道路取得的令人欣喜的胜利成果。近年来，笔者深入实际，对我国民营经济发展情况进行了调研，对民营经济的地位和作用作了阐述，指出了民营经济发展面临的困难和问题，提出了相关政策建议。目前，民营经济和非公有制经济从无到有、从小到大、从弱到强，不断发展壮大，已与公有制经济形成相互促进、相辅相成、相得益彰共同发展的态势，成为推动社会主义市场经济发展的重要力量和建设现代化经济体系的重要主体,为我国经济社会快速发展和实现中华民族伟大复兴作出了巨大贡献。据安徽省广德县(现广德市)调研,截至2019年上半年,该县的民营经济已成为全县经济社会发展的主体和主力军,极大推动了县域经济腾飞和高质量发展,即贡献了80%的GDP,95%的税收,95%的城镇就业,99%的企业数量,99%的科技创新成果,100%的进出口额。[①]因此,老百姓的生活质量不断得到提高,人民的幸福感、获得感和安全感不断得到增强。实际情况表明,党和国家坚持和完善我国基本经济制度、坚持"两个毫不动摇"、促进民营经济和非公有制经济发展的各项方针政策是完全正确的。

改革是一个思想解放的过程,思想解放的程度决定改革的进程。所有制改革作为改革的关键和突破口,可以引领和带动整个经济体制改革不断向前推进。研究所有制问题和探索所有制改革理论,更加需要解放思想。我国原有的所有制模式是单一的公有制,这种公有制包括两种形式,即全民所有制和集体所有制。长期以来,这种所有制模式从理论到实践都是从原苏联机械照搬过来的。因此,要对这一根深蒂固的传统的所有制模式进行改革,难度可想而知。但是,如果不解放思想,不进行改革,继续走过去"照抄照搬"的老路,那将会是一种什么样的场景?

中国改革前十年,我们逐步引入了商品经济和竞争机制,计划经济旧体制受到极大冲击。但是,这还远远不够,改革任重而道远。如果不从理论上破除所有制教条,不实行产权制度改革和建立多元的企业产权主体,市场经济将很难发展起来,整个经济体制改革将很难顺利进行。下一轮改革将如何抉择,怎样"摸着石头过河",摸着哪个

[①] 这一组数据来源于《优化营商环境,促进民营经济发展》一文,见本书第158页。

"石头"过河，如何才能牵住改革的"牛鼻子"？面对这一系列问题，选择以所有制和产权制度为主线的改革势在必行。笔者从1986年开始研究所有制改革和全民所有制问题。较早的一篇文章是在《经济问题探索》1986年第9期发表的《集体经济、合作经济与集体所有制》一文。被收集于本书中的《突破传统的二元公有制模式》（1988年）一文，也是为适应新形势需要产生的。文中指出了将社会主义公有制等于全民所有制加集体所有制存在的问题，指出了我国长期运用苏联斯大林公有制教条的严重后果，提出了打破传统二元公有制模式的改革思路。同时，首次对"全民所有制"概念的来源、含义等进行了初步分析和提出了质疑。同时，文中还较早提出和使用了"混合所有制"这一概念。文章篇幅不长，但在所有制改革理论研究方面，是一次大胆的探索，对理论创新和促进深化改革有着积极意义。可以说，本书收录笔者关键时期发表的重要文章，在改革的关键时期超前性地提出了改革的关键问题，有的是围绕关于"全民所有制"问题作出了分析和进行了反复论述，对推动改革向前迈进起到重要作用。

1988年2月，书中《社会主义公有制和商品经济关系的历史回顾与几点思考》一文发表。社会主义公有制与商品经济是什么样的关系？从世界社会主义500多年的历史看，二者的关系是互相排斥、互相否定的。从1516年莫尔的《乌托邦》开始，各个时期的空想社会主义者，他们都认为私有制是万恶之源，都把商品生产与私有制联系在一起，主张实行社会主义公有制要取消商品货币。马克思恩格斯批判地继承了空想社会主义的优秀成果，把社会主义从空想变成了科学。他们的设想以高度发达的生产力为前提，认为在生产资料的社会主义公有制取代了资本主义私有制以后，商品生产和商品交换将不复存在。其根本原因在于，他们共同坚持的原则即社会主义实行的公有制，是全社会"公共占有"的"高级"的单一的公有制形式。而处于社会主义初级阶段的中国,所有制关系还远未达到如此高度。因此,科学的现实的做法只能是,需要把马克思主义的基本原理与我国具体实际相结合,探索一条既符合国情,又能使社会主义焕发出勃勃生机的道路。在长期的改革开放实践中,我们达到社会主义公有制与商品经济相统一的认识,达到从产品经济到有计划的商品经济再到社会主义市场经济的认识,从而把社会主义与市场经济紧密联系、融合发展,经历了曲折发展过程,付出了艰辛努力,取得了成功的经验。这一在改革开放探索中取得的伟大理论认识成果,极大丰富和发展了马克思主义理论宝库。此文进一步提出和分析了我国社会主义初级阶段是否存在全民所有制的重大问题,并认为,从全民所有制的性质和特点看,它与我国现阶段生产力水平不相适应,不能把社会主义与全民所有制等同起来,不能把公有制与全民所有制等同起来,也不能把全民所有制与国家所有制等同起来。我国公有制自身具有多种实现形式的特点,而且它能与包括非公有制在内的多种所有制同时并存。所以,公有制、国家所有制与商品经济相融合,而全民所有制则与商品经济相排斥。按照马克思主义的理论要求,全民所有制只能在高度发达资本主义基础上建立的社会主义存在,它是与高度发达的生产力相适应的。但是,与此不同,我国社会主义是建立在以"手推磨"为特征的落后生产力基础上的,而全民所有制的运用已经超越了我国客观实际,超越了现实生产力水平。如果硬要把它人为地运用于我国经济生活,那一定是脱离实际的教条主义的做法,这无论如何也是行不通的。

改革开放的第二个十年,也是改革的关键时期。在这一时期,中国的所有制结构发生巨大变化,改革和发展取得显著成就。所有制改革进入具体实施的过程,也就是产权制度改革实行实质性操作的过程。

20世纪90年代，中国改革开始向深层次迈进。产权制度改革不管是理论研究还是实践探索，开始有了越来越多的实质性的尝试。1993年3月，国家体改委作为改革部门与中央有关部门举办了"社会主义市场经济理论和操作难点"研讨会，有意思的是，与会专家都集中对"关于理顺产权关系，实行新的产权制度"的问题进行了讨论。大家认为，传统的产权制度是国有企业存在各种弊端的主要原因，也是深化改革遇到的主要障碍。理顺产权关系、改革产权制度是改革十多年来的经验总结，关系改革全局，意义非同小可。对于如何理顺产权关系，讨论中没有对这个敏感话题更多地展开，只是提出了一些原则性的建议和观点。之后，我把会议讨论情况整理以《理顺产权关系，建立市场体制》为题，在求是杂志社《内部文稿》和《人民日报》发表，给理论界和有关部门发出了一个积极信号。

根据工作要求，我分析了1993年上半年经济体制改革形势，从10个方面总结起草了关于改革进展情况的稿子，其中有一条是关于产权制度改革的内容。当时，单位领导提出，这个内容要删除，不能写。原因还是因为产权制度改革问题敏感。确实，以往没有产权改革这方面工作安排，也没有这方面改革进展情况总结。听了这个意见，我没有说什么。根据了解和掌握的情况，我发现一些地方已经有了涉及产权制度改革方面的探索，有的地方已经在开展股份制方面的试点，有的地方已经形成了产权交易市场，有的地方的个体私营经济开始活跃起来，有的在实施产权转让、企业兼并、企业破产等，有的国有小企业在向"国有民营"转变，等等。这些做法都是所有制关系和产权制度改革的具体实践，是整个经济体制改革的重要引领和关键所在。我在修改定稿时，不仅没有删除这个内容，而且还对此进行了充实和完善，并形成国家体改委简报上报中共中央、国务院等，同时送党中央和国务院各部门以及各省（区、市）体改委。接着，全文经笔者调整以个人的名义在《中国经济体制改革》《改革》《改革内参》《经济研究参考》等杂志和报纸公开发表。结果这一条差一点被删除的内容，引起海内外很大反响，特别是引起一些省（区、市）的极大关注。我跟踪注意到，在全年改革工作总结时，很多地方把产权制度改革的情况总结进去了，有的还把产权制度改革的内容列入了下一步改革工作计划。从此，所有制结构调整和产权制度改革在各地开始被逐步重视和开展起来。

1993年11月，党的十四届三中全会通过了《中共中央关于建立社会主义市场经济体制若干问题的决定》，提出要进一步转变国有企业经营机制，建立适应市场经济要求的"产权清晰、权责明确、政企分开、管理科学"的现代企业制度。这个文件把党的十四大确定的改革目标和基本原则加以系统化、具体化，是一个指导我国建立社会主义市场经济体制的好文件。这16个字对实行国企改革，解决国有企业长期存在的问题，针对性、指导性都很强。然而，其中"产权清晰"四个字涉及到产权问题，在认识、操作和统一思想方面，还需要有一个过程。但是，看到产权制度改革出现的新形势和新情况，我还是有信心的。于是，我进一步从多个方面总结和梳理了改革开放15年来中国产权制度改革取得的成绩和出现的特点，形成《产权制度改革取得积极进展——多种所有制成分共同发展的格局初步形成》一文，于1994年2月25日在《人民日报》第二版（经济）头条发表。这对我来说，本来是一件平常事，稿子寄出后也没有在意何时发表。可是文章发表的当天早上，一个领导突然把我叫住，很严肃地问了我一句：有什么问题没有？这时，我还没有看到所发文章，他这么一问让我摸不着头脑，我就反问说：有什么问题？他说，你今天在《人民日报》

发表的文章，内容很敏感，会不会有什么问题。我这才知道是怎么回事，便说已经发表了就好，请您放心，不会有问题。我理解，这是他对我的担心和关心。紧随其后，该文全篇以《中国所有制结构调整及产权制度改革取得重大进展》为题，载于中国社会科学院的《经济研究资料》（1994年第3期）。同时，以《中国产权制度改革的突破性进展》为题，在《中国改革》（1994年第3期）等杂志公开发表。

鼓励、支持民间投资和民营经济发展，是所有制结构调整和推进产权制度改革的重要内容。1999年3月，为了解在扩大内需、稳定增长大背景下，非国有投资增幅连续下降的问题，我和同事开展了关于民间投资情况调研。我们赴广东、江苏、浙江等地深入调查，召开省（区、市）和国务院有关部门座谈会，广泛征求和听取意见，9月形成汇报稿上报国务院。根据国务院总理多次批示，我们反复开展调研，听取各方面意见。在此基础上，本人继续修改完善汇报稿，同时执笔起草了关于进一步鼓励民间投资若干意见稿等报告。12月20日，调研报告上交国务院总理办公会汇报讨论，引起党中央、国务院领导和有关部门高度重视。已经过去22年了，现在回想起来，我仍然觉得做这个调研工作是一件很有意义的事情。因为这是第一次正式向国务院提出"民间投资""民间资本"概念和关于鼓励民间投资发展政策建议。国务院总理办公会讨论后不久，中央有关文件采纳和使用了"民间投资"和"民间资本"概念。同时，所提建议也对中央决策起到重要参考作用。此后，关于鼓励民间投资的政策措施在中央的一些文件中频繁出现。2010年5月，国务院专门发布了《关于鼓励和引导民间投资健康发展的若干意见》（36条）。22年来，关于鼓励民间投资发展的举措成为党和国家的大政方针，从中央到地方出台了一系列政策性文件，有关部门把民间投资确定为经济发展中的一个重要指标进行统计，民间投资和民营经济发展的营商环境日趋优化。目前，以非公有制经济为主要特性的民间投资在全社会固定资产投资的比重约占62%，对经济社会发展作出了巨大贡献。作为有一定影响和意义的政策建议，我将其整理成《进一步鼓励和引导民间投资的政策建议》稿，首次在我于2006年出版的《探索：中国改革道路》一书中公开发表。2019年4月，即在提出"民间投资"概念及相关政策建议20周年之际，我对当时以我个人名义形成并发表的《鼓励和引导民间投资发展的政策建议》一文作了适当修改。现将此文编入《所有制改革》一书。

1997年9月，党的十五大报告指出："继续调整和完善所有制结构，进一步解放和发展生产力，是经济体制改革的重大任务。"报告阐述了一系列关于所有制改革的重要内容，第一次提出把调整和完善所有制结构作为经济改革、经济发展战略的重要任务，进一步回答了如何建设中国特色社会主义的重大问题，这是党的十五大在思想解放、所有制问题认识和社会主义建设史上的重大理论创新。调整和完善所有制结构，就是从我国实际需要、解放和发展生产力要求出发，坚持和巩固公有制经济主体，提高公有制经济质量，积极探索公有制实现形式，大力发展个体、私营、外资、股份制、混合所有制中非国有部分等非公有制经济，形成不同所有制市场主体平等竞争、共同发展的良好局面。提出调整和完善所有制结构，是我党对近50年来中国社会主义建设实践经验教训的科学总结。报告指出，党的十一届三中全会以来，我们党认真总结以往在所有制问题上的经验教训，制定以公有制为主体、多种经济成分共同发展的方针，逐步消除所有制结构不合理对生产力的羁绊，建立了公有制实现形式多样化和多种经济成分共同发展的制度体制基础。

所有制改革

1997年11月载于《中国改革》杂志的《改革重任：调整和完善所有制结构》一文，是我学习贯彻和积极响应党的十五大报告的心得体会。该文认为，我们过去搞经济建设走了很多弯路吃了很多亏。盲目抱着单一的公有制不放，把非公有制经济与资本主义等同起来，忽视、害怕所有制结构调整和产权制度改革，这是愚昧和理论认识肤浅的表现。经过不断实践，反复争论，我们开始明白怎样深化改革，什么才是深化改革的关键。党的十五大明确回答了这个问题。因此说，党的十五大报告是一个极具里程碑意义和极富改革精神的纲领性文献。笔者在此文中认为，经济结构中最基本的结构是所有制结构，结构调整中最大的调整是所有制结构调整；解放和发展社会生产力、建立和完善社会主义市场经济体制，必须调整和完善所有制结构；社会主义现代化建设和实现中华民族伟大复兴，离不开调整和完善所有制结构，离不开非公有制经济在改革发展中的重要作用和重大贡献。

改革开放以来，我们党高度重视建立、坚持和完善我国社会主义基本经济制度。党的十四大报告在第一次提出社会主义市场经济体制改革目标的基础上，阐述了把社会主义市场经济体制与社会主义基本制度相结合、多种经济成分长期共同发展等问题。党的十五大报告指出："公有制为主体、多种所有制经济共同发展，是我国社会主义初级阶段的一项基本经济制度。"首次提出和确定我国基本经济制度的科学内涵，是经济体制改革的实践成果和理论创新的认识成果。党的十六大报告强调："根据解放和发展生产力的要求，坚持和完善公有制为主体、多种所有制经济共同发展的基本经济制度"，第一次提出"两个必须毫不动摇"的指导方针，即"必须毫不动摇地巩固和发展公有制经济"，"必须毫不动摇地鼓励、支持和引导非公有制经济发展"。党的十七大报告重申了党的十六大的提法。党的十八大报告指出，要加快"完善公有制为主体、多种所有制经济共同发展的基本经济制度"，并进一步阐述了"两个毫不动摇"。党的十八届三中全会《中共中央关于全面深化改革若干重大问题的决定》在第一次提出"使市场在资源配置中起决定性作用"的同时，强调要坚持和完善基本经济制度，并指出："公有制为主体、多种所有制经济共同发展的基本经济制度，是中国特色社会主义制度的重要支柱，也是社会主义市场经济体制的根基。公有制经济和非公有制经济都是社会主义市场经济的重要组成部分，都是我国经济社会发展的重要基础"。这不仅进一步给"两个毫不动摇"赋予了新的内容，而且还把非公有制经济在社会主义建设中的地位和作用提升到与公有制经济平等重要的高度。党的十九大报告把"坚持和完善我国社会主义基本经济制度"和"两个毫不动摇"，写入了构建新时代坚持和发展中国特色社会主义的基本方略。党的十九届四中全会《中共中央关于坚持和完善中国特色社会主义制度 推进国家治理体系和治理能力现代化若干重大问题的决定》，第一次把公有制为主体、多种所有制经济共同发展，按劳分配为主体、多种分配方式并存，社会主义市场经济体制，一起纳入了社会主义基本经济制度的内容，继续重申了"两个毫不动摇"。党的十九届五中全会《中共中央关于制定国民经济和社会发展第十四个五年规划和二〇三五年远景目标的建议》在强调"两个毫不动摇"的同时，首次提出要"优化民营经济发展环境，构建亲清政商关系，"要求依法平等保护民企业产权和企业家权益，进一步表明了党和国家支持和保护非公有制经济发展的坚强决心。

  坚持和完善基本经济制度，坚持"两个毫不动摇"，调整和完善所有制结构，是不断推进经济体制改革的核心和主线，是建立和完善社会主义市场经济体制的根本保证，是中国特色社会主义现代化建设的重要基础。2002年11月20日,党的十六大刚闭幕几天,笔者在全国纺织工业系统大中型企业负责人关于学习贯彻党的十六大会议精神座谈会上,作了关于《围绕完善所有制结构深化经济体制改革》的报告,及时提出了继续推进所有制改革、国有企业改革、市场配置资源等重点领域改革的新的意见。

2003年3月,本人《坚持和完善中国特色社会主义基本经济制度》一文在《经济要参》发表。同时,笔者将文中第四部分摘要整理,以《按照两个"毫不动摇"的要求完善所有制结构》为题,载于《人民日报》理论版。该文的特点是:总结了20多年来调整所有制结构和完善基本经济制度,在理论、政策、法规方面实施和创新发展的过程;论述了我国在经济体制改革实践中,把马克思主义所有制理论中国化和创造性发展的成功典范;用事实证明了坚持和完善基本经济制度、所有制关系改革对全面建设小康社会所作出的巨大贡献;阐述了继续解放思想、克服教条主义的观点;提出了贯彻落实党的"两个毫不动摇"、调整和完善所有制结构重大方针和进一步深化改革的基本思路。现在看来,改革成功的实践,越来越使我们认识到,贯穿中国40多年经济体制改革的核心和红线就是实行所有制关系改革,全部经济体制改革的过程归根到底就是调整和完善所有制结构的过程,坚持马克思主义与我国实际相结合最根本的就是坚持和完善中国特色社会主义基本经济制度。

在2003年之后的较长时间,笔者基本没有研究所有制问题和发表此类论文。原因主要有二:一方面是本人工作转型后,需要适应新的工作岗位和新的工作任务,大量时间和精力投入到了新领域的理论学习与思考、深入实际调查和宏观经济政策研究中。另一方面是因为按照国家的大政方针和决策部署,所有制结构完善和产权制度改革工作已经在正常、平稳和卓有成效地开展。当然，对中央与之密切相关的精神和要求，对深化国有企业改革和民营经济的发展变化情况，笔者是始终关注的。

研究中国所有制问题，实行所有制和产权制度改革，打破单一的公有制模式和不合理的所有制结构，自然会提及全民所有制问题。面对全民所有制问题应该怎么办？这对于我们来说，要走出一条适合我国国情的道路，在理论上和实践上都是一个最大的难题。什么是全民所有制？这从概念上说很简单。所谓全民所有制，是指社会全体人民共同占有社会全部生产资料的公有制形式。马克思恩格斯所有制理论说的是，在社会主义取代资本主义以后，其所有制是一种纯单一的最高形式的生产资料公有制。对这种纯单一的公有制形式，应该怎么称呼呢？马克思恩格斯对其的表述、称呼不拘一格，多种多样。比如有："公共占有""共同占有""社会占有""集体所有""国家所有"等。马克思恩格斯在不同时期不同场合对公有制的名称表述有所不同，但其实质含义完全一样，都是指生产资料的社会主义公有制，都是作为资本主义私有制的对立物出现的。这种公有制形式除了它的社会性、单一性和高度计划性的特征外，还有一个显著特征，这就是排斥市场性。意思是说，只要社会主义代替资本主义，新的最高形式的公有制一旦形成，原有在资本主义社会存在过的商品、货币、金钱、交换、市场、竞争、剥削等就都将不复存在。但是，消灭私有制是有条件的，这种公有制出现不是随便臆造的，它的产生是在发达资本主义基础上以高度发达的社会生产力为前提的。

公有制有十几种称呼和表述，但我们怎么就没有看见有"全民所有制"这个称呼？因为我们的老祖宗马克思恩格斯没有使用过这个概念，在他们的几十卷全集里也没有出现过这个名称。那么，我国的全

所有制改革

民所有制是怎么来的呢？在此，我进行一下追根溯源。列宁是坚定的马克思主义者。在十月革命前后，他都主张社会主义应采取单一的公有制形式，提出了一系列关于生产资料归全体人民所有的思想，并第一次明确提出了"全民所有制"这一概念。1899年，他提出要"把土地、工厂等等即全部生产资料变为全社会的财产"。① 1917年5月，他在关于土地问题的讲话中指出："当你们建立起在自由土地上进行自由劳动的制度的时候，就不会有什么地主占有制，不会有什么私人土地占有制，而只有全民所有制和全国土地的自由租佃者。"② 他在1918年11月指出："十月革命给自己提出的任务是：剥夺资本家的工厂，使生产工具归全民所有。"③ 当然，他还提出了关于"社会所有""社会公有""社会财产""全民财产""国家所有"等概念。这些意见和观点，就是列宁的"全民所有制"思想。1921年苏联的国内战争结束后，他组织实施了"新经济政策"，强调要重视商品交换问题，也提出了关于"合作社""合作制"的理论。但是，由于他始终坚持一切"国有化"、生产资料"归整个社会所有""全民所有"等原则，"合作制"只能是一种短暂的过渡形式。同样，为改善工农关系所进行的"商品交换"，实质上是短暂的有计划的产品互换，并不是真正意义上的商品生产，这就决定了他的"商品交换"理论最终是不能成立的。

列宁的社会主义所有制理论和他提出的这些公有制概念，从表述上和实质上都与马克思恩格斯的思想保持了一致，并且在十月革命胜利后开始付诸实践。但是，有一点需要探讨，列宁是不是没有完全从

---

① 《列宁全集》第4卷，人民出版社1958年版，第241页。
② 《列宁全集》第24卷，人民出版社1957年版，第458-459页。
③ 《列宁全集》第28卷，人民出版社1956年版，第153页。

本国实际出发，他的这种思想和主张是不是带有某些教条主义色彩？因为当时的苏联还不是完全的资本主义，它的社会基础和生产力条件还比较落后。

斯大林的社会主义所有制理论很明了，那就是"公有制：国家的即全民的所有制以及合作社的集体农庄的所有制"。① 他在《苏联社会主义经济问题》一书中的观点也是如此，即公有制等于全民所有制加集体所有制。

列宁、斯大林还提出了一系列关于论述国家所有制的理论。斯大林指出："生产资料所有者——国家，把生产资料交给某一个企业，丝毫不失去对它们的所有权，相反地，是完全保持着所有权的。企业的经理从国家手中取得了生产资料，不但不会成为这些生产资料的所有者，相反地，是被确认为受苏维埃国家的委托，依照国家所交下的计划，来使用这些生产资料的。"② 可见，我们原有的所有制方面的全套理论和全套做法，都是直接在列宁、斯大林所有制理论的影响下形成的。

1995年9月，我的一篇集中论述关于"全民所有制"的论文《中国现阶段"全民所有制"现实性问题的理论思考》，公开发表在《当代经济研究》（第5期）上。此前我撰写的有关所有制方面的文章，都提及"全民所有制"问题，实际上是在为本文的形成作准备。在正式或公开发表之前，笔者经过了慎重考虑、反复修改和查阅了大量资料，使得本文从起草到最后全文发表花了至少有6年多时间。文章发表后，引起经济理论界和有关方面强烈反响。1995年12月，该文被中国人民大学书报资料中心的《社会主义经济理论与实践》（第10期）

---

① 《斯大林文选》上卷，人民出版社1962年版，第77页。
② 《斯大林选集》下卷，人民出版社1979年版，第578页。

转载。1996年，该文被湖北省社会科学院评为1993—1995年度优秀社会科学论文一等奖。本文在公开发表之前，先后在《上海理论内刊》（1993年第4期）和《改革内参》（1994年第13期）刊载。本文的出现，重重碰撞到了某些传统观念和守旧思想，但更多的是起到了推进理论创新和深化改革的作用。

理论创新、与时俱进是马克思主义具有强大生命力的体现。在我们党的重要文件、重大方针政策中，始终坚持了社会主义公有制和基本经济制度，但并不是要始终坚持使用"全民所有制"概念。

从党章看，1956年，党的八大党章第一次使用"全民所有制"概念。党的十四大、十五大党章也都使用了"全民所有制企业"一词。为适应建立现代企业制度的要求，2002年党的十六大党章第一次取消了"全民所有制"概念，同时将"全民所有制企业"改为"国有企业"。从改革发展新形势需要出发，之后的党的十七大、十八大、十九大党章，也都用的是"国有企业"一词，"全民所有制"概念没有再出现了。

从党的政治报告看，从党的十五大报告开始，"全民所有制"概念已停止使用，不再出现。1992年党的十四大报告有这样的表述："公有制包括全民所有制和集体所有制"。这是最后一个提到"全民所有制"概念的文件。1997年党的十五大报告，用很长的篇幅阐述"调整和完善所有制结构"问题，第一次提出公有制为主体、多种所有制经济共同发展是我国的基本经济制度。报告指出，"要全面认识公有制经济的含义。公有制经济不仅包括国有经济和集体经济，还包括混合所有制经济中的国有成分和集体成分"。同时，还论述了公有制多样化的实现形式，对加快国有企业改革提出了要求。就是在这个文件中，首次放弃使用"全民所有制"概念，这在所有制理论方面实现了重大突破和重大创新。此后,党的十六大、十七大、十八大、十九大报告,都阐述了要坚持和完善基本经济制度、坚持"两个毫不动摇",但也都未出现"全民所有制"一词。

在深化经济体制改革的具体实施过程中,1992年10月,国家统计局和国家工商总局发布《关于经济类型划分的暂行规定》,从具体工作需要出发,将所有制经济的统计和注册登记划分为:国有经济、集体经济、私营经济、个体经济、联营经济、股份制经济等,第一次把原有长期存在的"全民所有制"经济一项去掉,改用"国有经济"代替。根据党的十五大精神和我国所有制结构变化实际,国家统计局和国家工商总局在1998、2011年均对有关规定作了修改和调整,在划分经济成分和划分企业登记注册类型时,继续用"国有经济"和"国有企业",而"全民所有制"概念没有再出现。同时,国有企业公司制改制陆续进行。特别是按照中央关于深化国有企业改革的意见和《公司法》的有关规定,加快了对全民所有制企业公司制改制的步伐。2017年7月,国务院办公厅印发了《中央企业公司制改制工作实施方案》,要求原有按照《全民所有制工业企业法》登记的企业,全部按照《公司法》规定进行公司制改革,并要求在2017年底前完成改制任务,即对原有的"全民所有制企业"实行新的工商变更登记,改制为国有独资公司或国有及国有控股企业全资子公司。2018年2月,财政部、中宣部印发了《中央文化企业公司制改制工作实施方案》,要求在2018年底前,中央文化企业全部改制完成为按照《公司法》登记的有限责任公司。改制后,在重新变更登记时,就不再登记为"全民所有制企业"。三年前,全民所有制企业公司制改制任务已经陆续完成。从此,"全民所有制企业"这一名称,在实际经济生活当中被逐步淡化。今天看来,笔者的有关论述、观点、建议和愿望,应该可以说是已经通过检验和基本得到实现。

我国《宪法》还一直保留着"全民所有制"这一概念。1952年11月我们翻译出版了斯大林《苏联社会主义经济问题》一书，并把它作为党内学习的教科书和指导我国经济建设的理论著作。书中关于全民所有制和集体所有制这两种公有制形式的提法，被引入和用于指导建立我国社会主义公有制，并同时写入了我国1954年第一部《宪法》。宪法规定："中华人民共和国的生产资料所有制现在主要有下列各种：国家所有制，即全民所有制；合作社所有制，即劳动群众集体所有制；个体劳动所有制；资本家所有制。"这是在我国第一部宪法中第一次引用"全民所有制"概念。1956年完成社会主义改造和消灭了私有制后，1975年的《宪法》对所有制问题作了修改，规定："社会主义的所有制有两种：全民所有制和集体所有制"。随着改革发展的变化情况，宪法修改过多次，尤其是1999年的宪法修正案，关于对所有制方面的提法进行了较大修改和完善，赋予了一些新的内容，把1997年党中央提出的关于坚持公有制为主体、多种所有制经济共同发展的基本经济制度，写进了宪法。但是，关于"全民所有制"概念仍然被保留下来。2018年3月，最新通过的宪法修正案，对所有制方面的内容未作变动。现在修正案总纲中仍然规定："中华人民共和国的社会主义经济制度的基础是生产资料的社会主义公有制，即全民所有制和劳动群众集体所有制。""国有经济，即社会主义全民所有制经济。""矿藏、水流、森林、山岭、草原、荒地、滩涂等自然资源，都属于国家所有，即全民所有。"可见，从1954年的第一部《宪法》到2018年的宪法修正案，历经64年，虽然修正过多次，但始终保留了关于"全民所有制"这一公有制形式的概念和表述。然而，这种情形已经与中国国情和通过改革开放变化了的客观实际不相适应，与当代中国马克

导 言

思主义客观要求不相适应，与建设中国特色社会主义现代化客观需要不相适应，必将做出相应调整。

宪法是党的正确主张和人民共同意志的集中体现。改革开放以来特别是党的十八大以来，在以习近平同志为核心的党中央的坚强领导下，我们坚持走中国特色社会主义道路，不断完善各项制度和生产关系，坚持发展社会主义市场经济，坚持"两个毫不动摇"，不断调整和完善所有制结构，我国基本经济制度得到不断完善。同时，我们在完善所有制关系、完善产权制度、要素市场化配置等一系列重大理论问题上，都实现了重大突破、重大创新和科学定位，取得了改革发展的伟大成就。实践证明，党和国家在所有制改革方面制定的大政方针、作出的决策部署和理论认识成果符合我国实际，完全正确。

由此，如果未来修订和完善宪法，可进一步把所有制方面的表述列为重要内容，主要对公有制形式和"全民所有制"的表述进行修改。这里再引用一下1997年党的十五大报告一段话："要全面认识公有制经济的含义。公有制经济不仅包括国有经济和集体经济，还包括混合所有制经济中的国有成分和集体成分。"党中央的这一正确主张和科学总结，在历经20多年的实践中，已经成为国家经济社会发展的指导方针和人民的共同意志。因此，报告中关于取消"全民所有制"概念的决策举措，完全可以作为宪法修改的重要参考。同样，从党的十六大党章到十九大党章都放弃使用"全民所有制"概念的重要做法，也是作为宪法修改的重要依据。还有关于全民所有制企业公司制改制的这些具体的行之有效的做法，都应该是作为宪法修改的重要依据。要在党的十八大以来党中央的有关决策部署、重要原则、大政方针指导下，按照坚持和完善我国基本经济制度的客观要求，进一步理顺和调整所有制的表述方式。如此修改的目的，是要让与中国特色社会主义要求相适应的党的正确主张和政策制度上升到宪法。具体修改建议是：让公有制形式中的"国家所有制"概念代替"全民所有制"概念，让"国家所有"代替"全民所有"，使以往一直惯用的"全民所有制""全民所有"概念在宪法修正案中停止使用和不再出现。宪法现有内容中关于"社会主义经济制度的基础是生产资料的社会主义公有制，即全民所有制和劳动群众集体所有制"的表述，可考虑修改为："社会主义经济制度的基础是生产资料的社会主义公有制，即国家所有制和劳动群众集体所有制。"同时，要把"公有制经济包括国有经济和集体经济以及混合所有制经济中的国有成分和集体成分"的内容体现出来。这样修改符合我国国情，符合当代中国基本宪法精神，符合当代中国马克思主义基本原理，对坚持和完善社会主义基本经济制度、完善社会主义市场经济体制、加快中国特色社会主义现代化建设，具有十分重要的现实意义和深远的历史意义。

为进一步激发民营经济、非公有制经济的活力和创造力，2019年12月，中共中央、国务院发布了《关于营造更好发展环境支持民营企业改革发展的意见》，为民营企业平等使用资源要素、公平参与市场竞争、同等受到法律保护，优化民营企业营商环境，进一步鼓励、支持和引导民营经济发展作出了新的全面部署，充分显示了党中央、国务院继续推进市场化改革、坚持把马克思主义中国化，带领全国人民坚定不移走中国特色社会主义道路的坚强决心。目前，我国民营经济和非公有制经济的市场环境、政策环境和法律环境大为改善，其地位、作用、质量和活力、创造力大为提升，已经成为改革开放、建设现代化经济体系和经济社会发展的重要力量。当然，民营企业和非公有制经济持续大力发展，在思想认识、政策支持、体制保障、法律保护等方面，还需进一步统一到党和国家的大政方针上来。不断从全方位优化重点是针对民营经济发展的营商环境,全国上下要切实抓好工作落实,让民营经济在推进中国特色社会主义现代化建设和实现中华民族伟大复兴中作出更大贡献。

2015年11月23日,习近平总书记在十八届中央政治局第二十八次集体学习时的讲话中指出:"生产资料所有制是生产关系的核心,决定着社会的基本性质和发展方向。"[1]他认为,公有制经济和非公有制经济都是社会主义市场经济的重要组成部分,都是我国经济社会发展的重要基础,要推动各种所有制取长补短、互相促进、共同发展。他在党的十九大报告中强调指出,深化经济体制改革,"必须以完善产权制度和要素市场化配置为重点。"这充分表明,所有制问题在我国改革发展中的重要地位,同时表明,习近平经济思想及中国特色社会主义所有制系列论述,使21世纪马克思主义政治经济学在中国达到了新的高度、开拓了新的境界、得到了新的发展。我们必须深入学习贯彻习近平经济思想,在所有制问题研究和深化所有制改革方面取得新的成果。党的十九届五中全会作出部署,明确把"产权制度改革和要素市场化配置改革取得重大进展"作为"十四五"时期经济社会发展的重要目标。党中央的决策部署,为我国改革发展指明了前进方向。目前,针对所有制改革和产权制度改革还未完全到位、市场决定资源配置的作用还未充分发挥、政府配置资源的现象还大量存在的情况,必须按照党中央精神,抓好贯彻落实,加大改革力度,顺利完成改革发展各项目标任务。坚持"两个毫不动摇",仍然是今后一段时期推进深化所有制和产权制度改革的指导方针和基本原则。重点是进一步做强做优做大国有资本和国有企业,提高国有企业公司制改制质

---

[1] 习近平:《不断开拓当代中国马克思主义政治经济学新境界》,《求是》2020年第16期。

量和运营实效，大力发展混合所有制经济；进一步优化民营企业的生存和营商环境，全方位支持民营经济继续发展壮大，让民营经济在促进改革开放和经济社会发展、实现人民共同富裕和美好生活、建设中国特色社会主义现代化强国中作出更大贡献；进一步处理好政府和市场的关系，切实转变政府职能，充分发挥市场决定资源配置的作用。

我国社会主义所有制理论来源于哪里，它又是如何发展变化创新的？最近，我再读《共产党宣言》，有些新的体会，也从中找到了答案。我认为，《共产党宣言》的主要任务是要解决所有制问题，即"宣告现代资产阶级所有制必然灭亡"。因此，人们总是把《共产党宣言》与消灭私有制联系起来。《共产党宣言》指出："共产党人可以把自己的理论概括为一句话：消灭私有制"。[①]"消灭私有制"这一句话，不仅是《共产党宣言》的核心内容，而且是马克思主义的理论精髓和精神实质。共产主义革命就是要同资本主义所有制关系实行最彻底的决裂。无产阶级要想获得解放，必须砸碎自己身上的"锁链"，必须废除一切私有制。消灭私有制就是废除资产阶级统治和资本主义制度赖以生存的物质条件，让绝大多数的革命无产者共同拥有全部生产资料。为达到这一目的和完成这一任务，《共产党宣言》设想通过使用暴力革命的斗争方式，以及采取有关步骤和具体措施，把社会全部生产资料集中在成为统治阶级的无产阶级手里。1848年问世的《共产党宣言》是无产阶级政党的第一个纲领性文献，它阐述的科学理论和所有制方面光辉思想，揭示了社会发展的客观规律，为指导无产阶级革命运动和人类社会的进步发挥了巨大作用。这个"共产主义幽灵"，至今不仅仍在欧洲"徘徊"，而且还在整个世界"游荡"，并将继续鼓舞和指

---

① 《马克思恩格斯文集》第2卷，人民出版社2009年版，第45页。

引着文明世界向着美好未来不断向前发展。

然而,消灭私有制和实现一元化的公有制,并非是一件轻松、容易、随便的事情。马克思恩格斯认为,消灭私有制最基本的条件,是要使生产力充分发展到资产阶级不能驾驭的程度,或者是旧的生产关系与新的生产力不再相适应的时候。恩格斯指出:"共产主义革命将不是仅仅一个国家的革命,而是将在一切文明国家里,至少在英国、美国、法国、德国同时发生的革命,在这些国家的每一个国家中,共产主义革命发展得较快或较慢,要看这个国家是否有较发达的工业,较多的财富和比较大量的生产力。"[1] 如果不具备高度发达的生产力条件,消灭私有制也就无从谈起。《共产党宣言》发表25年后,马克思恩格斯在1872年为《共产党宣言》写的序言,对原来的有些设想进行了反思。1895年3月,恩格斯在逝世前几个月指出:"历史表明,我们以及所有和我们有同样想法的人,都是不对的。历史清楚地表明,当时欧洲大陆经济发展的状况还远没有成熟到可以铲除资本主义生产的程度。"当时的欧洲大工业"都是以资本主义为基础的,可见这个基础在1848年还具有很大的扩展能力。"[2] 他还说:"在1848年要以一次简单的突然袭击来实现社会改造,是多么不可能的事情。""又一次证明那时无产阶级的意愿还不成熟"。[3] 为什么当时的"想法"、"意愿"会出现"不对"和"不成熟"?原因就是后来的工业经济情况发生很大变化,"政治形势已经完全改变"。但是,我们必须肯定,《共产党宣言》的基本原理,将永远为人类社会发展和世界共产主义运动指明方向。这一点,没有过时。

---

[1] 《马克思恩格斯文集》第1卷,人民出版社2009年版,第687页。
[2] 《马克思恩格斯文集》第4卷,人民出版社2009年版,第540页。
[3] 《马克思恩格斯文集》第4卷,人民出版社2009年版,第541页。

值得指出的是，学习《共产党宣言》需要全面把握、深入细致、正确引导。要结合《共产党宣言》的序言学，结合马克思恩格斯的相关著作学。更要把学《共产党宣言》与学马克思恩格斯晚期的思想结合起来，比如结合学习恩格斯1895年3月为马克思再版《1848年至1850年的法兰西阶级斗争》一书写的导言等。更值得注意的是，在我国现阶段，不可盲目地、机械地把《共产党宣言》中提出的指导人类未来理想社会的"消灭私有制"的口号，应用到现阶段中国特色社会主义建设实际。这一点很有必要讲清楚、讲明白。当前，对于我们来说，特别需要强调的是要解放思想、实事求是、与时俱进，紧密联系本国实际学，这个实际就是中国特色社会主义实际、社会主义初级阶段实际、改革开放和经济社会发展实际。面对这个实际，我们要敢于突破、勇于创新，脚踏实地，克服教条主义和陈旧观念束缚，努力谱写中国特色社会主义现代化建设和实现中华民族伟大复兴新篇章。只有这样，中国化的马克思主义才有强大生命力。

本书中《〈共产党宣言〉及其所有制问题》一文，是笔者近期学习《共产党宣言》的初浅体会。从有关历史资料中可以看出，与马克思一样，恩格斯为形成《共产党宣言》和创立马克思主义，作出了不可磨灭的巨大贡献。《共产党宣言》虽然是由马克思一个人执笔完成，但是，这是他们两人充分商量、形成共识的结果。恩格斯研究经济问题比马克思要早，他的很多好的观点直接影响了马克思。他还将自己起草的为《共产党宣言》作准备的《共产主义信条草案》和《共产主义原理》等，提供给了马克思参考。因此，《共产党宣言》是马克思恩格斯共同完成的合著，是他们两人共同智慧的结晶。当然，《共产党宣言》是共产主义者同盟第二次代表大会委托马克思恩格斯起草、以共产主义者同盟中央委员会的名义出版发行的。也就是说，1848

导　言

年2月在伦敦首次出版的德文版《共产党宣言》及到同盟解散前的其它版本《共产党宣言》，并没有马克思恩格斯的署名，因为当时的所有权或著作权属于共产主义者同盟。《共产党宣言》第一个英译本由艾琳·麦克法林女士翻译，于1850年11月以《德国共产党宣言》为名，刊登在马克思恩格斯的好友乔治·朱利安·哈尼主编的伦敦《红色共和党人》（第21—24期）周刊上，他在周刊的序言中第一次提到了《共产党宣言》两位作者的名字。

关于《共产党宣言》著者的署名，这里插几句。在1852年11月17日同盟解散后的很长时间，《共产党宣言》"似乎注定从此要被人遗忘了。"① 也就是说，"随着由二月革命开始的工人运动退出公开舞台，《共产党宣言》也退到后台去了。"② 到19世纪60—70年代，《共产党宣言》又逐步活跃起来。但是，由于同盟解散，一些共产党人被判刑，《共产党宣言》被"依法"宣布为非法，因此，直到1887年，有的出版商仍不敢为《共产党宣言》作者署上马克思恩格斯的名字。恩格斯在1890年德文版序言中说："1887年君士坦丁堡的一位出版商收到了亚美尼亚文的《共产党宣言》译稿；但是这位好心人却没有勇气把这署有马克思的名字的作品刊印出来，竟认为最好是由译者本人冒充作者，可是译者拒绝这样做。"③ 结果因出版人害怕在书上标明马克思的名字，导致此译本没有出版。这件事让恩格斯感到很"奇怪"。为什么恩格斯会感到"奇怪"？因为在此前1886年出版的《共产党宣言》法文、西班牙文等新版本和新译本，就已经有直接署名《共产党宣言》的作者为马克思和恩格斯的了，现在是1887年了，"这位好心

---

① 《马克思恩格斯文集》第2卷，人民出版社2009年版，第12页。
② 《马克思恩格斯文集》第2卷，人民出版社2009年版，第20页。
③ 《马克思恩格斯文集》第2卷，人民出版社2009年版，第19页。

人"怎么还"没有勇气"署马克思的名字呢。恩格斯指出:"到1888年终于出版了一种可靠的译本。这个译本是由我的友人赛米尔·穆尔翻译的,并且在付印以前还由我们两人一起重新校阅过一遍。标题是:《共产党宣言》,卡尔·马克思和弗里德里希·恩格斯著。"[1] 看来,恩格斯对这个由自己亲自校订和标明有马克思恩格斯著的英译本十分满意。另据资料,1882年俄文版、1890年德文版、1892年波兰文版、1893年意大利文版等,也标明了作者马克思和恩格斯的名字。应该说,从1890年后出版的《共产党宣言》直接署上马克思恩格斯著就很自然了。

1872年的《共产党宣言》德文版序言中,马克思恩格斯第一次说到《共产党宣言》有些地方"已经过时"、今天"会有不同的写法"等。马克思于1883年3月逝世后,恩格斯在1888年英文版序言中认为,《共产党宣言》关于"人类的全部历史(自原始社会解体以来)都是阶级斗争的历史"的基本思想,是属于马克思一个人的,并把这一思想的历史学作用与达尔文学说对生物学所起的作用相比拟。紧接着,恩格斯把1872年序言的主要内容引录到1888年的序言中,又重复说了关于"已经过时"的那些地方,那些包括消灭私有制和把生产资料集中在无产阶级统治的国家手里要采取具体措施的地方。这说明,恩格斯对《共产党宣言》中的这些地方,这些关于何时需要"修改"的内容,一直放心不下。虽然1872年的序言是马克思恩格斯两个人署名的,但是,也许这完全是恩格斯执笔起草的。因为这时的马克思,把所有时间和精力全部投入到《资本论》的写作上,顾不上任何别的事情。

1872年德文版序言指出了《共产党宣言》存在的问题。序言最后

---

[1] 《马克思恩格斯文集》第2卷,人民出版社2009年版,第19页。

的一小段话是:"但是《共产党宣言》是一个历史文件,我们已没有权利来加以修改。下次再版时也许能加上一篇论述1847年到现在这段时期的导言。这次再版太仓促了,我们来不及做这件工作"。① 看了这段话,就更觉得这个序言是由恩格斯执笔起草的了。也许大家都注意到了,恩格斯在后来为《共产党宣言》多次再版多次作序,但始终没有出现一篇专门为《共产党宣言》而写的导言。这是为什么?其原因至少有这样一个,这就是在马克思逝世后,恩格斯每天都夜以继日地忙于繁重的《资本论》第二、三卷的整理、出版工作任务当中去了。直到1895年3月,恩格斯为再版马克思的《1848年至1850年的法兰西阶级斗争》一书时,专门写了一篇导言。恩格斯这次再版的此书,增加了关于《1850年普选权的废除》的内容作为第四章,而增加这一章的主要目的,是要使这部著作的内容、结构和基本思想"完整"起来,是要让全书前后的关于革命斗争的内容形成一致,同时也是想让此书与《共产党宣言》有关暴力革命手段思想一致起来,使马克思"无产阶级专政"和"不断革命"的斗争策略精神得到充分体现。马克思认为,革命是历史的火车头。而恩格斯的真实目的是要借此机会写一篇既是针对《1848年至1850年的法兰西阶级斗争》又是针对《共产党宣言》的导言。导言充分肯定了德国利用普选权为无产阶级运动作出的重大贡献和为各国树立的榜样,并用大量事实来说明以往在1847、1848年所采取的斗争方式和斗争策略,是一种"已经过时"的"历史权利"。恩格斯根据几十年来变化的新情况,一方面对《1848年至1850年的法兰西阶级斗争》和《共产党宣言》中斗争策略思想进行了反思,另一方面重新阐述了普选权这一"锐利武器"在无产阶级运动中的的巨大威力和作用。同时,也是为了提醒大家,不

---

① 《马克思恩格斯文集》第2卷,人民出版社2009年版,第6页。

要去起义作无畏的牺牲，不要去上政府的当，不要去触碰政府的有关法律。

恩格斯为《1848年至1850年的法兰西阶级斗争》写的导言，与48年前的《共产党宣言》有什么关系？导言一开头就提到了《共产党宣言》，前后三次说到《共产党宣言》。《共产党宣言》1872年德文版序言就说要为《共产党宣言》写一篇导言，恩格斯对此一直牵挂在心，但一直没有写，这一次在自己逝世之前不遗余力写完此导言，终于如愿以偿，总算是了结了一桩心事。虽然导言是为《1848年至1850年的法兰西阶级斗争》写的，但对《共产党宣言》也有很强的针对性。因为《共产党宣言》认为关于废除资本主义私有制和把生产资料变为公共占有等愿望，也是要通过暴力方式来实现。恩格斯虽然没有完全放弃暴力，但他更多的是主张用普选权来代替暴力，并且不主张在任何时候、所有革命斗争都必须使用暴力。他在提供给马克思起草《共产党宣言》作参考的《共产主义原理》中，就没有提出使用暴力的斗争方式。后来经过反复的斗争实践，他越来越认为暴力的作用不大，普选权这种斗争方式效果更好。因此说，导言不仅是为《1848年至1850年的法兰西阶级斗争》写的，而且也是为《共产党宣言》写的。

这里需要强调，恩格斯这样做，不是对马克思主义的修正和改良，不是将自己的立场、观点退回到民主社会主义，而是完全站在共产主义伟大事业新的起点上，从当时无产阶级运动实际需要出发，总结长期革命斗争经验教训，分析判断把握已经变化了的经济政治新形势，在始终坚持捍卫科学社会主义立场不动摇的基础上，勇于创新，与时俱进，进一步完善、丰富和发展了马克思主义。为此，笔者把书中《〈共产主义宣言〉及其所有制问题》这一长篇体会中的有关内容，形成《马克思恩格斯对〈共产党宣言〉的反思与完善》一文，在《社会主义研究》杂志和中国改革网刊发，中国社会科学网、马克思主义研究网等转发。同时，形成《〈共产党宣言〉的根本任务是要解决所有制问题》一文，于2021年4月由中国理论网首发，经中央网信办向全网推送，成为全国理论要闻，在庆祝建党百年华诞期间引起广泛反响。

还说一件事。1847年12月下半月，马克思根据演说写成的《雇佣劳动与资本》，这几乎与起草《共产党宣言》是同一个时间，或者说是马克思在起草《共产党宣言》期间，还写了《雇佣劳动与资本》。1891年4月，恩格斯为《雇佣劳动与资本》新版单行本写了导言。导言有这样三层意思：一是指出"在40年代，马克思还没有完成他的政治经济学批判工作"。意思是"这个工作只是到50年代末才告完成"，1859年以前的那些著作，"有些用语和整个语句如果用后来的著作中的观点来衡量，是不妥的，甚至是不正确的"。[①] 这是不是意味着《宣言》也有某些不妥呢？因为《共产党宣言》也是"40年代"的著作。二是指出《雇佣劳动与资本》是马克思的"早期著作"，其中存在"不正确"的语句是作者的"早期观点"。如果是这样，《共产党宣言》算不算也是早期著作，有的观点也属于早期观点。因为在起草《共产党宣言》时，马克思还不足30岁，恩格斯只有27岁，两人都处于青年时代。三是为《雇佣劳动与资本》修改了一个"牵涉到全部政治经济学中一个极重要的问题"。这就是把"工人为取得工资向资本家出卖自己的劳动"改为"出卖自己的**劳动力**"。这一个字之改对创立和发展马克思主义政治经济学起到至关重要的作用，同样，达到

[①] 《马克思恩格斯文集》第1卷，人民出版社2009年版，第701页。

这种新的科学定位的认识，就与马克思1859年以后写的著作一致起来了。恩格斯认为，马克思在起草《共产党宣言》和《雇佣劳动与资本》时，甚至到1859年前，马克思还没有完成政治经济学批判工作。因此，如果说《共产党宣言》存在某些需要修改的地方，说这是马克思恩格斯青年时代的早期著作，符合实际，不足为奇。这里要肯定的是，马克思恩格斯当时对未来关于所有制方面基本原理的论述是正确的、科学的。

但是，到1859年情况有了根本改观。为研究政治经济学，马克思克服重重困难和各种风险挑战，用了15年时间基本完成政治经济学批判工作，并于1859年1月写出了《政治经济学批判》一书。这时，马克思引用但丁的诗句说："在科学的入口处，正像在地狱的入口处一样，必须提出这样的要求：'这里必须根绝一切犹豫；这里任何怯懦都无济于事。'"① 正是因为有了这种勇于攀登的强大动力和坚韧不拔的革命意志，马克思才进而达到光辉的科学高峰的顶点，完成了世纪巨著《资本论》的写作。恩格斯在为马克思《政治经济学批判》写的书评中指出："一个强大的、一切时代中最强大的革命远景就会立即展现在我们面前。"② 马克思恩格斯的毕生精力，就是为了揭示以所有制问题为核心的社会矛盾运动规律和社会主义代替资本主义的必然趋势。

马克思恩格斯两人是亲密挚友，在长达40年的共同战斗岁月中，建立了伟大的感人的友谊。列宁说："古老的传说中有各种非常动人的友谊的故事"，"他们的关系超过了古人关于人类友谊的一切最动人

---

① 《马克思恩格斯文集》第2卷，人民出版社2009年版，第594页。
② 《马克思恩格斯文集》第2卷，人民出版社2009年版，第397—398页。

的传说。"①恩格斯在工作上生活上给予了马克思无私的帮助,他所付出的和为马克思所做的一切,都是为了他们共同的解放全人类的伟大事业,都是在为他们共同创立伟大的马克思主义而奋斗。马克思在一次致恩格斯的信中说:"在所有这一切情况下我比任何时候都更感觉到,我们之间存在着这样的友谊是何等的幸福。"②马克思在为恩格斯《社会主义从空想到科学的发展》(1880年)写的法文版前言中指出:"恩格斯是当代社会主义最杰出的代表人物之一。"③可是,恩格斯很谦虚,他总是把自己放在马克思之后,称马克思是出色的"第一小提琴手",自己是"第二小提琴"。大家知道,恩格斯的著作《英国工人阶级状况》,对马克思的帮助和影响很大。而恩格斯则认为:"由于马克思的功绩,社会主义才发展成为科学。我这本书只是体现了它的胚胎发展的一个阶段。"④1886年初,恩格斯这样说:"马克思比我们大家都站得高些,看得远些,观察得多些和快些。马克思是天才,我们至多是能手。没有马克思,我们的理论远不会是现在这个样子。所以,这个理论用他的名字命名是理所当然的。"⑤他对在世的马克思无限热爱,对死后的马克思无限敬仰。在马克思逝世后,恩格斯竭尽全力直到生命的最后一刻为马克思整理和出版了巨著《资本论》第二、三卷,这"就是替他的天才的朋友建立了一座庄严宏伟的纪念碑,在这座纪念碑上,他无意中也把自己的名字不可磨灭地铭刻上去了"。⑥恩格斯一生为有马克思这样的朋友而感到高兴。他这样说过:"只有在时局

---

① 《马克思恩格斯选集》第1卷,人民出版社1972年版,第40页。
② 《马克思恩格斯文集》第10卷,人民出版社2009年版,第236页。
③ 《马克思恩格斯文集》第3卷,人民出版社2009年版,第491页。
④ 《马克思恩格斯文集》第1卷,人民出版社2009年版,第370页。
⑤ 《马克思恩格斯文集》第4卷,人民出版社2009年版,第297页。
⑥ 《马克思恩格斯选集》第1卷,人民出版社1972年版,第40页。

变得更动荡一些的时候，我们才会真正感受到失去马克思是失去了什么。我们之中没有一个人像马克思那样高瞻远瞩，在应当迅速行动的时刻，他总是作出正确的决定，并立即切中要害。诚然，在风平浪静的时期，有时事件证实正确的是我，而不是马克思，但是在革命的时期，他的判断几乎是没有错误的……"[1] 不管怎样，马克思恩格斯在对社会主义主要目标、根本任务和消灭私有制、建立公有制方面的原则、思想、立场，始终是高度一致、坚定不移的。由此可见，他们在共同领导国际共产主义运动的斗争生涯中，在共同创立科学社会主义理论的激情岁月中，有一种天然的神奇般的互补性和统一性，他们之间的强强配合是多么的默契，多么的完美！

所有制改革关系国家的前途和命运。在中国共产党的正确领导下，为建设中国特色社会主义现代化国家和实现中华民族伟大复兴，全国上下在这一根本性的改革探索中走出了一条光辉道路，取得宝贵经验和重大成果。在新的伟大征程上，我们必将继续坚持高举改革开放旗帜，昂首阔步，胜利前进。

胡德巧

写于 2021 年 10 月

---

[1] 《马克思恩格斯文集》第 10 卷，人民出版社 2009 年版，第 525 页。

所有制改革理论

所有制问题是一切人类社会的基本问题。任何社会制度发展变化和国际无产阶级革命运动的掀起，都是围绕所有制问题进行和以所有制关系变革为基础的。中国特色社会主义现代化建设，实行和推进改革开放，特别关键的一条就是把马克思主义基本原理与我国具体实践相结合，从本国国情出发，通过深化改革，解放思想，实事求是，与时俱进，对曾经实行和运用的"一大二公三纯"的所有制理论本本，进行重新认识，勇于探索，大胆创新。40多年来，我们坚持市场化改革方向，破除传统所有制理论的束缚，调整和完善所有制结构，坚持和完善以公有制为主体、多种所有制经济共同发展的基本经济制度，在实现"两个一百年"奋斗目标和中华民族伟大复兴的征途上，不断夺取新的伟大胜利。

突破传统的二元公有制模式*

社会主义社会坚持公有制是无可非议的。然而，是不是公有制就一定要固定为"全民所有制加集体所有制"这种二元公有制模式？这个问题很有重新探讨的必要。

一、传统二元公有制模式的由来

认为全民所有制比集体所有制优越，集体所有制应尽快向全民所有制过渡，这是我国所有制发展上的僵化观念。把社会主义公有制等同于全民所有制加集体所有制，则是我国长期固守的二元公有制模式。那么，这一模式是怎么来的呢？

在马克思恩格斯的经典著作中，社会主义的公有制形式是单一性的，虽然它有多种表述方式，诸如"社会所有制"、"共同占有制"、"公共占有制"、"集体所有制"等等，但其含义是完全一致的。这里不存在两种不同层次或不同性质的公有制形式。这个"单一性"的模式，是马克思从当时的"典型地点"英国出发，通过理论抽象，揭示了现代生产力的本质特征和发展趋势所得出的结论。这无疑是正确的。

列宁在1917年首先提出了"全民所有制"这一概念。他认为："土地所有制应该成为全民所有制"。[①] 此外，他在1921年写《论粮食

---

* 本文原载于《学习与探索》1988年第2期。后编入笔者2006年出版的《探索：中国改革道路》一书。文中较早提出了"混合所有制"概念。

① 《列宁全集》第24卷，人民出版社1957年版，第454页。

税》一文之前，曾在不同的地方多次提出了"合作社"一词（当时列宁把它视为向社会主义过渡的中间环节）。后在1923年，又提出了"合作制"的概念，并把"合作制"与社会主义联系起来，认为"合作企业是集体企业""合作社的发展就等于社会主义的发展"。① 在列宁这里，"全民所有制"和"合作制"是两种不同程度的公有制形式。而合作化的建立是以全民所有制或"国有化"为基础的。列宁先后提出的这两个概念，为二元公有制模式的形成打下了思想基础。

斯大林在1936年《和美国罗易·霍华先生的谈话》中，第一次把社会主义公有制划分为全民所有制和集体所有制两种形式。他说："社会主义的基础就是公有制：国家的即全民的所有制以及合作社集体农庄的所有制。"② 到了1952年，他在《苏联社会主义经济问题》中，十分明确地把全民所有制和集体所有制这两种形式作为社会主义公有制固定下来。斯大林的所有制理论，在马克思主义的发展史上当然是一大贡献——它能从一定程度上说明社会主义商品经济的理论问题。但是，由于他急于考虑的是如何实现社会主义迅速向共产主义的过渡，如何将公有制的二元形式尽快地单一化，即迅速"把集体农庄所有制提高到全民所有制的水平"。③ 这就不仅决定了他的商品经济理论的不彻底性，同时也决定了他的二元所有制模式的最终完成。

我国在1952年翻译出版了斯大林的《苏联社会主义经济问题》一书后，把它当作全党理论学习的教科书，并把全民所有制和集体所有制这两种公有制形式写进了1954年的宪法，使二元公有制模式

---

① 《列宁选集》第4卷，人民出版社1960年版，第686、687页。
② 《斯大林文选》上卷，人民出版社1962年版，第77页。
③ 《斯大林选集》下卷，人民出版社1972年版，第610、611页。

"定型"化。虽然这对于我国建立社会主义经济体系、发展经济建设有很大帮助，但是，我们长期采取的是"全盘照搬"的态度，把斯大林模式当成我国社会主义发展史上始终贯彻的"灵丹妙药"。这样一来，"公有制＝全民所有制＋集体所有制"的公式就在人们的心目中根深蒂固并流传下来了。

二、传统二元公有制模式的后果

之所以要对传统的所有制模式进行反思，并提出对公有制的具体形式重新探讨，其根据就在于旧模式给我国所造成的严重后果。以下教训大家都很清楚。

第一，搞脱离实际的"穷过渡"。1958年大刮"共产风"，不仅在短期内把公私合营经济转入"全民"，而且把绝大多数集体企业也转归国有。到1965年，全民工业占了60%，集体工业的比重还不到10%。同时，还提出少则三四年，多则五六年完成由集体所有制向全民所有制的过渡，甚至认为共产主义已经不是遥远的将来了。"文化大革命"期间更是如此。直到1978年，全民企业占了全国工业总产值的80.8%，集体只占19.2%，个体经济工业全部被消灭。这种违背实际的做法，严重阻碍了生产力的健康发展。

第二，搞分配领域的平均主义。受旧模式的影响，人们把按劳分配意义上的"平等"误解为平均主义，因此，极力主张同步富裕，限制出现富裕程度的差别。其结果是在全社会范围内养成了吃"大锅饭"的恶习，导致全社会的普遍贫穷。

第三，从根本上排除社会主义商品经济。因为"模式"本身就是以高度集中的产品经济作为指导思想的，所以在我国长期用行政手段来代替价值规律的作用，限制商品经济的发展，甚至认为"货币交换……跟旧社会没有多少差别",把商品生产与社会主义对立起来。这不仅在理论上造成了混乱,严重的是使经济建设遭到了极大破坏。

第四,给公有制内部带来重重矛盾。首先,它在全民与集体之间划出了一条鸿沟,在本来都是国家主人的劳动者中产生"你是国家职工"、"我是集体职工"、"集体不如国家"、"国家比集体优越"的等级差别和观念。其次,它造成长期条块分割,闭关自守,因此,很不利于市场体系的建立,不利于劳动力的合理流动,不利于深化企业改革和对外开放,等等。

三、东欧国家所有制改革的启迪

苏联是世界上第一个社会主义国家。它在实行中央集权的经济体制期间,确实也取得了伟大成就。正因如此,东欧社会主义各国的经济模式基本"苏化"。但是,苏联模式毕竟不是一个万能的、世界通用的"万应药方"。这一点,已逐步被各国的社会主义实践所证明。因此,从20世纪50年代开始,这些国家都先后提出要从自己的国情出发,建立自己的所有制形式,走适合本国具体情况的社会主义道路。

南斯拉夫第一个冲破了斯大林模式。1950年,他们就把生产资料的国家所有制改为自治社会所有制。除此以外,他们还积极发展个体所有制。目前,他们的个体农户耕地占全部可耕地面积的80%以上。继南斯拉夫之后,其他社会主义国家也先后掀起了改革的浪潮。比如,罗马尼亚在1967年12月,就决定改革旧体制,"排除死板的过分的集中制",扩大地方和企业的自主权。在改革国有制方面,齐奥塞斯库指出,全体人民是所有权的主体,而国家仅仅是表达人民意志的工具。1972年，他们提出劳动者要拥有所有者、生产者和享受者三重身份，实行全民社会所有制。在罗共"十二大"，提出了"新农业革命"，首先在农业中普遍实行生产承包责任制，接着工业实行了职工入股分红制，后来又决定推广总承包制，改进职工的劳动报酬制度。还有如民主德国、匈牙利和捷克等一些国家的改革者和经济学家对斯大林所有制教条进行了批评，并提出了关于实行企业所有制或集体所有制和社会主义股份所有制的观点。

东欧社会主义国家的实践表明：第一，斯大林的所有制公式是可以冲破的，各国的所有制形式应由各国根据自己的具体情况来选择。第二，社会主义公有制并不等于全民所有制加集体所有制，也不能把"全民＋集体"的公式贯彻于社会主义的全过程。中国应该而且完全可以大胆探索、勇于创新，走出一条适合自己特色的社会主义道路，建立起适应自己国情和商品经济发展需要的所有制模式。

四、突破传统的二元公有制模式

改革是为了取消旧体制建立新体制。但是，如果不改革传统的二元公有制模式，要想以新体制来代替旧体制，这是不可能的。那么，怎样才能突破这一传统模式？下面我们着重谈三点意见。

第一，排除全民所有制。这是因为"全民所有制"这一概念仅仅是一种理论虚假，实际上，现实对它是全面否定的。一是概念本身的现实表现对它的否定。全民所有制，是指社会全部生产资料归全体劳动者共同占有。而我国所谓的"全民所有制"，其"全民"职工不过1亿人，还有80%以上的农民和其他集体、个体劳动者实际上都被排斥在"全民"的大门之外；其"所有"的生产资料也不是全部，还有相当一部分分散在"全民所有"之外。这种全社会的部分生产资料归部分劳动者占有的现象，何谈"全民所有制"？很显然，全民所有制的理论和现实是矛盾的，概念本身既没有达到其质的规定性，也没有具备其量的规定性。因此，"全民所有制"这一概念不能成立。二是商品经济的客观要求对它的否定。全民所有制和商品经济二者是互相排斥、不可同时并存的。道理很简单：交换是和"外人"所发生的一种关系，同一所有者内部完全失去了商品生产的条件，自己和自己交换毫无意义。马克思恩格斯所选择的全民所有制或社会所有制都是排斥商品经济的。比如恩格斯说："一旦社会占有了生产资料，商品生产就将被消除。"① 反过来说也一样，商品经济也并不需要全民所有制。既然全民所有制和商品经济势不两立，今天我们就应该吸取过去选择失误的教训，果断地放弃全民所有制，毫不犹豫地走向商品经济的道路。改革的目标，是要将商品经济引入现实的（而不是理论的）社会主义，这必将从实际上宣布全民所有制的不存在。三是生产力的现实状况对它的否定。全民所有制具有单一性和排他性的特点，是公有制类型中的最高或最后形式。这种最高的形式是以高度发达的生产力为基础的。然而，我国的全民所有制却超越了生产力的现实水平——这样的所有制形式也是为生产力的发展所不需要的。新中国成立以来，我国的生产力虽然发展较快，但目前仍然是处于既不充分又不平衡的状态。比如，在所有企业中，真正具有新技术和电子计算机控制的现代化作业只是少数，普遍存在的是机械化、半机械化和手工劳动，甚至更原始的生产方式。这就决定了与其相适应的公有制形式只能是程度较低的公有制，整个社会的所有制结构，只能呈现出多样性或多元性的情形。而单一的全民所有制"在它存在的物质条件在旧社会的胎胞里成熟以前，

---

① 《马克思恩格斯选集》第 3 卷，人民出版社 1972 年版，第 323 页。

是决不会出现的"。①

那么，为什么"全民所有制"在我国能长期得以存在？其主要原因，一是对马克思主义采取了教条主义的态度；二是把它与社会主义公有制完全等同起来；三是人们的思想还没有彻底从"左"的束缚中解脱出来。正因为如此，"全民所有制"当然是神圣不可侵犯。实际上社会主义与全民所有制不是同等概念，因此不能说否定全民所有制就是否定社会主义。要知道东欧的绝大部分社会主义国家都先后放弃了全民所有制。只要我们否定与现实相悖的"全民所有制"，我们的理论研究和深化改革就能打开新的思路，就能对发展马克思主义作出新的更大贡献。

第二，改革国家所有制。国有制在我国社会主义建设史上所起的积极作用，是应该肯定的。但是，随着经济建设和商品经济的发展，国有制的弊病已越来越突出起来。由于它采取国营国统国管，且覆盖面太宽，产权过于集中而不明确，所以企业附属物的地位始终不能摆脱，直接影响到职工的积极性和主人翁责任感，影响到企业活力的增强。此外，国有制还是产生官僚主义、平均主义和"大锅饭"的主要根源。因此，改革国家所有制，是不能回避的。

怎么改？我们认为，坚持以是否能促进生产力和商品经济的发展为标准，根据不同企业的具体情况，将现有的全部国家所有制企业一分为三：

——对于那部分社会化程度较高、规模较大、关系国计民生和国民经济命脉的骨干企业，应继续保持"国有国营"，即从根本上保持"两权"合一。这对于我国社会主义初级阶段国民经济的稳定与发展是很有必要的。这些企业的改革任务，主要是完善企业内部经

---

① 《马克思恩格斯选集》第2卷，人民出版社1972年版，第83页。

营机制和经营管理以及各项制度，加强技术改造。

——对于那些小型企业和无法扭转亏损局面的企业，可以卖给个人（或集体）接管，以便发展民营经济或私营经济。

——对于大量的、一般的企业，可以逐步从"国有"的范围内游离出来，自己成为所有权的主体，实行新型的"两权"合一。这就叫改国家所有制为企业集体所有制。这是我国商品经济发展的必然趋势和企业向深层次改革的客观要求。所谓企业集体所有制，就是企业内部的生产资料和劳动成果为各个企业内部的职工集体占有。这种新型的公有制形式，虽然没有全民或国有那么"大"、那么"公"，但它能适应各种生产力的发展性质，能体现劳动者的主人翁地位，真正使企业实体化和法人化。因此，只有建立企业所有制，才能理顺各种经济秩序，才能明确产权关系，提高职工对资产的关切度，并有效地克服企业的短期行为；才能实现政企分开，做到自主经营、自负盈亏，从而从根本上冲破旧体制，建立商品经济新体制。

第三，把握当代公有制的特点。突破传统的公有制模式，需要重新认识公有制的特点。只要从我国的客观实际出发，排除"空想"成分，去掉蒙在公有制表面的教条主义和"左"的色彩，抛弃强加给公有制的种种附加条件，我们就会发现，社会主义在我国当代的公有制，并非"一大二公三纯"，而是被赋予了新的历史性的特点：

——公有制本身的多元性。就是说，除了以往的国家所有制和集体所有制以外，还有如联合所有制、混合所有制、合作所有制和股份共有制等新型的公有制形式。

——与非公有制的并存性。目前，现实当中不仅有众多的公有制形式存在，而且还有各种各样的以私有制为基础的如个体所有制、私营经济和资本主义私有制等非公有制形式存在。这些完全不同性质的所有制是互相依存的，它们的这种结合，形成了以公有制为主体、多种所有制形式并存的所有制结构。

——与商品经济的统一性。党的十一届三中全会以来，我国社会主义从根本上引入了商品经济，使公有制与商品经济第一次结束了长期相互排斥的局面，使商品经济第一次成为"公有制基础上的有计划的商品经济"，从而第一次把公有制与商品经济统一起来。

——公有制形式的平等性。在传统的二元公有制中是全民高于集体，集体向全民靠拢。而当代公有制的各种不同形式，互相之间没有上下之分，级别之分，这些不同形式的公有制企业，都处于商品生产者的地位，平等竞争，互相促进。

——部分向私有制转化的可能性。在具有中国特色的社会主义社会里，既然公有制与私有制可以并存，那么，公有制与私有制就可以互相转化。比如，一个私有制企业被一家公有制企业兼并后，这个私有制企业就转化成了公有制企业，这就是私有制转化为公有制；相反，一家公有制企业如果经营不善，结果被一家私营企业兼并或卖给个人，那么，这家公有制企业就演变成了私有制企业，也就是说公有制转化成了私有制。

另外，在公有制内部允许多种分配方式如按劳分配、按股分红、获得利息、风险收入等同时存在，也是当代公有制的重要特点。

总之，要突破传统的二元公有制模式，就要重新认识公有制，就要把握当代公有制的特点，就要树立当代公有制意识。

社会主义公有制和商品经济关系的历史回顾与几点思考*

社会主义公有制与商品经济是什么关系？在500年来的社会主义历史上，各个时期一些有代表性的社会主义者，都认为或从根本上认为它们是相互排斥的。1984年10月，党的十二届三中全会通过的《中共中央关于经济体制改革的决定》，提出社会主义经济是在公有制基础上的有计划的商品经济，即达到社会主义公有制与商品经济相统一的认识，这是一个历史性的重大突破和对马克思主义的重大贡献。那么，怎样才能发展社会主义商品经济？它的前提条件和理论依据是什么？通过对社会主义的历史回顾，我们有几点新的思考。

一、空想社会主义者大都认为社会主义是一切公有化，不存在商品货币

第一个空想社会主义者莫尔，于1516年发表了世界上第一部描绘理想社会的著作《乌托邦》。莫尔认为，在乌托邦，私有制根本不存在，一切财产公有，大家热心公事，整个乌托邦岛就好像是一个大家庭。在莫尔看来，乌托邦的生产和消费是根据需要在全国范围内有计划地组织进行的，不存在商品交换关系。如果农业人员"需用农村无从觅得的物品时，就派人到城市取得全部供应，无须任何

---

* 本文为笔者与冯纯同志合作撰写，原载于《科学社会主义研究》1988年第2期，转载于中国人民大学书报资料中心《政治经济学》（社会主义部分）1988年第7期。

实物交换，城市官员发出这些供应时是毫无议价麻烦的"。[1]① 如果在城市之间调剂余缺，也都实行免费供应，无酬支援。总之，"每户的户主来到仓库觅取他自己以及他的家人所需要的物资，领回本户，不付现金，无任何补偿"。② 有趣的是，乌托邦人把金银财宝视为贱品和可耻的标记，他们用金银来铸造便桶溺盆，对于犯罪分子都给他们带上金耳环、金戒指、金项圈等等。

17世纪，康帕内拉在他的《太阳城》里，主张在新的公社组织中，没有穷人和富人的差别，没有"我的"、"你的"的界限。他在《论最好的国家》一文中写道："千真万确的是，按照自然法万物都是公有的。"③ 因此，居民之间不存在商品生产和货币交换。和乌托邦岛一样，太阳城的货币只供驻外人员和对外贸易使用。

18世纪的摩莱里在《自然法典》中规定，未来社会的工农业产品全部归公，公民所需要的一切都由国家统一平均供应。因此，他仍然主张在国内公民之间，一律不得发生商品交换关系。

19世纪伟大的空想家欧文，认为他的"合作公社"是全新的、合理组织起来的社会。在公社内部不再存在私有制，"纯粹个人日常用品以外的一切东西都变成公有财产"。④ 在那里，货币也是"毫无用处的"，什么工厂主、商人、银行家、经纪人等等，"他们将没有存在的余地，其中没有一种人是社会所需要的"。⑤

可见，这些空想社会主义者把商品生产和私有制联系在一起，主张在新的社会组织中，实行纯粹的公有制，取消商品货币。

---

① 莫尔：《乌托邦》，商务印书馆1982年版，第51—52页。
② 莫尔：《乌托邦》，商务印书馆1982年版，第61—62页。
③ 康帕内拉：《太阳城》，商务印书馆1962年版，第35页。
④ 《欧文选集》第2卷，商务印书馆1981年版，第13页。
⑤ 《欧文选集》第2卷，商务印书馆1981年版，第30页。

二、马克思恩格斯科学社会主义的公有制原则也是排斥商品经济的

马克思恩格斯批判地继承了空想社会主义的优秀成果，把社会主义从空想变成科学。他们设想，在生产资料的社会主义公有制取代了资本主义私有制以后，商品经济将不再存在。

首先，马恩认为社会主义是实行生产资料的全社会所有制。恩格斯指出：社会主义就是"在实行全部生产资料公有制（先是单个国家实行）的基础上组织生产"。这是社会主义同资本主义"具有决定意义的差别"。[①] 至于社会主义公有制应采取什么具体形式？在马恩心目中，其形式是一元化的，没有任何非公有制形式并存和补充。马克思认为，社会主义是"生产资料的共同占有"，是实行"社会的所有制"。恩格斯也说过："工人阶级夺取政权以便实现整个社会对一切生产资料——土地、铁路、矿山、机器等等——的直接占有。"[②] 这种社会所有制是与高度发达的社会生产力相适应的，是公有制的最高形式和成熟的标志。

其次，"在社会公有的生产中，货币资本不再存在了"。[③] 产品不再转化为商品。因为在全社会占有生产资料的条件下，每一个人的劳动，从一开始就是直接的社会劳动，这样就避免了过去那种迂回曲折的交换活动，克服了给产品规定价值的那种间接的和无意义的行为。

总之，商品经济在社会主义社会，是被马恩的单一的全社会所有制所抛弃的。

[①] 《马克思恩格斯全集》第37卷，人民出版社1971年版，第443页。
[②] 《马克思恩格斯选集》第4卷，人民出版社1972年版，第258页。
[③] 《马克思恩格斯全集》第24卷，人民出版社1972年版，第397页。

三、在列宁和斯大林那里，商品经济在社会主义是从无到有，但被限制在一定阶段和一定范围

社会主义从科学到实践的发展，使列宁和斯大林对社会主义公有制和商品经济的关系问题有了新的认识。

（一）列宁对社会主义公有制和商品经济关系问题的新认识

列宁在马恩的直接影响下，认为社会主义要实行一切生产资料"国有化"，"把生产资料转归全社会公有"。①

列宁在《国家与革命》中设想，在社会主义条件下，"整个社会将成为一个管理处，成为一个劳动平等、报酬平等的工厂"。在这里，"全体公民都成了一个全民的、国家的'辛迪加'的职员和工人"。②既然如此，商品货币关系自然就不存在了。这就是他在1894年的《什么是"人民之友"以及他们如何攻击社会民主党人？》中说的，"首先必须消灭商品的社会经济组织，代之以公社的即共产主义的社会经济组织"。③1908年他指出："社会主义就是消灭商品经济。……只要仍然有交换，那谈什么社会主义是可笑的"。④直到1920年5月，列宁还在《对布哈林〈过渡时期的经济〉一书的评论》中关于主张消灭商品经济的观点旁边注上批语写道："对！而且说得很好"，"应该发挥这一点"。⑤

在以上"国有化"和消灭商品经济的方针指引下，俄国社会主义建设的实践碰了"钉子"，给国民经济带来了巨大的损失，造成工

---

① 《列宁选集》第3卷，人民出版社1972年版，第251页。
② 《列宁选集》第3卷，人民出版社1972年版，第258页。
③ 《列宁全集》第1卷，人民出版社1984年版，第212页。
④ 《列宁全集》第15卷，人民出版社1959年版，第112页。
⑤ 参见列宁《对布哈林〈过渡时期的经济〉一书的评论》，第50页。

人罢工，农民暴动，整个社会经济生活陷入了混乱。事实充分证明，对于一个落后国家来说，列宁所采取的这些措施是不现实的。

从1921年国内战争结束以后，列宁提出了"新经济政策"，开始了他的理论和实践的重大转折。这时，列宁果断指出："应当把商品交换提到首要地位，把它作为新经济政策的主要杠杆。"他号召，"现在，所有经济委员会和所有经济建设机关，都必须特别重视商品交换问题"。①

但是，由于列宁对社会主义所有制始终保持在一切"国有化"、生产资料"归整个社会所有"的认识上，这就决定了列宁关于社会主义商品经济的理论是缺乏客观依据的，而这样的理论最终是不能成立的。

比如列宁指出："商品交换这个概念包括一些什么内容？商品交换这个概念所预定的建设计划是怎样的呢？它预定在全国范围内，或多或少地按照社会主义方式用工业品换取农产品，并通过这种商品交换来恢复作为社会主义结构唯一基础的大工业。"②他说，"用来交换农民粮食的国家产品，即社会主义工厂的产品，已不是政治经济学上的商品"。③

这就表明了：

第一，列宁的"商品交换"仅仅限制在工农之间，并且是一种作为改善工农关系的策略。

第二，列宁的"商品交换"实质上是有计划的产品互换，并不是商品买卖。

---

① 《列宁全集》第32卷，人民出版社1958年版，第424、374页。
② 《列宁全集》第33卷，人民出版社1957年版，第73页。
③ 《列宁全集》第32卷，人民出版社1958年版，第374页。

第三，用来交换的工业品不是商品。

第四，列宁的"商品交换"只是在短暂的过渡时期存在。

尽管他在1921年10月还提出过要"再退却"，但在同年11月就立即宣布："我们的退却是有限度的。现在已经有些迹象可以使人看到退却的终点了，可以使人看到我们停止退却的时间已不太远了。"① 这就从根本上否定了社会主义商品经济。

（二）斯大林对社会主义公有制和商品经济关系问题的新认识

忠实于列宁的斯大林，在十月革命前和战时共产主义时期，和列宁在理论上的认识是一致的。他认为，既然社会主义是一切生产资料公有化，那么，就应该消灭商品生产。早在1906年他就指出："实行社会主义就要消灭商品生产，就要废除货币经济，就要彻底破坏资本主义而使一切生产资料公有化。"还指出："未来的社会是社会主义社会。这最后就是说，那里随着雇佣劳动的消灭，任何的生产工具和生产资料私有制也会消灭。"② 同时就是消灭商品货币。

在实行新经济政策时期，斯大林的产品生产理论开始发生变化，即从消灭商品生产转变为保留和发展商品生产。但是，和列宁一样，他仍然认为社会主义工厂的产品不是商品，甚至主张在过渡时期以后的社会主义，就要消灭货币。

列宁逝世后，在斯大林领导的苏联实现了农业集体化，确立了社会主义公有制。这时，斯大林总结了苏联经济学界几十年来关于商品生产与价值规律理论问题的争论，于1952年发表了《苏联社会主义经济问题》一书。斯大林的这部著作是一部马克思主义的光辉

---

① 《列宁选集》第4卷，人民出版社1972年版，第581页。
② 《斯大林全集》第1卷，人民出版社1953年版，第199、306页。

著作。他在书中认为：

第一，社会主义生产资料公有制不是单一的，而是全民所有制和集体所有制两种形式并存，因而存在商品生产和商品交换。

第二，不能把商品生产和资本主义混为一谈，这是两个不同的概念。

第三，社会主义的"特种的商品生产"不会引导到资本主义。

第四，价值规律是商品生产的经济规律，只要有商品生产存在，价值规律就会发生作用。它是一所很好的实践的学校。

斯大林的这些论述，在马克思主义发展史上是一大贡献。它为我们达到社会主义公有制与商品经济的统一的认识奠定了第一块基石。

当然，由于历史的局限性，斯大林的商品经济理论也是不彻底的。第一，他规定商品生产和商品交换只能在全民和集体两种形式之间进行。第二，由于他为了把集体提高到全民的水平，主张集体农庄的生产资料也归全民所有，因此，作为商品生产和交换的仅仅是消费资料，不包括生产资料。第三，他认为价值规律仅仅在商品生产存在的范围内起作用，全民和集体内部不仅与商品生产无关，而且也与价值规律无关。

可见，斯大林以有计划的产品经济观点作为指导思想，极大地限制了社会主义商品关系。这就使得一个关键性的问题即商品经济与社会主义公有制和计划经济的内在关系问题不可能得到解决。

四、我国对社会主义公有制基础上的有计划的商品经济认识的曲折发展过程

长期以来，我国在经济建设和经济理论特别是在社会主义公有制和商品经济的关系问题的认识上，付出了很大的代价，走过了一

段弯路。第一,在所有制方面,追求"一大二公",竭力"穷过渡"。比如:1958年大刮"共产风"。在农村,小社并大社,高级社并人民公社,提出少则三四年、多则五六年完成由集体向全民的过渡;在城镇,也是大搞"小集体向大集体过渡","大集体向全民过渡",从而把大量的集体所有制企业转归全民所有。"文化大革命"期间"左"倾思想严重,生产资料基本上"公"到纯粹化,个体所有制濒于消失。第二,在对待商品生产的问题上,曾两次重犯了类似苏联否定商品经济的错误。一次是"大跃进"时期,搞"一平二调",吃饭不要钱,推行"供给制",排斥商品货币。结果损害了农民的利益,挫伤了农民的积极性,给社会主义建设带来了严重损失。毛泽东发现并纠正了这个错误,指出商品经济的范围不仅包括生活资料,而且也包括有些生产资料。党的八届六中全会重申,在今后一个时期内,商品生产和商品交换必须有一个很大的发展。但是,由于毛泽东又提出"计划第一,价格第二"的公式,这就把计划与价值规律又对立起来了。另一次是10年"文化大革命",其错误地认为,搞商品生产和货币交换同旧社会差不多,商品经济每日每时都会产生资本主义和资产阶级,所以,"只能在无产阶级专政下加以限制"。这就明显地把商品经济与资本主义等同起来了。

党的十一届三中全会后,实现了战略重点的转移,提出了经济改革的任务,指出"应该坚决实行按经济规律办事,重视价值规律的作用"。此后,在中央领导同志的讲话和党的一些重要决议中,逐步形成了社会主义公有制与商品经济相统一的认识。李先念在1979年4月的中央工作会议上,第一次提出要实行计划调节和市场调节相结合,以计划调节为主,充分重视市场调节的辅助作用。1981年6月党的十一届六中全会通过的《关于建国以来党的若干历史问题的决议》写道:"必须在公有制基础上实行计划经济,同时发挥市场调节的辅助作用。要大力发展社会主义的商品生产和商品交换。"1980年,邓小平还提出了关于发展农村社会主义商品经济的问题。他说:"只要生产发展了,农村的社会分工和商品经济发展了,低水平的集体化就会发展到高水平的集体化,集体经济不巩固的也会巩固起来。"① 在关于发展农村商品经济的问题上,中共中央关于1984年农村工作的通知进一步指出:"由自给半自给经济向较大规模商品生产转化,是发展我国社会主义农村经济不可逾越的必然过程"。这样一来,理论上的思考就越来越集中到一点上,这就是整个国民经济都有一个发展商品经济的问题,社会主义经济也是一种商品经济。

1984年10月,我们党吸取了党的十一届三中全会以来经济建设的经验和理论研究的成果,借鉴了其他社会主义国家改革与探索的经验和见解,在党的十二届三中全会通过的《中共中央关于经济体制改革的决定》中明确提出:社会主义经济是在公有制基础上的有计划的商品经济。这就第一次把社会主义公有制与商品经济紧密地结合起来了。这一突破性的认识,丰富和发展了马克思主义的理论宝库,它为建设有中国特色社会主义找到了具体的正确道路。

五、历史回顾引起的几点思考

从以上简略考察可知,纯粹的社会主义公有制即单一的全社会所有制是排斥商品经济的。虽然在列宁和斯大林那里发现了商品关系的迹象,但是由于列宁的"国有化"和斯大林把集体农庄的"土地""基本生产工具"都归全民所有,也从根本上否定了社会主义商

---

① 《邓小平文选》第2卷,人民出版社1993年版,第315页。

品经济。

现在需要回答的关键问题是，我国认识的作为商品经济基础的社会主义公有制是否纯粹化为一切公有？如果不是，它的结构形式又是什么？怎样才能使"公有制基础上的有计划的商品经济"的论断立于不败之地？怎样才能使终于认识到的社会主义商品经济真正发展起来？面对这些问题，我们想提出几点新的思考。

（一）为什么我们达到社会主义公有制与商品经济相统一的认识要经过长期、艰难的过程

其主要原因是：

第一，对马克思主义的教条主义态度给我们的认识带来了困难。必须肯定，马克思恩格斯关于社会主义实现全社会所有制、商品货币不存在的设想，并不是空想的而是科学的。因为首先，他们的这种理论分析是以当时的"典型地点"、生产力充分发达的"英国作为例证"的。这就克服了空想社会主义者企图在低水平的生产力条件下建立社会主义公有制、消灭商品经济的思想。其次，他们是从揭示现代生产力的本质特征和发展趋势出发来预见社会主义的经济特征的。因此，他们只能采取科学的理论抽象法，排除所有具体细节，原则性地得出社会主义的框架结论。而长期以来，人们总是满足于马克思恩格斯的一般结论，忽视分析、研究和解决已经变化了的实际情况以及在实践中出现的具体问题。这就使得社会主义公有制条件下的商品经济理论长期难以成立。

第二，斯大林经济模式的影响。斯大林模式的实质有两个突出特点：一是单一的公有制，且集体尽快地向全民过渡；二是"产品经济论"。我们从1952年翻译出版斯大林的《苏联社会主义经济问

题》一书后，可以说是将斯大林的社会主义"模式"全盘照搬的。在这种模式的指导下，片面强调生产关系的过渡，国家实行高度集中，统管一切。因此，企业的经营机制完全服从于国家指令性计划，产品基本上实行统购包销，以产定销，根本忽视价值规律的作用。所以，人们长期缺乏理论上的突破的勇气。

第三，长期极"左"思潮的影响。陈伯达和"四人帮"之流，把"一大二公"作为社会主义的标志，把商品经济当作资本主义的代名词。他们制造出新型的"乌托邦"，主张取消社会主义商品生产，到处"割资本主义尾巴"。在这样的政治气候下，认识关于社会主义商品经济理论的问题，就成为不可能了。

（二）我国社会主义初级阶段真的存在全民所有制吗

全民所有制在人们心目中的存在已有30多年的历史了。我们觉得，这是一场误会。我国社会主义现阶段存在全民所有制之说是不现实和没有根据的。

首先，从全民所有制概念本身及其与社会主义公有制的区别来看全民所有制的不现实性。所谓全民，顾名思义，就是全社会（先是国家的）劳动者，而不是局部或部分劳动者；那么全民所有的生产资料，自然就应是全国范围的全部生产资料，而不是局部或部分生产资料。一句话，全民所有制，就是社会全部生产资料归全体劳动者共同占有。它包括两个方面的显著特点：(1) 其适应范围，是社会性（或一统性）的。它直接代表全国劳动者的利益而反对局部性或集团性的多方面的不同利益结构。(2) 其存在形式，是单一性（或排他性）的。这就是说，它不需要其他所有制形式来作辅助、作补充，更不可能与其他形式同时并存。如果把这个"全民所有制"

与马克思恩格斯的"社会所有制"看成是同等概念的话，那么，这是以高度发达的生产力为基础的。而我国在没收官僚资本以后只能建立起国家所有制。如果把它称作全民所有制，这是对全民所有制概念的亵渎。既然是"全民"，就应包括全国范围的所有劳动者，但实际上，现在还有80%以上的农民和其劳动者被排斥在"全民"的"大门"之外，另外的那一小部分何谈"全民"？没有达到全民所有制这个概念的量，就不能形成全民所有制这个概念的质，因而就不存在全民所有制。

这里否定全民所有制的现实存在，并不是要否定社会主义公有制。坚持和维护全民所有制的观点，是把它与社会主义公有制等同起来了。大家知道，所有制包括私有制和公有制两大类。在公有制类中又包括原始公有制、社会主义公有制和共产主义公有制三个层次。我们说的全民所有制是属于共产主义公有制，它是公有制类中的最高层次，也是所有制中的最后形式。而我国初级阶段的社会主义公有制，其形式还不可能是一元化的，而是多元性的，甚至与之并存的还有一定数量的个体私有制。不然，在纯粹的公有制基础上怎么能提出商品经济的理论呢？可见，社会主义公有制和全民所有制是两个不同的概念，前者为后者创造条件，后者是前者的必然趋势。

其次，从全民所有制与商品生产的排斥关系来看全民所有制的不现实性。过去，有一种普遍的说法就是"发展全民所有制内部的商品经济"。这是说不通的。因为全民所有制和商品经济是互相排斥的。这一点，斯大林肯定地指出："把一切生产资料公有化的同时，还应该消灭商品生产。这当然是正确的"。① 而"发展全民所有制内部的商

---

① 《斯大林选集》下卷，人民出版社1979年12月版，第546页。

品经济",就等于说是"发展共产主义的商品经济"——这多么可笑。

在这里,引证一下马克思恩格斯在《哥达纲领批判》和《反杜林论》中的两段名言看来是很有必要的。

马克思指出:"在一个集体的、以共同占有生产资料为基础的社会里,生产者并不交换自己的产品,耗费在产品生产上的劳动,在这里也不表现为这些产品的价值"。①

恩格斯指出:"一旦社会占有了生产资料,商品生产就将被消除"。②

最后,从现阶段的生产力水平来看全民所有制的不现实性。所有制关系的性质及其变化,归根到底是由生产力的发展状况决定的。有什么样的生产力就要求有什么样的所有制形式。如果现在就有全民所有制,那与共产主义又有什么区别?过去我们的习惯是仅仅从分配方式上来找区别,忽视了所有制这个根本的东西。有人说,现阶段的全民所有制只是还"不全"、"不成熟"而已。不对!既然还不成熟,就不能人为地主观臆造出来——就像不能从蛋壳里臆造出没有成熟的鸡子一样。马克思指出:"新的更高的生产关系,在它存在的物质条件在旧社会的胎胞里成熟以前,是决不会出现的"。③

我们知道,社会历史遗留给我们的是以"手推磨"为特征的落后的生产力。30多年来,虽然我国经济社会有了很大发展,但仍然处于不充分状态。比如在全国工业企业中,大型企业只占0.36%,中型的占0.9%,小型的却占了98.7%。在这些企业中只有少量最新技术和电子计算机控制的现代化作业,普遍存在的是机械化、半机械

---

① 《马克思恩格斯选集》第3卷,人民出版社1972年版,第10页。
② 《马克思恩格斯选集》第3卷,人民出版社1972年版,第323页。
③ 《马克思恩格斯选集》第2卷,人民出版社1972年版,第83页。

化和手工劳动。在农村，除了少量的机械化外，大量的还是靠手工和畜力劳动，甚至是原始的生产方式。这说明，整个生产力状况不仅水平低，而且极不平衡。在这样的基础上是不会产生单一的"全民所有制"的。因此，摆在我们面前的艰巨任务并不是要发展观念上的"全民所有制"，而是要尽快地增加生产力的总量。

（三）要加强对社会主义公有制形式的深入研究，建立新的所有制结构，选择最能适合社会主义商品经济发展的所有制形式

近几年来，通过改革，当然促进了商品经济的发展。但必须看到，一些带根本性的问题仍然存在。比如，相当一些企业平均主义思想还很严重，"大锅饭"还没有彻底砸烂，政企不分的现象还没有彻底杜绝，劳动者的积极性不高，经济效益很低；地区封锁还没有彻底打破，企业间的横向联合发展很慢，市场体系还没有全面建立，商品经济还没有真正进入正常运行的轨道。其原因何在？我们觉得，这主要是不适应商品经济发展的旧的经济体制还没有彻底冲破，尤其是对我国社会主义公有制形式还固定在传统模式的认识水平上。因此，如果不研究和探索新的公有制形式，建立新的所有制结构，给商品经济的发展创造适当的前提条件，社会主义商品经济是难以发展起来的，社会主义商品经济的理论最终也是站不住脚的。因此，我们认为：

第一，社会主义公有制不一定要固定为"全民所有制加集体所有制"这一僵化模式，也不一定要把它贯彻于社会主义的始终。

社会主义搞公有制是无可非议的。这是世界各国社会主义的根本特征和共同之处。但是，在公有制的形式上，却没有一个万能的、世界通用的固定模式。各国采取什么样的公有制形式取决于各国的具体情况。对于斯大林的所有制教条，早已先后受到一些国外社会主义经济学专家和改革者的批评，大部分社会主义国家已都先后冲破了这一模式，建立了自己的所有制形式。这充分说明，社会主义公有制并不等于"全民加集体"，斯大林的模式也不是各国社会主义的"万应药方"，更不应该把它贯彻于社会主义社会的全过程。

我国在20世纪50年代从苏联"进口"了这个模式以后，30多年来"坚信不疑、坚定不移"，忽视了探索自己的具体道路，这不能不说是一个失误。当然，在"全民加集体"的公式下，对于建立我国社会主义公有制和指导我国经济建设，曾经起过一定的积极作用，这是不可否认的。但是，我们也要看到它的消极一面。其一，产生这一模式的指导思想就是高度集中的有计划的产品经济思想。在它的约束下，使我们打不开对本国实际认识的思路，影响了经济建设的健康发展。其二，"模式"内部矛盾重重，不利于发展社会主义商品经济。首先，它在全民与集体之间划出一条鸿沟，在本来都是国家主人的劳动者中形成"你是国家职工"、"我是集体职工"、"集体不如国家"、"国家比集体优越"的等级差别。这就不可避免地会产生追求集体向全民过渡的思想而淡薄商品经济观念。其次，它造成长期的条块分割，闭关自守，不利于建立社会主义的商品市场，不利于劳动力的合理流动，不利于企业间的横向联合和对外开放，不利于科学技术的相互交流，从而影响了社会主义商品经济的发展。因此，斯大林的所有制模式已经基本不适合我国已经发展了的新形势。

第二，国家所有制是所有制形式改革的重点对象。

我国现有的国营经济是主导经济。但是一般说来，代表这个主导经济的国家所有制，实际上变成了国家机关所有制，直接影响了企业活力，成为产生官僚主义、平均主义、"大锅饭"的主要根源。

所以，改革国家所有制的问题是很重要的，也是不能回避的。

采取国有制，在完成生产资料私有制向生产资料公有制、建立社会主义经济体系的过渡时期是可行的和必要的。因为这时只有国家才有能力代表劳动群众剥夺和占有资产阶级的生产资料。正是在这个意义上，马克思恩格斯强调要把剥夺的全部资本集中在国家手里，把它变成"国家财产"。国有制的这一重要的积极的作用也是必须肯定的。但是，在我国，随着经济建设和商品经济的发展，国有制的弊病越来越突出起来。这主要表现在：覆盖面太宽、权力过于集中。所谓覆盖面太宽，就是说除了通过社会主义改造建立的国有制企业以外，从1958年以后的一段时期，把大量的集体企业也收归国有的行列。所谓权力过于集中，是指除了所有权以外，还有如大大小小的经营决策权、人事权等都集中在国家手里。这就使职工丧失主人翁责任感，使企业缺乏主动性和应有的生机。

目前，正在进行以所有权与经营权相分离为原则的改革，并采取了各种形式的经营承包责任制。这一重大步骤，促进了生产的发展。然而，经营方式上的改革，不可能从根本上冲击旧体制，也不可能从根本上解决企业活力问题。不仅如此，还将遇到两种难以克服的矛盾：如果"分离"过小，同商品经济的要求相矛盾。因为企业仍然在国有制的"覆盖"下，不必要的行政干预无法摆脱，企业不能成为真正的商品生产者和所有者，经营不可能真正做到"自由"，一切仍然要按照"长官意志"运转；如果彻底"分离"，则是自我矛盾。因为彻底"分离"，所有权也就无从体现，没有经营权、使用权的国有制将会变成空中楼阁。因此，这两种"分离"的情况，都是缺乏实际意义的。

在此，对现有国有企业的改革，我们认为，可试行从所有制入手，具体可采取"三分法"：

——对于少数社会化程度较高、规模较大、关系国民经济命脉和国计民生的部门或企业，应继续保持"国有"和宏观上的"国营"，从根本上实行"两权"合一。这对于我国社会主义初级阶段国民经济的发展是很有必要的。对于这部分企业主要是改善内部的经营管理和完善各种经济责任制。

——对于个别经营十分困难的小型企业，主要是指几个人、十几个人组成的企业，干脆拍卖处理。买者可以是个人或几个人不限。

——对于大量的、一般性的企业，可以逐步从"国有"的范围内游离出来，国家也应主动把所有权和经营权转移到企业劳动者集体手里。这就是说，要改国家所有制为企业集体所有制。这是社会主义商品经济发展的必然趋势。

什么叫企业集体所有制？

企业集体所有制，是指企业范围内的生产资料和劳动成果归各个企业内部的职工集体占有的一种公有制形式。这种新型的公有制形式能适应各种生产力状况。因此，它虽然没有"全民"那么"大"、那么"公"，但是它变得实在了。有人说它动摇了社会主义公有制，其实它只动摇了"全民加集体"这一旧模式，而公有制与"全民加集体"毕竟是两回事。既然是公有制就要体现劳动者是生产资料的主人，而这一点，靠"全民"（国有）是做不到的。为了弥补国有的这一不足，他们的办法是采取股份制，认为每个人都手持一定的股票、占有一份财产就是公有制。其实，这才是与公有制所不相容的。

既然是企业集体所有制，企业就可以完全自主经营，生产什么、生产多少、产品价格、分配方式等各种决策，企业有权根据市场需要、供求关系和效益情况自行决定，任何部门不能随意干预。有的人担心，这样会使国家失控，造成像南斯拉夫那样的问题。说实在的，实行企业集体所有制，这实际上是让企业享有一定"自治"的权力。在商品经济条件下，为了使企业充满生机，在竞争中取胜，具有一定的"自治"能力和"自治"精神是必要的。其实，"自治"并不是"自流"，并不是"无政府主义"。现在有"地方自治"、"区域自治"，为什么不可以有"企业自治"？当然，企业的"自治"行为，必须要符合社会主义的发展方向，符合国民经济发展的总体要求，必须服从国家的宏观控制和必要的计划管理，必须遵纪守法，照章纳税、自觉维护社会主义的财产和消费者的利益。可见，企业的行为和国家的要求、群众的需要基本上是保持一致的。王金存同志《苏联新企业法中的"自治"思想》一文介绍的苏联最近公布的企业法，始终贯穿了"企业自治"的思想，它可以克服南斯拉夫"自治原则"的各种弊病。这值得我们实行企业集体所有制时参考。

实行企业集体所有制以后，企业之间没有级别之分、上下之分，各种规模大小不同的企业，互相之间是平等的商品货币关系，优胜劣汰是它们的压力。企业内部严密的生产责任制，严格的奖惩办法和明确的"按劳分配"原则，将使劳动者积极工作的主人翁精神成为企业发展的动力。由此可见，企业集体所有制这种新型的公有制形式，就成为社会主义商品经济理论的主要前提和客观依据。只有实行企业集体所有制，社会主义商品经济才能真正充分发展起来。

社会主义公有制形态简辨*

改革开放以来，我国理论界对社会主义所有制问题展开了一系列积极有益的探索，取得了一些突破性的成果，起到了促进改革与发展的作用。然而，到底什么是社会主义公有制？公有制性质与公有制形式有何区别？公有制是不是等同于全民所有制？传统公有制与当代公有制有什么不同？各个公有制形态之间是什么关系？对于这类问题，我们还想进一步作些研究。

一、社会主义公有制与社会主义所有制

按照通常的说法，社会主义公有制，是指生产资料归全体劳动人民共同占有的新型形态，它是社会主义生产关系的基础，理应属于社会主义所有制的范畴。这是无可非议的。但是，如果严格地讲，却不能反过来说，社会主义所有制就是社会主义公有制。现在看来，它们是不能完全等同的。广义的社会主义所有制，应该包括社会主义生产资料所有制和社会主义生活资料所有制两大类。① 而社会主

---

* 本文为笔者与冯纯同志合作，原载于《当代世界社会主义问题》1992年第2期，转载于中国人民大学书报资料中心《政治经济学》（社会主义部分）1992年第8期。

① 马克思在《资本论》当中，把社会主义生活资料所有制归结为"个人所有制"。（见《马克思恩格斯全集》第23卷，人民出版社1972年版，第832页。）恩格斯为此作过明确解释："公有制包括土地和其他生产资料，个人所有制包括产品即消费品"。（《马克思恩格斯选集》第3卷，人民出版社1972年版，第170页。）他还说，社会主义的"产品占有方式：一方面由社会直接占有，作为维持和扩大生产的资料，另一方面由个人直接占有，作为生活和享乐的资料"（同上，第319页）。这说明，所有制问题包括生产资料和生活资料两个方面。把生活资料所有制列为社会主义所有制的内容，标志着生活资料所有制的理论与实践问题已经具有了重要地位。

公有制则是其中社会主义生产资料所有制的一个部分。

从社会主义生产资料所有制与社会主义生活资料所有制的比较看，二者是两个不同层次的概念，后者从属于前者，前者是后者的基础。二者的另一个区别是，各占有主体的占有对象和占有对象的占有主体不同，就是说，前者（占有主体）的占有对象是生产资料，后者（占有主体）的占有对象则是生活资料；前者（占有对象）的占有主体是劳动者集体，后者（占有对象）的占有主体则是劳动者个人。因此，社会主义生活资料所有制不属于生产资料所有制的范畴，所以不能说成是社会主义生产资料公有制。即使是社会主义生产资料所有制，也不能完全与社会主义生产资料公有制画等号。大家知道，那种把社会主义生产资料所有制与传统单一的纯而又纯的公有制等同起来的做法，是阻碍社会生产力向前发展的。通过改革所建立和完善的社会主义生产资料所有制，应该是包括平常讲的生产资料公有制和新出现的不同于传统公有制而又具有合作集资性质的小型的社会主义合股经济、乡镇经济、城乡合作经济、工商合作经济以及国营办集体、企业自有资产等在内的由多形态、多层次共同组成的生产资料所有制结构。当然，在这个所有制结构中，传统的公有制仍占据主体地位和绝对优势。这里需要弄清的是，从现阶段看，社会主义生产资料所有制与传统的社会主义生产资料公有制，还存在一定区别。从两个概念的外延来说，前者大于后者，它们的逻辑关系是属种关系。

二、社会主义公有制性质与公有制形式

前面讲过，作为生产资料私有制对立物的社会主义生产资料公有制，是社会主义社会的基本特征和基本制度。而公有制的形式，

是指公有制的具体构成、组织和实现形式。公有制性质的生产资料要说明的是这些生产资料归广大劳动者共同占有，而公有制形式要说明的是这些生产资料应如何或通过什么手段来被劳动者占有。前者是抽象的，后者是具体的。它们虽然有密切联系，但也有严格区别。其区别主要表现在，公有制的性质处于相对稳定的状态，而公有制的具体形式是可以变化的、探索的。这一区别告诉我们，世界上不管是现有的还是将来出现的社会主义国家——只要是社会主义国家，一个共同之处就是，都必须始终坚持和维护生产资料的公有制性质。但是，世界上所有社会主义国家完全没有必要也不应该采取完全相同的实现公有制的具体形态。各国要采取或选择什么样的具体形态，只能由各国的实际情况而定，决不可照抄照搬，千篇一律。对于某一个社会主义国家来说，也可以根据自己的不同时期或不同发展阶段的需要，在坚持公有制性质的前提下，对所实行的公有制形式进行不断改革、不断更新和不断完善，决不能始终禁锢在某一种形式上，不能将这一形式贯彻于社会主义社会的全过程。正是由于这一区别，才使社会主义拥有了强大的生命力，也正是由于这一区别，才给建设有中国特色社会主义具备了可靠的理论依据和客观依据。

三、社会主义公有制与全民所有制

长期以来，一些人总是把社会主义公有制与全民所有制混为一谈、等同对待。这是缺乏理论研究的严肃性和责任心的。社会主义公有制是相对资本主义私有制和国内现有的少量私有制而言的，而全民所有制则不同，它起码在一个社会主义国家范围内是一种全面统一、独一无二的所有制形态。应该强调，真正的科学的全民所有制，必须是社会的全部（而不是部分）生产资料归社会的全体（而不是部分）劳动者共同占有的公有制形态。它的独特之处就是：第一，它与极发达的社会生产力相适应。这也就是说，我国社会主义目前实际上还没有什么全民所有制可言。很显然，我国现有的生产力状况不仅不充分，而且极不平衡。在这样的条件下，是无论如何也不会产生真正的全民所有制的。正如恩格斯所指出的那样，没有高度发达的社会生产力作基础，全民所有制就只能是人们"脑海中"的一种"理想"，而它要想出现，"只有在实现它的物质条件已经具备的时候才能成为可能，才能成为历史的必然性"。① 第二，它存在的单一性，即它排除了其他任何生产资料所有制形态与它同时并存的独立性。第三，它没有不同的利益集团和利益差别，从而不需要商品货币关系的存在。第四，它的直接的社会劳动决定了其分配是按照需要进行直接的分配。这些特点都是现实的社会主义公有制所没有的。

应该承认，我们现在的全民所有制其实是国家所有制。如果硬要把"全民所有制"强加给中国现阶段的社会主义社会，这可以说是一种很不科学和很不客观的行为。大家知道，我国现行的"全民所有制"，它仅仅是整个公有制中的部分，并非公有制全部。在现实当中，我国占绝大多数的农业劳动者、城镇集体劳动者和个体劳动者都是在"全民"的范围之外的。不仅如此，他们也不享有"全民"的生产资料的所有权、使用权和支配权。因此看来，"全民"的"民"不"全"，"全民"所有的生产资料也不"全"，整个"全民所有制"既没有达到其量的规定性，更没有达到其质的规定性，结果它只能是一种空洞无物、名不符实、脱离国情的教条。总之，社会主义公

---

① 《马克思恩格斯选集》第3卷，人民出版社1972年版，第321页。

有制与全民所有制并不是等同概念。否定"全民所有制"的现实存在并不等于否定社会主义生产资料公有制。

四、社会主义公有制与国家所有制

社会主义公有制与国家所有制也不是等同概念。其区别主要表现在以下三个方面。

第一,从它们的关系看。在社会主义条件下,公有制包含了国家所有制,国家所有制以公有制为基础,但公有制要有赖于国家所有制,并以国家所有制作为自己的实现手段,二者互相依靠、紧密联系,不可分割。从另一个角度讲,国家所有制虽然具有公有制性质,但它只能是公有制的一种具体形态,不能与公有制等量齐观。

第二,从一般意义上看。国家所有制是一个普遍适用的中性概念,也是一种古老的所有制形态。马克思恩格斯说:"部落所有制就具有国家所有制的形式。"① 从原始社会末期之后,不管是奴隶制还是封建制,也不管是资本主义还是社会主义,只要有国家,就有国家所有制的存在。比如在资本主义国家,"俾斯麦的国有化",拿破仑和梅特涅的"烟草国营",比利时政府和普鲁士的主要铁路的"国有",都是国家所有制。② 当然,国家的性质不同,其国家所有制的性质也会不同。正是从这种意义上说,国家所有制既可以是公有制性质的,也可以是私有制性质的;既可以是社会主义的,也可以是资本主义的。与此不同,社会主义公有制是对私有制的根本否定,它只适用于社会主义社会。因此,相比之下,它是一个特殊概念。

第三,从存在时间看。一方面,在整个社会历史过程中,先有

---

① 《马克思恩格斯选集》第1卷,人民出版社1972年版,第68页。
② 《马克思恩格斯选集》第3卷,人民出版社1972年版,第317—318页脚注。

国家公有制,后有社会主义公有制;另一方面,就社会主义社会历史阶段而言,社会主义社会必须始终坚持公有制,但社会主义不一定硬要把国家所有制纵贯到底。恩格斯说得好,"当国家终于真正成为整个社会的代表时,它就使自己成为多余的了。当不再有需要加以镇压的社会阶级的时候,当阶级统治和根源于至今的生产无政府状态的生存斗争已被消除,而由此二者产生的冲突和极端行为也随着消除了的时候,就不再有什么需要镇压了,也就不再需要国家这种特殊的镇压力量了。国家真正作为整个社会的代表所采取的第一个行动,即以社会的名义占有生产资料,同时也是它作为国家所采取的最后一个独立行动"。① 这个论断表明:国家所有制是社会主义公有制的原始形式和过渡形式。尽管我国社会主义的实践在今后相当长的时期内还要继续发展国家所有制,但它毕竟不会伴随整个社会主义社会的全部历史,它的最终趋势必将是逐步消失,最后坚持的必将是单一的公有制形态。这是毫不奇怪的。

五、社会主义公有制与"全民所有制+集体所有制"

"社会主义公有制=全民所有制+集体所有制",是我国几十年来社会主义建设中一直沿用的一个所有制公式。这个公式把社会主义公有制与全民加集体完全等同起来,认为社会主义公有制从始到终都只能是这两种形态。现在看来,并非如此。大家知道,这个公式是从我国1952年翻译出版的斯大林《苏联社会主义经济问题》一书之后逐步形成的。这就是说,这个公式直接来源于苏联的所有制教条。斯大林在1936年《和美国罗易·霍华先生的谈话》中,第一

---

① 《马克思恩格斯选集》第3卷,人民出版社1972年版,第320页。

次把社会主义公有制划分为全民所有制和集体所有制两种形式。他说，社会主义的基础"就是公有制：国家的即全民的所有制以及合作社集体农庄的所有制"。①1952年，他在《苏联社会主义经济问题》中，更明确地提出了这一公式。此后，我国把这一文献当作了全党理论学习的教科书，继而把这一公式写进了1954年的宪法，使二元公有制模式定型化。其实，社会主义公有制是具有丰富的内容和包含多方面的形态的。

党的十一届三中全会以后，我国从自己的客观实际出发，开始对这个公式进行反思。通过改革开放，这一公式已逐步被现实社会主义的实践所淘汰，并逐步由原来的二元模式变成了多元性的新型的公有制结构。目前，我国社会主义公有制的具体形态除了以往传统的全民（实际为国有）和集体这两种以外，还新产生出了如混合所有制、联合所有制和股份共有制等。可以肯定，随着改革开放的不断深化和商品经济的不断发展，社会主义公有制及其形态必将会得到进一步的充实和发展。

六、全民所有制与国家所有制

过去，人们总是把全民所有制与国家所有制视为同一概念，或者是把国家所有制当作全民所有制采取的形式。这种观点也是值得商榷的。笔者认为，二者都是公有制类中的一种各自独立的形态，但不是等同形态。如果从现实的立场和方法出发，便可以看到它们的不同之处：第一，国家所有制是客观存在的，而全民所有制则是主观想象的。虽然国家所有制如前所说是"国家所采取的最后一个

---

① 《斯大林文选》上卷，人民出版社1962年版，第77页。

独立行动",将来"真正成为整个社会的代表"后而"成为多余的",但是,让国家所有制保持一定的规模和有计划地发展,这对于我国社会主义初级阶段乃至更长一段时间来说,是非常必要的。而让全民所有制的目前存在则是不现实的和没有实际意义的。第二,恩格斯指出,在实行"全部生产资料公有制"即全部生产资料归全社会所有(或全民所有)之前,应"首先把生产资料变为国家财产",①即变为国家所有制。这就十分明确地告诉我们:从它们存在的时间顺序看,国家所有制在先,全民所有制在后。如果说国家所有制是现实公有制的具体形态的话,那么全民所有制则是社会主义公有制类中的未来形态和最后形态。第三,国家所有制的公有化程度相对较低,而全民所有制则是公有化程度最高的公有制形态。因为国家所有制毕竟是社会的部分劳动者占有部分生产资料,而全民所有制则是社会的全体劳动者共同占有全部生产资料。第四,国家所有制与其他所有制形态和平共处,而全民所有制则完全独立存在。第五,国家所有制与商品经济相统一,而全民所有制则与商品经济相排斥。因为国家所有制和其他各种不同的所有制都是不同的利益集团和不同的商品生产者,而在全民所有制出现的时代不存在不同的利益集团和利益差别,不需要商品货币关系。

七、传统公有制与当代公有制

如果把改革前的社会主义公有制视为传统公有制,那它与改革以来的当代公有制是有所不同的。传统公有制虽然在社会主义建设的过程当中起过不可忽视的作用,但它却存在着严重的弊病和缺陷。

---

① 《马克思恩格斯选集》第3卷,人民出版社1972年版,第320页。

归纳起来,其缺陷主要表现在以下"八性":第一,相当程度的空想性,即超越生产力水平,搞假、大、空。第二,机械照搬的教条性,即脱离国情,照抄苏联,照抄书本。第三,盲目过渡的冒进性,即急于求成,人为地将集体经济升为全民所有制经济。第四,纯而又纯的单一性,即搞纯粹的公有化,限制和打击了非公有制经济的发展。第五,条块分割的保守性。第六,产权关系的模糊性,即中央的产权和地方的产权,国家的产权和企业的产权,企业的产权和职工的产权,职工集体的产权和职工个人的产权不明确,并由此带来了多方面的矛盾和问题。第七,排斥经济的商品性,即由于上述原因,我们把商品经济与资本主义联系在一起,片面"割资本主义尾巴",使我国经济几乎停留在自然经济状态。第八,分配领域的平均性,即在分配上吃"大锅饭",搞平均主义,根本放弃了按劳分配原则。由于这些问题的影响,使得社会主义公有制的优越性未能得到应有的发挥。

相反,正在逐步形成的当代新型公有制的基本特点是:第一,与生产力水平的一致性,即逐步克服了盲目冒进、教条主义和空想因素,促进了生产力的健康发展。第二,公有制本身的多元性,即根据不同层次生产力和商品经济的需要,冲破了原来的二元模式,采取了不同特点的多元形式。第三,公有制内部的平等性,即各种不同公有制形态的企业,都是互相独立的商品经济实体,在它们之间,都是商品经济和市场上公平竞争的伙伴关系。第四,与非公有制的并存性,即它克服了"一大二公三纯"的现象,并积极与个体经济、私营经济甚至资本主义经济合作,共同发展。第五,横向联合的开放性,即它敢于冲破条条框框、地方封锁以及"三不变"原则,既可以引进来,又可以走出去,积极开展技术协作,努力发展外向型经济。第六，产权边界的明朗性，即通过改革，逐步明确了所有制关系，使公有制不再像过去那样抽象、模糊。第七，与商品经济的兼容性，也是由于上述原因，明确了我国经济是公有制基础上的有计划的商品经济，使公有制与商品经济第一次得到了统一。第八，分配方式的多样性，即除了按劳分配这种主体性的分配方式以外，还可以根据不同的经济组织形式，采取如按股分红、获取利息、风险收入、收取租金等方式。只有这样的公有制形态，才能真正促进社会生产力以前所未有的速度向前发展，才能使社会主义的优越性真正能够得到全面的和充分的发挥。

市场经济与公有制和全民所有制的关系*

生产资料归不同所有者是商品经济和市场经济产生、发展的基本条件和直接原因。这是经济学中的一条重要原理。

从这一原理出发，在分析市场经济与所有制形态是否相容的问题时，要着重解剖所有制的结构状况，要弄清到底是一个什么样的所有制关系。回顾中国社会主义实践，在长达20年的"左"的思想束缚下，实行高度集中的计划体制，追求纯而又纯的公有制形式，根本排斥市场经济，也就是说，这时的公有制与市场经济的关系是水火不相容的。

市场经济与社会主义公有制究竟能否相容？从中国改革开放的实际看，回答是肯定的。在进行市场取向的改革以来，我们同时进行了所有制方面的改革，因此有了1984年《中共中央关于经济体制改革的决定》把公有制与商品经济相统一的认识，促进了我国经济建设的发展。特别是近几年来，我国的产权制度改革有了新的进展，不仅使公有制结构进一步合理化，而且非公有制经济也得到了很大提高。从公有制内部看，一是以公有股为主体的股份制经济发展迅速，目前全国股份制企业已发展到近4000家；二是集体、民营、乡镇和民办经济不断上升。如1992年乡镇企业总产值比上年增长30%，约占全国总产值的1/4，占农村社会总产值的60%，乡镇工业产值已占全国工业产值的1/3。从非公有制经济看，目前已占全国

---

* 本文原载于《特区经济》1993年第4期，原题为《市场经济：与公有制相容，与全民所有制相悖》。该文现有标题为这次编辑出版《所有制改革》一书时修改。

工业总产值的 10% 以上，私营企业已逾 12 万户，注册资金 145 亿元；个体工商户已达 1454 万户，自有资产 543 亿元。这就从根本上打破了过去那种"一大二公三纯"的所有制格局，使公有制与市场经济在实践中逐步统一起来。可以相信，通过进一步理顺产权关系，进一步改革公有制的实现形式，公有制与市场经济将结合得更加紧密。

市场经济和全民所有制是什么关系，它们能不能兼容？

一、全民所有制、公有制、国有制不是等同概念

所谓全民所有制，它的本质含义应指整个社会的全部生产资料归全体劳动者共同占有。具体来说，"全民"应该是全社会（或是国家）范围内的全体劳动大众，而不是局部或部分所有的劳动者；其"全民"所占有的"生产资料"，自然也应是全国范围的所有的生产资料，而不是局部或部分生产资料。其特性完全是单一独立存在，不会有商品交换和市场竞争的可能。如果人类社会有这样一种所有制形式的话，它只存在于原始共产主义社会和未来共产主义社会；如果把它视为一种公有制形式的话，它是一种最低级的原始公有制和最高级的未来公有制。当然，人们通常说的全民所有制指的是一种高级的公有制形式。但不管怎样，我国现实和现阶段社会主义实际上不存在全民所有制。我们所设置的"全民所有制"，其实是徒有虚名的。因为不仅"全民"的"民"不"全"，而且"全民所有"的生产资料也不"全"，从整个概念来说，它既没有达到其量的规定性，也没有达到其质的规定性，自然，"全民所有制"这一概念不能成立。

与此不同，社会主义公有制是相对资本主义私有制而言的，是社会主义的本质所在，它并非抽象地存在，而是具有十分丰富的内

容。一是它的公有化程度与现有的生产力水平相适应,呈现出多种实现形式,如国有经济、城镇集体经济、农村集体经济、股份经济、合作经济、集团经济、混合经济等;二是它与其他非公有制经济同时并存、共同发展。这些都是促使公有制与市场经济结合,并推动市场经济进步与发展的直接动力。

作为现实存在的国有制经济,它是我国的主导经济,也是公有制的具体形式之一。它与全民所有制也是不同的。在社会主义现阶段,国有经济必须得到保护和发展,而"全民所有制"纯属虚构,毫无实际内容,没有必要坚持。

因此,全民所有制与我国社会主义公有制和国家所有制不可等同,取消全民所有制并不等于取消公有制,也不等于取消国有制,更不等于否定社会主义。

二、全民所有制的思想基础是空想社会主义

研究这个理论问题,是一个十分严肃的问题,在这里需要明确两点。

第一,不能用马克思恩格斯的公有制理论来作为我国"全民所有制"存在的依据。

马克思恩格斯的公有制形式有多种不同的表述,诸如"社会所有制""共同占有制""公共占有制""集体所有制",还有"财产公有""公共财产""社会占有""集体占有",等等,其含义都是完全一致的,都是指纯粹单一的社会所有制,即人们常说的"全民所有制"。

大家知道,马克思恩格斯的这一理论是以当时生产力和商品经济充分发达的英国为背景所得出的结论。而我国社会主义是在落后的以"手推磨"为特征的生产力和自给半自给的自然经济基础上建

立起来的。这就是说，马克思恩格斯的设想已经大大超出了我国的客观实际，或者说，我国社会主义还远未达到马克思恩格斯社会主义得以实现的前提条件。因此，用马克思恩格斯的公有制理论来说明中国社会主义实践中"全民所有制"的存在是不科学和没有根据的。

第二，"全民所有制"思想并非专属马克思和恩格斯，它来源于空想社会主义。

远在16世纪初，英国空想社会主义的奠基人托马斯·莫尔在他的《乌托邦》中认为，乌托邦的一切生产资料和生活资料都归全民所有，"私有制根本不存在，大家都热心公事"。随后，17世纪的康帕内拉、18世纪的摩莱里和19世纪的欧文，也都有这类论述。他们的共同特点是，都认为私有制是"万恶之源"，并极力主张在社会主义代替了资本主义之后，消灭私有制，实行一切财产公有。

这些空想家尽管都有自己的一套体系，但其理论因受历史的局限性而只能停留在空想状态，对现实社会主义没有什么指导意义。

三、全民所有制与市场经济始终互相排斥

全民所有制与市场经济具有完全相反的特点：

——市场经济要求存在生产资料的不同占有者和不同的利益集团，以便相互交换、公平竞争，促进市场经济的健康发展。而全民所有制则主张公有制单一存在，反对其他任何所有制形式与它并进，更是敌视私人经济、个体经济的发展。

——市场经济要求在实行按劳分配的同时，允许实行按资分配、按股分红等多种分配方式。而全民所有制则要求实行单一的"按劳分配"，并且这种分配是在直接的社会劳动下实行的直接的产品分配，

同时它也否定与市场经济相适应的任何其他分配手段。

——市场经济所遵循的是市场经济体制及其一般规则，它以市场作为资源优化配置的手段，要求一切生产要素商品化，各利益主体根据市场信息确立自己的竞争方式，作出自己的经营决策，要求整个经济运行和经济关系规范化、法律化。而全民所有制所应用的则是高度集中的计划经济体制，它违背经济发展的一般规律，以主观计划来配置资源和进行产、供、销活动，不求效率，不讲效益，缺乏平等竞争的环境。

——市场经济要求产权关系明确，政企职责分开，"两权"分离，企业不受政府的直接干预，完全成为独立的法人和市场的主体，完全做到自主经营、自负盈亏、自我发展、自我约束。而全民所有制则造成产权模糊、政企不分，把企业当作政府的附属物，阻止企业走向市场，使企业不能成为真正的企业。

双方的这些矛盾是客观存在的。正因为如此，人们在对全民所有制与市场经济关系问题的认识上，在对二者的选择上，不管从空想到科学，还是从理论到实践，主张实行全民所有制者一般都是以取消市场经济为代价的。马克思恩格斯是这样，我国社会主义实践也仍然是这样。这就是在较长时期内，我们把马克思主义教条化，脱离国情，在生产力水平落后的情况下就"搬"进了全民所有制，在还未达到"社会共同占有生产资料"的情况下就丢掉了市场经济的重要原因。这一教训实在是太深刻了。既然全民所有制和市场经济二者不可兼得，而我们又确立了新的体制即市场经济体制，今天，在对待两者的问题上，就不能延续过去的传统的教条的做法，而应重新考虑、重新抉择。

理顺产权关系，建立市场体制*

1993年3月19日至20日，国家体改委和中宣部《时事报告》杂志社在北京举办了"社会主义市场经济理论和操作难点"研讨会。参加会议的30多名专家、学者、教授及企业界的同志，着重对"关于理顺产权关系，实行新的产权制度"这一在建立社会主义市场经济体制中的重点和操作难点问题，进行了热烈的讨论。现将讨论的主要观点综述如下。

一、传统产权制度的弊端

传统的产权制度是与高度集中的计划经济体制相适应的。它的特点是产权模糊，产权混乱。其主要表现在：（1）宏观上，国有资产的终极所有权没有明确的代表者。长期以来，把"国家所有"抽象化。到底谁是国有资产的代表，谁来行使国有资产的所有权，这很不清楚。（2）微观上，国有资产的法人所有权没有进入企业内部。这样就必然会导致企业的法人产权不明确，企业的权、责、利不明晰。

由此而产生的弊端是：第一，所有权代表不明确，政府部门缺乏约束机制和责任机制，随意干预企业的经营活动，但当企业出了问题发生亏损、国有资产受到损失和侵害时，却谁也不负责；第二，政企不分，国家对企业实行国有国营国统国管，企业成了政府机关

---

* 本文原载于《求是》杂志《内部文稿》1993年5月第9期，发表于《人民日报》1993年8月20日理论版。此文本次编入《所有制改革》一书出版，笔者对第三部分第三条作了适当充实性修改。

的附属物，根本不能自主经营、自负盈亏、自我生存、自我发展；第三，企业没有资产的所有权、处置权和人、财、物、产、供、销等各种权利，自然没有生产积极性和主动性，不能不吃国家的"大锅饭"；第四，企业缺乏产权意识、投资意识和资产增值意识，长远考虑得少，眼前考虑得多，资产浪费、资产流失和短期行为严重；第五，职工对企业的资产关切度低，主人翁责任感差，互相攀比普遍存在。近两年来，虽然市场取向的改革发展很快，所有制结构发生了很大变化，但由于国有产权关系没有理顺，对旧的国有产权制度没有进行实质性的改革，以上问题依然不同程度地存在。

二、理顺产权关系的地位和作用

与会者对这个问题的讨论十分活跃，普遍认为在坚持社会主义基本制度的前提下理顺产权关系、改革产权制度对建立社会主义市场经济体制具有十分重要的意义。

代表们认为，理顺产权关系是改革 14 年来的经验总结，是深化改革必然遇到、不可回避和必须解决的大问题。同时，它关系到各个方面的权力和利益的重大调整，是理论上和实际操作中的重点和难题。因此，产权改革必须积极，又必须慎重。对产权关系是改革还是维持原状，是早改还是晚改，代表们提出要进行比较研究，即要分析"阵痛"与"长痛"的关系，要分析改与不改、早改与晚改所付出的不同代价和不同成本。改革本来就是一件前无古人的事，不可能一帆风顺，自然要准备付出一定代价，承担一些风险，但不改革就没有希望。产权改革更是如此。目前，产权改革的时机已经成熟，又有了 14 年改革的丰富经验和有利条件，因此，产权改革可以避免大的社会震动，可以避免东欧式的"休克疗法"。

具体来说，产权改革的地位和作用主要是：

第一，理顺和明确产权关系是建立社会主义市场经济体制的迫切要求。一方面，明确国有资产的所有权代表，划分政府部门的事权关系，各自行使自己的职能，促使政企分开，搞好间接宏观管理，创造平等竞争的外部环境和法律环境。另一方面，明确企业的法人产权地位，以形成真正的商品生产者、商品交换者和市场竞争者。而有了市场环境，又有了产权和市场的主体，发展市场经济就有了直接的基础。因此，只有理顺产权关系，才能促进和达到公有制和市场经济的相互兼容，才能实现由计划体制向市场体制的有效过渡。

第二，理顺产权关系是切实贯彻《全民所有制工业企业转换经营机制条例》（以下简称《条例》）和还权于企业的基础。维持旧的产权关系，政府和企业的"婆媳"矛盾难以根除，政企职责难以分开，《条例》赋予企业的权利难以到位，从而企业就不可能真正走向市场，不可能在"大海"中生存和发展。目前，在政府有关部门出现的"翻牌"公司，实际上是给企业设置了新的圈套，给《条例》的落实增加了新的阻力，必须引起高度重视。

第三，理顺产权关系是企业转换内部机制的前提。理顺产权关系，明确企业的法人产权，政府与企业完全脱钩，企业转换经营机制就会由政府行为变成自己的自觉行动，一整套适应市场经济要求的管理制度和内部机制必将积极主动地建立健全。

第四，理顺产权关系是搞活企业的关键。企业的活力和企业所拥有的权力是成正比的。法人产权是企业最基本的权力，只有企业有了产权主体，才有可能成为投资的主体和市场的主体，才有可能发挥主动性和创造性，去争夺利润的最大化。这么多年来，由于产权不明晰，其他权利不到位，企业仍然亏损面大，效益不高。为什么首钢搞得好、有活力？与会代表一致认为，其根本原因是首钢不仅享有一个完全的经营者的权利，而且在很大程度上也享有一个所有者的权利，具有不受任何主管部门的行政命令干预的自主经营的权力。因此，总结和推广首钢的经验，首要的一条是权力，是企业要掌握根本性的权力。

讨论中还产生了不同观点。个别代表认为，改革中的主要问题不是产权问题，承包制比理顺产权关系和搞股份制更重要、更现实，搞承包制平稳、保险，它既坚持了公有制，又能解放和发展生产力。持这种观点的同志主张，目前和今后一段时期应继续大量发展承包制，少研究和实行股份制，更不要在理顺产权上做文章，不要给自己出难题，不要否定和取消国家所有制。

三、如何理顺产权关系

理顺产权关系有四个前提：一是政府不能直接行使产权；二是政府的职能被明确界定为间接调控；三是企业被界定为行使独立的法人产权；四是不能把产权改革等同于搞私有制。只有在此基础上探索理顺产权关系才能出成效。代表们对如何理顺产权关系提出的意见较多，归纳起来主要有以下几个方面。

第一，把资产的所有权、管理权和经营权分开，并明确行使各种权力的代表者，划分各种权力的职能，正确处理好三者之间的关系。所有者通过编制规划、制定政策、组织协调等手段，对经济的总量平衡、结构优化等进行间接调控；管理者主要是制定法规、提供服务和强化监督，保证市场经济的健康发展；经营者负责制定资产经营制度，保证国有资产的保值与增值。

第二，理顺产权关系要与其他改革相结合。一是要与实行政企分开、精减管理机构、转变政府职能相结合；二是要与理顺分配关系相结合；三是要与理顺银行关系、财税关系、外贸关系相结合；四是要与建立市场体系、保障体系、法规体系相结合。

第三，积极实行股份制改革试点，促使产权明朗化、具体化、分散化、多元化。实行股份制改革是国有企业改制重组的关键，是理顺产权关系的基础。股份制改革试点取得成功，获得经验，广泛推行，将为转变政府职能、建立新的体制机制和深化整个经济体制改革，打下良好基础。

第四，建立国有资产转让制度和产权交易市场，实行产权商品化，促进产业产权的合理调整和优化组合，提高资产的使用效率。对一些经营不善、长期亏损的企业和一些小型企业，要实行有效转让、出租、民营和拍卖；对扭亏无望和失去"造血"功能的企业要实行破产。

第五，在理论探索和反复论证的基础上，制定切实可行的实施方案，大胆试验，认真总结，然后有计划、有步骤、分阶段地推行。同时，要设立理顺产权关系的专门机构，以便使这项重大的改革工作落到实处，抓出成效。

中国现阶段"全民所有制"现实性问题的理论思考*

改革所有制关系和调整所有制结构，是中国经济体制改革的关键和重大课题。16年来，随着市场取向改革的深化，我国的所有制状况发生了很大变化。特别是近几年来，在邓小平南方谈话和党的十四大以及党的十四届三中全会精神指引下，我国在改革所有制和理顺产权关系方面迈出了重大步伐，取得了突破性进展。但是，有一点值得指出：理论界在对待"全民所有制"问题的认识上，还一直采取回避或不负责任的态度，把"全民所有制"视为理论探讨的禁区。其实"全民所有制"也是需要重新认识的。我认为，我国的

---

* 本文原载于《当代经济研究》1995年第5期，《经济工作者学习资料》1995年第56期。1995年12月，本文被中国人民大学书报资料中心《社会主义经济理论与实践》（第10期）转载，1996年被湖北省社会科学院评为1993—1995年度优秀社会科学论文一等奖。从1997年党的十五大报告开始，至2017年党的十九大报告中，已没有再出现"全民所有制"一词。2017年5月3日，《国务院办公厅关于进一步完善国有企业法人治理结构的指导意见》（国办发〔2017〕36号）文件指出，要在2017年底前，国有企业公司制改革基本完成。2017年7月26日，《国务院办公厅关于印发中央企业公司制改制工作实施方案的通知》（国办发〔2017〕69号）指出，2017年底前，按照《中华人民共和国全民所有制工业企业法》登记，国务院国有资产监督管理委员会监管的中央企业，全部改制为按照《中华人民共和国公司法》登记的有限责任公司或股份有限公司。2018年2月26日，《财政部中共中央宣传部关于印发〈中央文化企业公司制改制工作实施方案〉的通知》（财文〔2018〕6号）要求，到2018年底前，中央文化企业全部改制为按照《公司法》登记的有限责任公司。对所有已完成改制的公司，在办理工商变更登记时，都不再登记为"全民所有制企业"。国家统计局和国家工商总局较早已在划分经济成分和划分企业登记注册类型时，将原来的"全民所有制经济""全民所有制企业"，改为"国有经济"和"国有企业"，而"全民所有制"概念没有再使用。

社会主义市场经济是一种务实经济，而"全民所有制"是一个虚幻概念，它在社会经济生活中实在没有什么实际意义。

一、"全民所有制"概念的提出及其特征

（一）马克思恩格斯的"全民所有制"思想

在马克思恩格斯的经典著作中，社会主义和共产主义公有制的存在形式是独一无二的。尽管它有多种表述方式，诸如"社会所有制""共同占有制""公共占有制""集体所有制"，还有"财产公有""公共财产""社会占有""集体占有"，等等，但都是作为资本主义私有制的对立物而出现，且其含义都是完全一致的，都是指纯粹单一的社会所有制——这就是人们常说的"全民所有制"。

马克思恩格斯在1848年合写的《共产党宣言》中指出："共产党人可以用一句话把自己的理论概括起来：消灭私有制"。然后，"把资本变为属于社会全体成员的公共财产"，"把一切生产工具集中在国家即组织成为统治阶级的无产阶级手里"，[1] 实行全民所有制。恩格斯指出，马克思在《1848年至1850年的法兰西阶级斗争》这部著作，"第一次提出了世界各国工人政党都一致用以概述自己的经济改造要求的公式，即：生产资料归社会所有"。[2] 马克思在《〈法兰西内战〉初稿》中指出："大规模的有组织的劳动，生产资料的集中，这是无产阶级追求的希望，也是无产阶级运动的物质基础。……无产阶级要做的事就是改变这种有组织的劳动和这些集中的劳动资料目前所具有的资本主义性质，把它们从阶级统治和阶级剥削的手段改变为

---

[1] 《马克思恩格斯选集》第1卷，人民出版社1972年版，第272页。
[2] 《马克思恩格斯全集》第22卷，人民出版社1965年版，第593页。

自由联合的劳动形式和社会的生产资料"。①他在 1872 年写的《论土地国有化》中还说:"生产资料的全国性集中将成为由自由平等的生产者的各联合体所构成的社会的全国性基础"。②1881 年,马克思在《给维·伊·查苏利奇的复信草稿——二稿》中进一步指出:"欧洲和美洲的一些资本主义生产最发达的民族,正力求打碎它的枷锁,以合作生产来代替资本主义生产,以古代类型的所有制最高形式即共产主义所有制来代替资本主义所有制"。这种"共产主义所有制"就是"社会的所有制"。③

恩格斯在 1843 年 11 月写的《大陆上社会改革运动的进展》一文中,第一次提出了"集体所有制"的概念。他指出:"欧洲三个文明大国——英国、法国和德国——都得出了这样的结论:在集体所有制的基础上来改变社会结构的那种急剧的革命,现在已经是急不可待和不可避免的了"。"只要经过以集体所有制为基础的社会革命,才能建立符合他们抽象原则的社会制度"。④在《反杜林论》中,恩格斯说,社会主义"并不是要恢复原始的公有制,而是要建立高级得多、发达得多的公共占有形式",即"以社会的名义占有生产资料"、"由社会占有全部生产资料"。⑤或者说,"实现整个社会对一切生产资料——土地、铁路、矿山、机器等等——的直接占有"。⑥

马克思恩格斯在以上对公有制理论的论述中,虽然未明确提出

---

① 《马克思恩格斯选集》第 2 卷,人民出版社 1972 年版,第 419 页。
② 《马克思恩格斯文集》第 3 卷,人民出版社 2009 年版,第 233 页。
③ 《马克思恩格斯全集》第 19 卷,人民出版社 1963 年版,第 443—444、130 页。
④ 《马克思恩格斯全集》第 1 卷,人民出版社 1956 年版,第 575、590 页。这里的"集体所有制",是指全社会集体的所有制,也是全民所有制的意思,并不是斯大林提出的和我国现行的集体所有制。
⑤ 《马克思恩格斯选集》第 3 卷,人民出版社 1972 年版,第 178、320、321 页。
⑥ 《马克思恩格斯选集》第 4 卷,人民出版社 1972 年版,第 258 页。

中国现阶段"全民所有制"现实性问题的理论思考

胡德巧

改革所有制关系和调整所有制结构,是中国经济体制改革的关键和重大课题。16年来,随着市场取向改革的深化,我国的所有制状况发生了很大变化。特别是近几年来,在邓小平同志南巡重要谈话和党的十四大以及十四届三中全会精神指引下,我国在改革所有制和理顺产权关系方面迈出了重大步伐,取得了突破性进展。但是,有一点值得指出:理论界在对待"全民所有制"问题的认识上,还一直采取回避或不负责任的态度,把"全民所有制"视为理论探讨的禁区。其实,"全民所有制"也是需要重新认识的。我认为,市场经济是一种务实经济,而"全民所有制"是一个虚幻概念,它在社会经济生活中实在没有什么实际意义。

一、"全民所有制"概念的提出及其特征

1. 马克思恩格斯的"全民所有制"思想

在马克思恩格斯的经典著作中,社会主义和共产主义公有制的存在形式是独一无二的。尽管它有多种表述方式,诸如"社会所有制"、"共同占有制"、"公共占有制"、"集体所有制",还有"财产公有"、"公共财产"、"社会占有"、"集体占有"等等,但都是作为私有制的对立物而出现,且其含义都是完全一致的,都是指纯粹单一的社会所有制,——这就是人们常说的"全民所有制"。

马克思恩格斯在1848年合写的《共产党宣言》中指出:"共产党人可以用一句话把自己的理论概括起来:消灭私有制"。然后,"把资本变为属于社会全体成员的公共财产","把一切生产工具集中在国家即组织成为统治阶级的无产阶级手里",[①]实行全民所有制。马克思在《1848年至1850年的法兰西阶级斗争》中,"第一次提出了世界各国工人政党都一致用以概述自己的经济改造要求的公式,即:生产资料归社会所有"。[②]他在《〈法兰西内战〉初稿》中指出:"大规模的有组织的劳动,生产资料的集中,这是无产阶级追求的希望,也是无产阶级运动的物质基础。……无产阶级要做的事就是改变这种有组织的劳动和这些集中的劳动资料目前所具有的资本主义性质,把它们从阶级统治和

---

* 本文是胡德巧、冯纯在《科学社会主义研究》1988年第2期发表的《社会主义公有制和商品经济关系的历史回顾与几点思考》(中国人民大学书报资料中心《政治经济学》1988年第7期转载)一文中提出的研究课题。当时在提出"我国社会主义初级阶段是否存在'全民所有制'"时,只是作了简单分析。作为它的续篇,本文在坚持社会主义公有制的基础上通过搜集大量资料,对"全民所有制"问题从理论上进行了较为系统的探讨。

"全民所有制"的概念，但为"全民所有制"概念的明确提出打下了直接的思想基础。

（二）列宁第一次明确提出"全民所有制"概念

"全民所有制"作为一个完整的概念，是列宁第一次明确提出的。1917年5月，即十月革命前，列宁在全俄农民第一次代表大会上关于土地问题的讲话中指出："土地所有制应该成为全民所有制，而确定这种所有制的应当是全国性的政权"。接着还说："当你们建立起在自由土地上进行自由劳动的制度的时候，不会有什么地主占有制，不会有什么私人土地占有制，而只有全民所有制和全国土地的自由租佃者"。[①] 列宁的"全民所有制"概念，是直接在马克思恩格斯的影响和启发下形成的。在此前后，围绕这一概念，他还作了大量这方面的论述。

列宁在1895—1896年间写的《社会民主党纲领草案及其说明》中指出："所有工厂和矿山以及所有大地产等等都归整个社会所有，实行由工人自己进行管理的、共同的社会主义生产"。[②] 在1899年底批评俄国社会民主党中的倒退倾向时，他又指出："社会主义的目的（和实质）是：把土地、工厂等等即全部生产资料变为全社会的财产，取消资本主义生产，按照总的计划进行有利于社会全体成员的生产"。[③] 另外，他在1904年4月写的《五一节》，1914年3月写的《自由派教授论评等》，1917年4月写的《无产阶级在我国革命中的任务》，1914年7—11月写的《卡尔·马克思》等著作中也有类似表述。

---

① 《列宁全集》第24卷，人民出版社1957年版，第454、458—459页。
② 《列宁全集》第2卷，人民出版社1957年版，第81页。
③ 《列宁全集》第4卷，人民出版社1958年版，第241页。

在提出"全民所有制"概念之后,列宁在1917年8—9月写的《国家与革命》中指出,社会主义的"生产资料已经不是个人的私有财产,它已归整个社会所有",或"把生产资料转归全社会公有"。①1917年11月,列宁在《告人民书》中指出:"工人、士兵、农民和一切劳动者同志们! ……土地、粮食、工厂、工具、产品和运输业,所有这一切今后都完全是你们的财产、全民的财产了"。②1918年11月,列宁在《对莫斯科省贫农委员会代表的演说》中明确指出:"十月革命给自己提出的任务是:剥夺资本家的工厂,使生产工具归全民所有"。③俄国当时的全民所有制是通过国有化的途径来实现,并由国家来直接管理的。因此,列宁还提出了一系列关于"国家所有制"或"国有化"的理论。

(三)"全民所有制"的本质特征

从马克思恩格斯、列宁以上论述看,"全民所有制"的实质就是社会主义的全部生产资料归社会全体劳动者共同占有的最高的公有制形式。它的主要特点是:

第一,范围社会性。一是占有生产资料的全体劳动者的社会性,其范围包括全国的"工人、士兵、农民和一切劳动者同志们"。二是全体劳动者占有的生产资料的社会性,其范围包括全国的"土地、粮食、工厂、工具、产品和运输业"等一切财产。

第二,形式单一性。社会主义公有制以全民所有制的形式独立存在,它排斥其他任何所有制形式,既不需要其他所有制形式来作

---

① 《列宁选集》第3卷,人民出版社1960年版,第250、251页。
② 《列宁全集》第26卷,人民出版社1959年版,第280—281页。
③ 《列宁全集》第28卷,人民出版社1956年版,第153页。

辅助、作补充，也不可能与其他所有制形式同时并存、共同发展。同时，它反对局部性的和集团性的多方面的不同利益集团，反对任何形式的个人私利。

第三，分配直接性。在社会主义全民所有制条件下，劳动者的劳动取消了私人劳动的环节，他们的劳动从一开始就是直接的社会劳动，因此，他们的分配也相应取消了货币环节，使整个过程自始至终就是直接的产品分配。同时，由于单一的公有制和取消商品货币关系，所以其分配原则也是纯粹单一的"按劳分配"，不存在任何其他分配方式。

第四，高度计划性。恩格斯指出，当社会主义代替资本主义以后，"社会生产的无政府状态就让位于按照全社会和每个成员的需要对生产进行的社会的有计划的调节"。① 列宁明确把纯粹计划经济作为社会主义的社会制度，强调要坚决实行高度集中的计划经济。他说，社会主义必须"对产品的生产和分配实行无所不包的全民统计和监督"，必须"坚决实行全国范围的经济生活的集中化"。② 还说："如果你们想对每一块铁和一匹布都统计到，那就会有社会主义"。③ 虽然列宁及时发现了这些理论的错误，并实行了"新经济政策"，但其问题后来一直未得到实质性的解决。

第五，否定市场性。他们把商品、货币、市场、竞争与私有制等同起来，把社会主义公有制与市场经济对立起来，认为社会主义就是消灭市场。马克思在《资本论》中指出："在社会公有的生产中，货币资本不再存在了"，④ "竞争将被这种新的社会制度消灭，而

---

① 《马克思恩格斯选集》第3卷，人民出版社1972年版，第319页。
② 《列宁全集》第27卷，人民出版社1958年版，第291、295页。
③ 《列宁全集》第26卷，人民出版社1959年版，第275页。
④ 《马克思恩格斯全集》第24卷，人民出版社1972年版，第397页。

为联合所代替"。① 列宁的意见是："只要还存在着市场经济，只要还保持着货币权力和资本力量，世界上任何法律也无力消灭不平等和剥削"。② 所以他认为，"社会主义就是消灭商品经济。……只要仍然有交换，那谈什么社会主义是可笑的"。③ 在实行"新经济政策"后，虽然他说要"特别重视商品交换问题"，但他接着又解释，这种"商品交换"，实质上是"用工业品换取农产品"，"用来交换农民粮食的国家产品，即社会主义工厂的产品，已不是政治经济学上的商品"。④ 这就最终还是从根本上否定了商品经济。

完全可以肯定，如果在我国现阶段，这样的"全民所有制"是超越中国社会主义现实基础的。

二、"全民所有制"思想渊源于空想社会主义

历史不可否认，空想社会主义是科学社会主义的理论来源，同样，空想社会主义的公有制思想是科学社会主义全民所有制的理论来源。

从16世纪到19世纪的空想社会主义者，都十分痛恨资本主义私有制，认为私有制是"万恶之源"。所以，他们不顾最基本的客观实际，极力主张在新的理想社会中，实行一切财产公有。

16世纪初，英国空想社会主义的奠基人托马斯·莫尔在《乌托邦》中，第一次描绘了未来理想社会。他认为，乌托邦的一切财产

---

① 《马克思恩格斯选集》第1卷，人民出版社1972年版，第217页。
② 《列宁全集》第10卷，人民出版社1958年版，第407页。
③ 《列宁全集》第15卷，人民出版社1959年版，第112页。
④ 《列宁全集》第33卷，人民出版社1957年版，第73页；第32卷，人民出版社1958年版，第374页。

都归全民所有,"私有制根本不存在,大家都热心公事"。① 在乌托邦,不仅生产资料公有,而且生活资料也公有。为了防止私有观念的产生,乌托邦规定住房每隔10年抽签调换一次。

17世纪,康帕内拉在《太阳城》一书中,主张在太阳城彻底废除私有制,全部生产资料和一切生活资料都归大家共同占有,任何人都没有私有财产。他说,在新的公社组织中,没有穷人和富人的差别,没有"你的"和"我的"的界限,大家都热爱公有制。

18世纪的摩莱里在《自然法典》中的第一条,实际上宣布了以生产资料公有制代替生产资料私有制。他认为,"私有制是万恶之母",消灭私有制是制定和实现新社会根本大法的关键;同时主张未来社会的工农业产品全部归公,公民所需要的一切都由国家统一平均供应。

19世纪初,英国伟大的空想社会主义者罗伯特·欧文,在1820年的《致拉纳克郡报告》中,系统地论述了自己的共产主义理论,而实现生产资料公有制则是欧文理想社会的基础。他认为,在理想社会中,"纯粹个人日常用品以外的一切东西都变成公有财产"。② 他还指出:"财产公有制较之于引起灾祸的财产私有制具有无可比拟的优越性"。③ 财产公有制使人们可能在生产中联合起来,从而将使人们在时间、劳动和"资本"方面得到最大限度的节约,将使人们的生产活动提高效率,即使人们"可以在每天不到四小时的有益而愉快的劳动条件下,拥有丰裕的质地优良的产品。"④

马克思恩格斯批判地吸收了空想社会主义的优秀成果,创立了

---

① 莫尔:《乌托邦》,三联书店1957年版,第51页。
② 《欧文选集》第2卷,商务印书馆1981年版,第11、13页。
③ 《欧文选集》第2卷,商务印书馆1981年版,第11、13页。
④ 《欧文选集》第2卷,商务印书馆1981年版,第11、13页。

科学社会主义。然而，这恰好同时又导致另一个历史事实：马克思恩格斯的"全民所有制"思想，根源于空想社会主义的公有制理论。

三、中国引进和推行"全民所有制"的经验教训

中国的社会主义公有制模式直接照搬于原苏联的所有制教条。

斯大林在1936年的《和美国罗易·霍华先生的谈话》中，第一次把社会主义公有制分为全民所有制和集体所有制两种形式。他说，社会主义的基础"就是公有制：国家的即全民所有制以及合作社集体农庄的所有制"。①1952年，他在《苏联社会主义经济问题》中，十分明确地把全民所有制和集体所有制这两种形式作为社会主义公有制固定下来。斯大林的所有制公式对纯粹国有化和单一全民所有制理论是一个重大突破，它从一定程度上说明了社会主义商品经济问题，在马克思主义的发展中当然是一大贡献。但是，由于他急于考虑的是如何实现社会主义迅速向共产主义的过渡，如何将公有制的二元形式尽快单一化，即迅速"把集体农庄所有制提高到全民所有制的水平"，②这就决定了他的商品经济理论的不彻底性，也决定了他的公有制理论越来越失去对社会主义实践的指导意义。

我国在1952年11月，翻译出版了斯大林的《苏联社会主义经济问题》一书后，把它当作全党理论学习的教科书，并把全民所有制和集体所有制这两种公有制形式"搬"进了我国1954年的第一部宪法，使二元公有制模式在我国社会主义"定型"化。而几十年来，我们更是对马克思主义采取教条主义的态度，把全民所有制与社会主义完全等同起来，重全民、轻集体，不断进行对集体所有制的"升

---

① 《斯大林文选》上卷，人民出版社1962年版，第77页。
② 《斯大林选集》下卷，人民出版社1979年版，第610、611页。

级"，片面强调生产关系的过渡，盲目追求"一大二公三纯"，使得全民所有制在我国长期合法地扎下根来，流传至今。

自"全民所有制"引入我国后，从推行的结果看，它曾起过一定作用，但随着社会主义建设的发展，它的弱点和弊端也日益显露出来，并且使我们在认识上和实践上都付出很大代价，有过不少教训。

——在所有制方面，盲目冒进，追求过渡。1958年，大刮"共产风"。在农村，"小社并大社"，大搞人民公社化运动，天真地认为农村人民公社是向共产主义过渡的最好形式。因此，仅在两个多月时间，就把70多万个生产合作社改组为政社合一的26000个人民公社。在城镇，人为地把大量的公私合营企业和集体企业转归全民企业，使国营工业由1949年占全部工业总产值的26.3%，很快提高到1958年的89%，到1960年超过90%，集体部分只保留10%，并提出少则三四年，多则五六年完成由集体向全民的过渡。"文化大革命"期间更是如此。直到1978年，全民企业占了全国工业总产值的80.8%，集体只占19.2%，而个体、私营工业经济却被当作资本主义经济成为批判的对象，没有出头之日。这种做法严重阻碍了生产力的健康发展。

——在产权关系上，模糊不清，权责不明。由于"全民所有制"是一个抽象、含混的概念，因此，表现在产权关系上的弊端是：(1)所有者代表不明确，所有权得不到落实，使"全民所有"成为"空壳"，化为乌有，无人负责；(2)政企不分，"两权"不分，全民所有成了"政府所有"，企业成了政府机关的附属物，无法成为自主经营的法人实体；(3)普遍缺乏产权意识、投资意识、资产管理意识和资产增值意识，经常出现资产浪费、资产流失和短期行为等现象；(4)职工的主人翁地位难以体现，职工的主动性、创造性和积极性受到不应有的损伤。

总之，产权关系不明晰，给经济发展和改革开放带来很大阻力。

——在分配方面，吃"大锅饭"，搞平均主义。一是采取单一的分配原则，实行"供给制"，搞"一平二调"，吃饭不要钱，强调自给自足；二是把按劳分配中的"平等"误解为"平均"，因此，极力主张收入拉平，同步富裕；三是分配不讲成绩、不讲贡献、不讲效益，而是凭关系、凭年龄、凭工龄、按等级等等，严重损害了劳动者的利益，挫伤了劳动者的积极性。

——在对待商品生产方面是极力限制。以高度集中的计划经济为指导，把商品经济和资本主义等同起来，根本否定价值规律的作用，限制商品经济的发展，认为"货币交换，……跟旧社会没有多少差别"，"每日每时都会产生资本主义和资产阶级"，"只能在无产阶级专政下加以限制"。这使我国社会主义经济建设遭到极大破坏。

——在公有制内部造成了重重矛盾。一是它在全民职工与集体职工之间划出一条鸿沟，产生等级差别和等级观念，把本来都是国家主人的劳动者视为"集体不如国营""国营比集体优越"，甚至视集体职工为"二等公民"，在政治地位上低人一等；二是对国营和集体的经济政策不公平，在财政补贴、税收照顾、银行贷款、原材料供应、产品销售等方面，只对全民倾斜，不对集体优惠；三是全民企业的干部享受行政官员的待遇，职工成为"正式职工"，旱涝保收，负盈不负亏，生活有"靠山"等，这也是集体企业所没有的。

党的十一届三中全会以后，我们吸取了这些教训，转移了战略重点，实行了改革开放，提出了"一个中心、两个基本点"的基本路线，特别是党的十四大和党的十四届三中全会提出了建立社会主义市场经济体制的改革目标、基本框架和实现新体制的重要任务，把改革推向了新阶段，从而充分体现了人民群众的根本利益和根本愿望，为建设有中国特色社会主义开创了新局面。

四、中国现阶段"全民所有制"的非现实性

大家知道，我国社会主义和建立社会主义的物质基础，与马克思恩格斯心目中的社会主义具有很大区别。马克思恩格斯设想的社会主义是以当时生产力水平和商品经济充分发达的英国为背景所得出的结论，而我国的社会主义是在落后的半封建半殖民地、自给半自给的自然经济基础上建立起来的。这就是说，马克思恩格斯的设想已经大大超出了我国的客观实际，或者说，我国社会主义还远未达到马克思恩格斯社会主义的实现条件。因此，很明显，用马克思恩格斯的公有制理论来说明中国社会主义实际中的"全民所有制"是很不科学的、没有根据的。另外，我国和原苏联的情况也不完全相同。如果长期机械搬用苏联模式，把它当成我国社会主义发展史上始终贯彻的"灵丹妙药"，这也是不现实的。

第一，从概念本身的质与量看全民所有制的不现实性。既然是全民所有制，其"全民"就应该是指全社会（可以先是国家）范围的全体劳动者，而不是局部或部分劳动者，其"全民"占有的"生产资料"，自然应是全国范围的全部生产资料，而不是局部或部分生产资料。一句话，全民所有制应指社会全部生产资料归全体劳动者共同占有。其实并非如此。就全民职工人数而言，到1993年底止，全国的"全民"职工有1.1亿多人，而这1亿多人何谈"全民"？如果全民，就应包括全国所有的劳动大军，但实际上，全国近5亿个农村劳动力、城镇3600多万个集体职工，还有4000多万个体、私营企业从业人员——这些占绝大多数的劳动者，对全民所有制企业的生产资料既没有所有权，也没有使用权、支配权，更没有工资收

入的分配权。这样一来，绝大部分劳动者就都被排斥在全民所有制的"大门"之外，"全民"就成了局部的、少数人范围的"全民"了。再从全民和其他经济成分所拥有的生产资料（资产）看，1992年全民独立核算工业企业是15670亿元，集体企业是3140亿元，其他（包括个体）企业是1153亿元。可见，全民的生产资料是部分，也不是全部。全民、集体和个体都是互相独立、不同性质、不同利益的经济主体。集体、个体和其他经济主体不能随便占有全民的生产资料。同样，全民也不能任意占有集体、个体和其他经济主体的生产资料。总之，"全民"的"民"不全，"全民"所占有的生产资料也不全。显然，概念本身既没有达到其量的规定性，更没有达到其质的规定性，因此，"全民所有制"这一概念不能成立。

第二，从现有的所有制结构看全民所有制的不现实性。我国现有的所有制结构是一个什么样的状况？1992年在全部工业总产值中，国有工业企业占48.3%，集体工业占38.2%，其他（包括个体、私营等）工业企业占13.5%；在社会商品零售总额中，国有经济占41.3%，集体占27.9%，其他占30.8%。以上资料表明，我国目前的所有制状况是一个以国有企业为主导、国有企业和集体企业为主体、其他经济成分为辅助和补充的多种所有制或多种经济成分并存的所有制结构。根据全民所有制纯粹单一性的特点，它是与其他任何所有制形式相互排斥而独立存在的，即只要有全民所有制的存在，就不允许有其他所有制的产生。在我国推行"一大二公三纯"时，把个体经济当作"资本主义尾巴"来割，就足以证明这一点。但是，现在的客观事实恰恰相反，现实存在和共同发展的是各种不同的所有制，而众多的、各种不同的所有制排斥了单一全民所有制。

第三，从市场经济的客观要求看全民所有制的不现实性。关于一般市场经济与全民所有制的关系，马克思主义告诉我们，生产资料的不同所有者是商品经济存在的直接原因。各种不同的所有者构成商品生产、商品交换和市场运行的主体。单一的全民所有制和市场经济的关系是互相排斥的，有你无我，有我无你。这正如马克思恩格斯所指出的，"在一个集体的、以共同占有生产资料为基础的社会里，生产者并不交换自己的产品，耗费在产品生产上的劳动，在这里也不表现为这些产品的价值"。① "一旦社会占有了生产资料，商品生产就将被消除。"② 因为全民所有制的社会是一个大家庭，在一个大家庭中进行交换甚至竞争是没有必要的，没有意义的。反过来说也一样，我国通过16年改革开放，在所有制关系上发生了重大变化。不仅个体经济、私营经济、合资经济、合作经济、独资经济等经济成分得到迅速发展，而且公有制内部除了国有和集体以外的各种不同实现形式如混合所有制、合作所有制、企业所有制、股份共有制等也不断形成，并日益壮大。实践证明，发展多种所有制经济，促进了我国生产力的发展，促进了我国综合国力的增强，促进了人民生活水平的提高。因此，在对市场经济和全民所有制的抉择上，现在看来，人们将不再选择空洞、空想的全民所有制，而是坚决地毫不犹豫地选择社会主义市场经济。

第四，从现有的生产力状况看全民所有制的不现实性。所有制关系的性质及其变化，归根到底是由生产力的状况决定的。有什么样的生产力就要求有什么样的所有制形式。恩格斯指出："社会制度中的任何变化，所有制关系中的每一次变革，都是同旧的所有制关

---

① 《马克思恩格斯选集》第3卷，人民出版社1972年版，第10页。
② 《马克思恩格斯选集》第3卷，人民出版社1972年版，第323页。

系不再相适应的新生产力发展的必然结果"。①"新的更高的生产关系，在它存在的物质条件在旧社会的胎胞里成熟以前，是决不会出现的。"②马克思还更形象、更具体地说明了物质基础与社会制度的关系。他说，"手推磨产生的是封建主为首的社会，蒸汽磨产生的是工业资本家为首的社会"。③根据一般规律，社会主义公有制应该要有高出资本主义"蒸汽磨"的大机器生产的生产力水平作为物质基础。但是，大家知道，由于各种原因，社会历史遗留给我们的是以"手推磨"为特征的落后的生产力。新中国成立以来，特别是改革开放以来，我国的生产力有了很大发展。但是，从总体上看，我国现阶段的物质技术基础仍然处于既不充分又不平衡的状态。从工业看，更多、更广泛适应生产力水平的是中小企业，约占全部企业总数的99%以上，产值约占67%。而大型企业所占比重不到1%，产值约占33%。其生产方式普遍是以机械化、半机械化、手工劳动为主要形式，真正采取高尖技术和电子计算机控制的现代化大生产企业毕竟还是少数。再从农村看，除了少量的机械化以外，大多数还是靠手工操作和畜力劳动，机械化水平和社会化程度还很低下。此外，一些老、少、边、穷地区原始的生产方式还较严重。这就表明，在当今的中国还存在着旧的社会分工，劳动者的劳动还不可能是直接的社会劳动，社会还不可能直接占有一切生产资料；同时，多层次的生产力状况，决定了不同程度的、多元的所有制结构的存在，也决定了全民所有制的出现成为不可能。

第五，从它与社会主义公有制的区别看全民所有制的不现实性。

---

① 《马克思恩格斯选集》第1卷，人民出版社1972年版，第218页。
② 《马克思恩格斯选集》第2卷，人民出版社1972年版，第83页。
③ 《马克思恩格斯选集》第1卷，人民出版社1972年版，第108页。

中国现阶段"全民所有制"现实性问题的理论思考

长期以来,"全民所有制"一直被当作理论研究的"禁区",只能颂扬,不能轻视;只能坚持,不能否定。这主要是因为人们把全民所有制与社会主义公有制等同起来了。其实大可不必。社会主义公有制是相对资本主义私有制而言的,是社会主义的本质所在,只要是搞社会主义,就必须要坚持社会主义公有制。社会主义公有制是不断发展、完善的,不同的国家由于实际情况不同,在实施和贯彻公有制的具体问题上可以存在不同之处。从我国目前的国情来说,一是公有化程度不可能很高;二是公有化范围不可能无所不包;三是公有制本身不可能孤立发展。而全民所有制则不同。如果把它作为公有制中的一种形式,它只能是公有制中的最高形式和最后形式,这种形式是与极度发达的生产力相适应的,而要达到这种生产力水平,那是遥远将来的事。恩格斯指出:没有高度发达的生产力作基础,全民所有制就只能是人们"脑海中"的一种"理想",而它要想出现,"只有在实现它的物质条件已经具备的时候才能成为可能,才能成为历史的必然性"。[①] 可见,社会主义公有制和全民所有制是两个不同的概念。因此,否定"全民所有制"的现实存在并不等于否定社会主义公有制。

第六,从它与国家所有制的区别看全民所有制的不现实性。全民所有制与国家所有制也不是等同概念。其区别主要是:(1)从一般意义看,国家所有制是一个普遍适用的中性概念,也是一种古老的所有制形式。马克思说:"部落所有制就具有国家所有制的形式。"[②] 从原始社会末期之后,不论是奴隶制还是封建制,也不论是资本主义还是社会主义,只要有国家,就有国家所有制。当然,国家的性

[①] 《马克思恩格斯选集》第3卷,人民出版社1972年版,第321页。
[②] 《马克思恩格斯选集》第1卷,人民出版社1972年版,第68页。

质不同，其国家所有制的性质也不同。正是从这种意义上说，国家所有制既可以是公有制性质的，也可以是私有制性质的；既可以是社会主义的，也可以是资本主义的。与此不同，全民所有制是一种公有制形式，它只适用于最高形态的共产主义社会。因此，相比之下它是一个特殊概念。（2）从存在时间顺序看，国家所有制在先，全民所有制在后。恩格斯指出，在实行"全部生产资料公有制"即全部生产资料归全社会所有（或全民所有）之前，应"首先把生产资料变为国家财产"，①即变为国家所有制。只有当国家终于真正成为整个社会的代表时，国家的存在成为多余时，国家所有制也随之消失之后，才有可能出现全民所有制。因此，我国目前面临的重要任务是，坚持以国有经济为主导，努力搞好国家所有制企业。

五、承认现阶段"全民所有制"非现实性的重要意义

如前所述，"全民所有制"概念是1952年"引进"并成为我国社会主义的经济制度的，在1954年的《中华人民共和国宪法》中加以"定型"。此后，直到1988年，曾对宪法进行了多次修改，特别是改革开放以来的两次修改，都对所有制问题作了适当调整和采取了新的提法。然而，对"全民所有制"却始终没有丝毫变动。1982年12月通过的宪法规定："中华人民共和国的社会主义经济制度的基础是生产资料的社会主义公有制，即全民所有制和劳动群众集体所有制。""国营经济是社会主义全民所有制经济"。这种表述不仅依旧如初，而在1988年4月通过的宪法修正案中也未作修改。

那么，如何对待宪法中的这种提法？这是一个十分严肃的问题。

---

① 《马克思恩格斯选集》第3卷，人民出版社1972年版，第320页。

众所周知,任何法律形式都是经济和政治在一定发展阶段上的反映,都是人们在不同历史时期的一种认识。可以说,现行的宪法是一种历史进步,对一段时期以来经济和社会的全面发展起到了有力的保护和促进作用。

但是,它本身又是一种历史,随着社会的不断向前发展,它的许多方面已经同现实情况和国家生活不相适应。如(1982年的宪法)"国家在社会主义公有制基础上实行计划经济",把社会主义公有制仅限于"全民所有制和集体所有制"两种形式;认为国家所有制企业就是"国营企业",由国家直接经营;只强调"实行各尽所能、按劳分配"的原则,没有提出其他分配方式等。这些与"全民所有制"相联系的方面与现实情况都是不相适应的。1992年邓小平南方谈话和党的十四大以后,我国的经济改革、经济发展和社会进步都进入了一个新的历史阶段,计划经济体制已宣告终结,取而代之的将是全新的社会主义市场经济体制。为了建立这种新的体制,我国现实所贯彻的是以公有制为主体、多种所有制经济共同发展的方针,而那种奉行单一"全民所有制"的时代已经成为过去。这就是说,在我国社会主义初级阶段,"全民所有制"所习惯和赖以生存的条件及环境实际已不复存在。这样看问题,或者承认这种事实,对于在理论上实现新的飞跃,对于更好地坚持公有制和发挥国有制的主导作用,对于大力发展我国社会主义市场经济都是大有好处的。

第一,有利于坚持实事求是原则,克服教条主义态度。大家都不会忘记,在中华人民共和国成立以来46年的历史上,有长达20年(1958—1978年)之久犯有"左"倾错误,同时,这也是教条主义最盛行的时期。其主要表现是,把马克思恩格斯的一般结论强加给我国已经变化了的客观现实,全国上下涌现出"大跃进"的浪潮和急于向"全民所有制"过渡的狂热,到处都实行"一平二调、统一分配",大办公共食堂,大搞"共产主义试点"。现在看来,实在太可笑了。改革开放以来,虽然从根本上扭转了这种局面,但是,过去长期形成的对马克思主义的教条主义态度与"左"的残余,在某些时候某些人的思想中自觉或不自觉地反映出来。他们仍然把"全民所有制"与国家所有制特别是与公有制混为一谈,认为重新认识"全民所有制"就是否定社会主义公有制,实行所有制关系改革就是搞私有化。这种把马克思主义原则与中国实际相割裂的观念有待于进一步消除。还是邓小平南方谈话时说得好,"学马列要精,要管用"[1];"中国要警惕右,但主要是防止'左'"[2];"我们改革开放的成功,不是靠本本,而是靠实践,靠实事求是"[3]。说到底,中国的改革所以能够取得伟大成就,最关键的一条在于产权制度改革和调整所有制结构所取得的成就;中国的经济之所以能够出现持续快速健康发展的势头,最关键的一条在于国有经济、集体经济和其他(包括个体、私营、三资企业等)经济成分的共同发展。否则,如果靠本本,靠教条主义,中国就不可能有今天的成功。应该相信,只要进一步解放思想,彻底破除"一大二公"的影响,承认"全民所有制"的非现实性,马克思主义在中国的生命力将会更强,社会主义公有制的优越性将会发挥得更充分。

第二,有利于促成我国经济与国际惯例接轨,进一步使我国的经济运行符合一般市场经济规则。承认"全民所有制"的非现实性,其一,是处理好国际惯例与中国特色关系的需要。"全民所有制"模

---

[1]《邓小平文选》第3卷,人民出版社2008年版,第397页。
[2]《邓小平文选》第3卷,人民出版社2008年版,第390页。
[3]《邓小平文选》第3卷,人民出版社2008年版,第397页。

式本来并不是中国的创造,但目前它在我国却是世界上极少量的"幸存者"之一。除此之外,它不仅一直为世界各国所不接受,而且也早已为它的"发明者"所放弃。中国决不能走西方国家的道路,决不能像原苏联那样全面解体和全面私有化,同时,也不应该把斯大林模式贯彻始终。中国坚持搞具有自己特色的社会主义,坚持共产党的领导,坚持实行适应生产力发展的生产资料公有制,这是不能动摇的。当然,我们的经济运行必须是和市场经济的通行规则相一致,与国际惯例相协调;我们的公有制必须是具体的、客观的,而不是"玄奥"的、超现实的。否则,我们就无法让世界了解中国,也无法让中国走向世界。其二,是处理好公有制与市场经济关系的需要。有人说公有制与市场经济是相容的,也有人说公有制与市场经济是矛盾的。笔者认为,这两种观点都不可取。二者兼容与否,不能简单地肯定或否定,应先进行具体分析,再作出判断。是相容还是矛盾,关键看是一个什么样的公有制。如果公有制所选择的是多种实现形式,且又能与其他经济成分同时并存,那它与市场经济就是相容的、统一的,对市场经济的发展就起促进作用;如果它选择的是纯粹单一、独立存在的像"全民所有制"这样的实现形式,那它与市场经济就是矛盾的、排斥的,对市场经济的发展就起破坏作用。我们希望所出现的是前者而不是后者。而要想真正实现前一种情形,只有放弃"全民所有制"才有可能。

第三,有利于明确和理顺产权关系,促进社会主义市场经济体制的尽快建立。建立新体制所面临的重要任务是要在经济运行的各个领域进行制度创新,而进行制度创新的中心环节是产权制度创新。长期以来,我国经济领域中特别是国有企业中的产权关系是模糊不清的。造成这种状况的原因是多方面的,但主要原因是其外部有一层模糊不清的"全民所有制"的"外壳"。由于它的存在，一方面表现出"全民皆有"，人人都以所有者的身份出现，各个部门都插手企业、干预企业，弄得企业无所适从，没有经营自主权，不能自负盈亏、自我发展；另一方面表现出"全民皆无"，不知谁在行使国有资产的所有者职能，对国有资产的运营和管理责任不明，出了问题无人负责，从而导致国有资产的大量流失和国有企业的严重亏损。这两种情况都是我们所不愿意看到的。在党的十四大和党的十四届三中全会第一次明确提出和强调要理顺产权关系后，产权制度改革有了新的探索途径，企业开始朝着新的目标发展。但是，在具体执行和操作过程中，又碰到一些新的困难和矛盾，甚至出现走样变形的现象。其原因也是十分复杂的。但是，如果我们能进一步改进改革中的思维方式，冲破"全民所有制"习惯势力的束缚，就有可能使改革在理论上和实践上实现新的突破，使尽快建立社会主义市场经济体制出现新的局面。

改革重任：调整和完善所有制结构 *

党的十五大报告指出："继续调整和完善所有制结构，进一步解放和发展生产力，是经济体制改革的重大任务。"第一次把调整和完善所有制结构作为经济体制改革和经济发展战略的首要任务明确提出，并阐述了一系列所有制问题，这是党的十五大的一个突出贡献，是我党在什么是社会主义，如何建设社会主义问题认识上的重大突破，也是我党又一次大的思想解放的显著标志。

调整和完善所有制结构，就是要从我国社会主义初级阶段的实际出发，坚持和巩固社会主义公有制主体，不断提高公有制经济的质量，积极探索公有制的实现形式，大力发展个体、私营、外资等非公有制经济，把一切符合"三个有利于"的所有制形式都用来为社会主义服务。继续调整和完善所有制结构，对于进一步解放和发展生产力，对于加快建立社会主义市场经济体制和推动经济建设不断向前发展，都具有十分重要的意义。

一、社会主义实践经验与教训反复证明，必须重视发展不同的所有制形态和建立合理的所有制结构

回顾近50年来的社会主义建设实践，我们既有成功的经验，也有沉痛的教训。这里一个很大的教训是，过去我们在对所有制问题的认识和态度上犯了十分严重的错误，即在曾经长达20年之久的时

---

* 本文原载于《人民日报》的《理论参考》杂志1997年第11期，在《中国改革》杂志1997年第11期发表。1999年5月作过修改。

所有制改革

间里,我们犯有极"左"的错误。其主要表现在:脱离实际,不顾国情,照抄照搬,大刮"共产风",大搞"集体转全民",大割"资本主义尾巴",使我国的所有制结构处于严重的畸形状态。从1958年到1978年,在全国工业总产值中,全民所有制几乎占了80%—90%,整个公有制经济一统天下占100%。这种追求"一大二公三纯"、盲目冒进和超越社会主义初级阶段客观现实的做法,极大阻碍了生产力的正常发展,结果使我国的经济建设遭受了惨重的损失。

党的十一届三中全会后,我们实现了战略重点的转移,制定了社会主义初级阶段的基本路线,实行了全面的经济体制改革。特别是对传统的所有制问题进行了重新认识和卓有成效的改革,使所有制关系发生了很大变化。改革开放以后直到党的十五大,才使得我国的个体、私营和外资等非公有制经济,逐步从无到有,从小到大,从少到多,从"有益补充"到"共同发展",再到"重要组成部分"和与公有制经济结合成为"社会主义初级阶段的一项基本经济制度"。这种对非公有制经济的地位和作用的认识,并将其写进了宪法,从而达到社会主义与市场经济相统一、公有制经济与非公有制经济相结合的共识,是来之不易的。

同时,在实践上,也使长期以来传统的所有制结构逐步得到转变,逐步得到优化。这就是,我们已经创造出了能够基本与生产力水平相适应的以公有制为主体、多种经济成分共同发展和所有制结构趋于合理的局面。从1978年到1997年,在我国工业总产值的所有制结构中,国有经济所占比重由77.6%转变为26.5%,集体经济则由22.4%转变为40.5%,城乡个体和其他经济则从零逐步分别发展到15.9%和17%。从目前小型企业数量上看,个体和私营企业占77.7%,集体企业占20.1%,国有企业占1.4%,三资企业占0.6%;

从产值上看，个体和私营企业占23.3%，集体企业占51%，国有和三资企业各占13.1%。到1999年3月底，全国累计批设外资企业328228家，合同金额5812.45亿美元，实际利用外资2747.93亿美元。另外，到4月底，全国上市公司已达878家，其市价总值19676亿元人民币，占国内生产总值的1/4左右。

随着市场取向改革的深化，特别是多种不同所有制经济的产生、所有制结构的不断调整和公有制不同实现形式的出现，大大促进了我国国民经济的快速发展。如在1992年到1996年的5年里，国内生产总值年均增长速度为12.1%，成为经济增长速度最快而波动最小的时期。20年改革特别是所有制改革的经验表明，只有坚持以公有制为主体、多种经济成分共同发展的方针和这一社会主义初级阶段的基本经济制度，不断优化所有制结构和积极探索公有制的有效实现形式，才能推动我国社会生产力和国民经济的持续快速向前发展。

二、经济结构中最基本的结构是所有制结构，结构调整中最大的调整是所有制结构的调整

调整经济结构，我们已讲了多年，也做了多年，但至今仍然没有从根本上解决问题，仍然是我国经济生活当中的一个突出矛盾。为什么？这里有一个非常重要的原因：在过去很长一段时间里，我们忽视和回避了对所有制结构的调整，或者说，我们把传统的所有制关系与社会主义完全等同起来，认为长期存在的纯公的所有制结构是神圣不可侵犯的，发展非公有制经济就是搞资本主义。这样就不可避免地存在了以下问题：产权关系不明晰；所有制结构不合理；公有制实现形式比较单一；非公有制经济未被推到应有的地位。而这些问题的存在，直接影响着我国经济结构的调整和社会主义市

经济的发展。

大家知道，党的十五大报告在要求改革取得新的突破，并在提出优化经济结构等方面取得重大进展时，首先非常明确地强调指出要调整和完善所有制结构，并把坚持公有制主体和多种所有制经济共同发展作为我国社会主义初级阶段的基本经济制度，提出非公有制经济是我国社会主义市场经济的重要组成部分，对个体、私营等非公有制经济要继续鼓励、引导，使之健康发展，等等。这是十分正确的，非常及时的。可以说，这一决策抓住了问题的关键，找到了从根本上解决问题的办法，是我们在实际工作中进一步深化改革和调整所有制关系的重要理论依据和政策依据。

不同层次和不同性质的所有制形式及其结构状态，是市场经济存在和发展状况的主要原因。有了不同的所有制经济，就必然会有市场竞争，而有了市场竞争，就必然反过来要求所有制结构的优化和改善；而所有制结构有了调整和完善，就必然要求加快整个经济结构的调整和完善。因此，所有制结构自然成了经济结构中最基本的结构关系。只要所有制结构有了调整和变化，就必然会引起、影响和带动各种结构关系的调整和变化。不可否认，不管是过去、现在还是将来，我们所进行的产业结构、社会资本结构、资源分配结构、企业组织结构、投资结构、产品结构、管理结构、治理结构、人员结构、就业结构等一系列的结构调整，都直接或间接受所有制结构调整的制约和影响。所以，所有制结构的调整是经济结构关系调整中的主要矛盾，必须始终抓紧不放，认真搞好。

目前，解决经济结构中的主要问题，即我国经济发展中的一项重要任务，是要解决"大而全、小而全"和盲目投资、重复建设的问题。而要解决这些矛盾，必须要与所有制结构调整相结合，并且要首先从调整所有制关系入手。如果有了合理的所有制结构，有了明确的多元产权主体、投资主体和市场主体，并建立了相应的法人责任制，有了平等竞争的市场环境，经济结构中的问题是可以得到逐步和有效解决的。

三、社会主义初级阶段的基本国情和生产力状况，决定必须继续调整和完善所有制结构

把调整和完善所有制结构作为改革的重要任务提出，这是我们的经验总结，完全符合我国社会主义初级阶段的基本国情。既然以公有制为主体、多种所有制经济共同发展，是我国社会主义初级阶段的一项基本经济制度，那么，调整和完善所有制结构，就成了初级阶段基本国情的一项基本要求，也成了进一步解放和发展生产力的基本要求。

社会主义的根本任务是发展社会生产力。在社会主义初级阶段，尤其要把集中力量发展生产力摆在一切工作的首要位置。那么，社会主义初级阶段的基本实际是什么？初级阶段的生产力是一个什么样的生产力？党的十五大报告从九个方面概述了这个历史阶段的全貌和特征，并强调指出，贯穿初级阶段整个过程和社会生活各个方面的主要矛盾，是人民日益增长的物质文化需要同落后的社会生产之间的矛盾。这就决定了我们必须把经济建设作为全党全国工作的中心，各项工作都要服从和服务于这个中心；决定了我们除了必须坚持以公有制为主体外，还必须大力发展个体、私营、外资等非公有制经济，以满足人民日益增长的多样化的物质文化需要。

从另一个角度看，由于历史的原因，随着我国一同进入社会主义的生产力并非是高水平的，而是远远落后于西方发达国家的。尽

管通过 50 年的努力，特别是通过 20 年的改革开放，我国的生产力水平有了很大提高，各项事业有了很大进步，但是，总的来说，人口多、底子薄，地区发展不平衡，生产力水平不发达的状况仍未得到根本改变。而这种生产力状况，是决不能采用超越客观现实而又单一的所有制情形，或不能出现简单的纯而又纯的公有制结构的。同它相伴的必然是与之相适应的以公有制经济为主体、个体私营等多种所有制经济共同组成并共同发展的所有制结构格局。改革开放20 年之所以取得伟大成就，一个很重要的因素，就是我们引进了竞争机制和市场经济，就是注重发展多种所有制经济，不断调整和完善所有制结构。

经济发展水平与所有制结构情况是有一定联系的。经济发展不平衡，必然会出现所有制之间的差别。同样，所有制之间的不同，必然会影响和制约经济发展的速度。对这一点，不管你如何认识，目前的事实已经如此。从国内情况看，地区间存在的差别和不平衡，在很大程度上是由于不同地区在调整和完善所有制结构方面的力度不同造成的。中西部地区相对落后，这是与这些地区在调整和完善所有制结构方面的情况有直接的联系的；相反，东南部地区发展较快，这在很大程度上得益于加快了对所有制结构的调整和完善。

四、继续调整和完善所有制结构，是深化改革全面建立社会主义市场经济体制的基础和关键

改革是社会主义制度的自我完善，即在坚持社会主义制度的前提下，调整生产关系和上层建筑中那些不适应生产力发展要求的环节和方面，建立充满生机和活力的社会主义市场经济体制。所有制关系是生产关系的基本要素，同时也是经济体制的基础和关键。要

改革和调整生产关系,彻底冲破传统的计划经济体制,建立和完善社会主义市场经济体制,最基本的一条,是要改革和调整传统的所有制关系,建立科学的所有制结构。

对于所有制结构的调整,我们在改革的实践探索中,从一开始就在自觉和不自觉地进行着。如果说改革取得成功,或者说,在体制的破旧立新方面取得成功的话,一个很关键的举措,就是不断推进了对所有制关系的改革探索,并取得了成功。否则,经济改革是无法深入的,经济体制是难以转变的,经济发展也是要受到影响的。从全国的整体来看是这样,从各地和各个局部的比较来看就更明显了。就一个地区来说,如果对所有制问题认识守旧,没有创新,对所有制关系调整缓慢,那么,这个地区的体制建设必然滞后。相反,一些发达地区如上海、深圳等城市之所以经济发展快,新体制建设快,除了他们在各个方面都作出了积极努力外,重要的一点,就是他们坚持从实际出发,在贯彻落实和充分利用中央的以公有制为主体、多种经济成分共同发展的方针和政策方面,在调整和完善所有制结构方面,在寻找公有制实现形式方面,都进行了大胆的试验,大胆的实践。

经济体制改革的目标是建立社会主义市场经济体制。党的十五大报告把调整和完善所有制结构作为改革的首要任务提出,必将对我国当前和今后一段时期的改革与发展产生重大而深远的影响。我们必须按照中央的决策,继续大胆探索,努力将所有制结构调整到尽可能合理的状态。目前,一定要在坚持社会主义制度的前提下,既要从巩固公有制经济的主体地位出发,不断发展公有制经济,提高公有制经济的素质,增强公有制经济的活力;又要从满足人们的多样化需要、进一步扩大就业和促进国民经济发展考虑,继续鼓励和引导包括个体、私营经济在内的各种非公有制经济的发展。只有这样，才能不断解放和发展生产力，真正发挥出社会主义制度的优越性；只有这样，才能促进其他各种经济关系的改善，带动其他各个方面的改革，最终成功地建立起社会主义市场经济体制。

五、继续调整和完善所有制结构，要坚持原则立场，掌握政策界限，加快改革步伐

要想在进一步调整和完善所有制结构方面取得新的突破，我们必须按照党的十五大精神，用邓小平理论指导实践，进一步解放思想，不断改善政策和法律环境，一切从本国和本地区的实际出发，排除右的特别是"左"的干扰，继续在改革探索上积极进取，加大力度，加快步伐。

努力提高公有制经济的质量，增强国有制经济的控制力。从目前的情况看，公有资产在社会总资产中始终占据着量的优势，体现着它的主体地位。但是，对于这个关系国家前途和命运的主体经济，就全国而言，仅仅有量的优势是不够的。现在所面临的更紧迫更重要的任务，是要下决心提高它的质量和控制力，即让公有制特别是国有制经济在国民经济中能够代表社会化大生产的先进水平，能够控制和支配关系国民经济命脉的重要部门和关键领域，能够焕发出它应有的生机和活力，让一批优秀国有大中型企业在国民经济中发挥骨干带头作用。

增强国有经济的控制力，发挥国有经济的主导作用，是要从战略上调整国有经济的布局，使国有经济通过垄断、独资、控股等方式，控制和支配银行、铁路、民航、公路、邮政、兵器、航空、航天、能源、基础原材料、尖端性电子等关键产业和领域；对于其他

领域的国有经济，要通过资产重组和结构调整，提高国有资产的整体素质和竞争力；要着眼于从整体上搞活国有经济，适当缩小国有经济的覆盖范围，适当减少国有经济（如一些确实难以挽救的国有小企业）的量的比重。只要坚持公有制这个主体，国有经济的控制力和竞争力增强了，适当减少国有经济的比重，不会影响我国的社会主义性质。

积极探索能够极大促进生产力发展的公有制的多种实现形式。党的十五大报告明确指出，"公有制实现形式可以而且应当多样化。一切反映社会化生产规律的经营方式和组织形式都可以大胆利用"。股份制、股份合作制等是我国目前采用较多的企业组织形式。作为一种资本组织形式，股份制本身没有独立的所有制性质，私有制可以利用，公有制也可以利用。从公有制利用的情况看，它符合现代企业制度的要求，有利于企业的公司制改造、经营机制转换和活力增强，要给予支持，不断发展。作为改革中的新生事物，股份合作制目前在我国城乡已大量出现，要特别注意引导，不断总结经验，使之逐步完善。此外，还应努力寻找其他如国有和集体参股、境外和海外投资、资产拍卖和购并等可行的实现形式。对于集体经济中劳动者的劳动联合和资本联合，要提倡和鼓励，帮助迅速发展。

把一切符合"三个有利于"的所有制经济都用来为社会主义服务。公有制经济可以为社会主义服务，非公有制经济也可以为社会主义服务。非公有制经济是我国社会主义市场经济的重要组成部分，发展这一类经济是调整和完善所有制结构的重要内容。因此，对个体、私营经济，对外商投资企业和港澳台投资企业，以及其他形式的投资，要继续支持、鼓励、引导和加强监管，使之健康发展。目前，要采取积极的政策措施，扩大它们的产业和市场准入范围，拓宽它们的融资渠道，同时，在贷款、用地、登记、税收、发债、进出口、人事等方面，都应给予大力支持。另外，还要制定、完善和清理有关法律法规，为非公有制经济发展创造平等竞争的法律环境。在坚持公有制主体和增强国有经济控制力的前提下，发展非公有制经济不仅没有什么危险，相反，还会带来拉动经济增长、扩大社会就业和丰富人们生活等促进我国社会主义现代化建设的积极作用。

搞好国有企业改革，巩固和发展国有经济。改革以来，不少国有企业转换了机制，增强了活力，提高了竞争力。这一点必须肯定。但是，从总体上看，国有企业存在的重复建设、机制不灵、包袱沉重、效益低下和不适应市场经济要求的问题，仍未从根本上得到解决。因此，搞好国有经济仍然是我们深化改革和完善所有制结构的一项最为重要的任务。我们要按照党中央的要求和《中华人民共和国公司法》的规定，加快大中型企业的公司制改造，继续采取多种形式放开搞活国有小企业。小企业改革不能以出售作为主要形式，需要出售时一定要规范操作。目前，要通过"三改一加强"和其他有效措施，下决心完成党中央提出的国有企业3年脱困与改革目标，使大多数国有大中型亏损企业摆脱困境，大多数国有大中型骨干企业初步建立现代企业制度。只要我们认真贯彻落实中央精神，树立信心，统一思想，努力工作，这一目标是可以实现的。

所有制改革实践

坚持"两个毫不动摇",即毫不动摇巩固和发展公有制经济,毫不动摇鼓励、支持、引导非公有制经济发展,这是党和国家的大政方针。在党的方针政策指引下,在坚持发展公有制经济、探索公有制实现形式和提高公有制经济质量的同时,个体、私营等非公有制经济从小到大、从弱到强,不断发展壮大。从"有益补充"到"组成部分",从"重要基础"到"共同发展",从"重要力量"到"重要主体",民营经济的地位极大提升,已经形成公有制经济与非公有制经济相互促进、相辅相成、相得益彰的良好发展态势。目前,民营经济发展步伐继续加快,对经济社会发展的贡献率不断提高。同时,各种所有制主体依法平等使用资源要素、公开公平公正参与市场竞争、同等受到法律保护的市场环境正在形成。

中国所有制结构调整及
产权制度改革取得重大进展[*]

产权问题,是经济体制中的核心问题。产权制度改革,是经济体制改革的关键所在。中国15年改革开放,紧紧抓住这个关键,大胆试验,积极探索,所有制结构和产权关系发生重大变化,有效促进了经济社会发展。特别是近两年来,产权关系进入了制度创新的历史阶段,从而产权改革的步伐明显加快,并不断取得重大突破和积极进展。

一、传统的所有制模式发生根本性变化,以公有制经济为主体、多种经济成分共同发展的所有制结构逐步形成

从全国工业总产值和社会商品零售总额的比重结构看,1992年底与1978年相比,国有工业企业的产值在全部工业总产值中所占比重由原来的77.6%下降到48.3%,集体工业企业的比重由22.4%上升到38.2%,其他包括"三资"、个体和私营等工业企业的产值从无到有、从小到大,其比重占13.5%。在社会商品零售总额中,国有部门的所占比重由1978年的54.6%下降到1992年的41.3%,集体部门的比重由原来的43.3%下降到27.9%,其他经济成分的比重由原

---

[*] 本文是笔者对中国改革开放15年来所有制结构调整和产权制度改革进展情况的总结,原载于《经济研究资料》1994年3月第3期,在《中国改革》、《中国国情国力》1994年第3期公开发表。该文摘要以《产权制度改革取得积极进展——多种所有制成分共同发展的格局初步形成》为题,载于《人民日报》1994年2月25日第2版。

来的2.1%上升到30.8%。这表明单一的公有制格局已被以公有制为主体的所有制群体结构所代替；公有经济的比重有所下降，非公有经济的比重逐步上升。不仅如此，它们的增长速度还在不断地发生变化。1992年国有工业的增加值比上年增长14.4%，集体工业增长28.5%，乡镇工业增长40%，"三资"等工业增长48.8%。国有经济的增长速度较慢，集体和其他经济的增长速度较快。

我国目前在坚持公有制在整个国民经济中占主体地位的基础上，某些地区的非公有制经济比重已经超过公有制经济。广东省至1992年底，非公有制企业已达117.1万户，从业人员634.3万人，注册资本2646.8亿元，所占比重达到52.4%，超过国有企业和集体企业注册资本所占比重（31.2%和16.4%）的总和，已经形成多种所有制经济互相鼎立和共同发展的趋势。

二、企业股份制改造试点健康发展

近两年来，我国为股份制试点创造了良好的社会环境，是股份制企业发展最好和最快的历史阶段。截至1993年底，全国各个领域的股份制试点企业已有4000多家，在上海和深圳上市的股份公司有来自全国20多个省区市的182家，其中上海106家，深圳76家（分别比上年增长1.79倍和1.3倍），股票市价总值（A股）约4000亿元。到1993年6月底，我国定向募集公司已超过2000家，其中内部职工持股的公司有1700家，内部职工持股额235亿元。广东、辽宁、湖北、上海、深圳五省市拥有的定向募集公司占全国总量的36.7%，股本额占19.2%，形成了一定规模。1993年，在积极发行社会公众股和继续扩大为境外投资者提供B股试点的同时，有9家实力雄厚的国有大型企业开始走向国际资本市场筹集资金，其中有上海石化总厂、青岛啤酒厂等6家已在香港上市发行H股。另外，城镇股份合作制企业也出现了迅速发展的势头。上海至1993年底，全市城镇各类股份合作制试点企业已达2993家，股本金总额14.6亿元。其中联社股2.32亿元，法人股2.4亿元，个人股9.9亿元，股份合作制企业职工总人数11.5万人。近两年来，这些股份制企业进一步按照规范化的要求，逐步纳入正常运行的轨道。

三、外资引入和资本输出进一步扩大

引进国外资本，兴办"三资"企业在各地掀起热潮。目前，我国已基本形成了沿海、沿江、沿边"三沿"开放战线和内陆各地区多层次全方位开放的新格局，对外投资环境日益改善。据统计，来华投资的国家和地区现已有117个，其中投资最多的是香港地区，其次是台湾地区和美国。1993年是我国招商引资最多的一年，仅1至9月，共批准"三资"企业6.4万家，注册资本997亿美元，分别比上年同期增长1.4倍和1.8倍，使"三资"企业累计达到15.3万家。据世界银行报告，1991年至1993年三年流入中国的外资分别达110亿美元、240亿美元和270亿美元，中国已成为全球最大的外资流入国。深圳、珠海、汕头、厦门和海南五个经济特区，一直是外商投资的热点地区，到1992年底，投资项目达15300多个，合同利用外资225亿美元，实际利用外资92.4亿美元，分别占全国总量的1/6、1/5和1/4。我国现已有五类共121个国家级开发区。其中，经济技术开发区有32个，有效开发利用土地145平方公里，共兴办外资企业7000多家，合同利用外资140多亿美元，实际利用55亿多美元，投资1000万美元以上的项目上百个。

近两年来，"三资"企业已开始从沿海地区逐步向内陆省市和西部地区延伸。西北五省区1993年"三资"企业已增至3000家左右，比上年初增长了10多倍，占全国"三资"企业总数的比重由0.6%提高到1.6%；协议外资额也成倍增长，目前已达50多亿美元。青海省1991年"三资"企业只有3家，1993年底发展到60多家，总投资额8600多万美元。北京市1993年引进外资取得明显成效，新批"三资"企业3752家，协议投资总额103.9亿美元，分别比上年增长1.7倍和4.3倍。

资本输出开始起步，前景可观。近年来，中国企业投资方向不仅是面向全国，而且在向世界迈进。目前，中国不仅是外国直接投资和商业银行信贷的最大接受国，而且也是发展中国家最大的投资输出国，1992年对外投资达40亿美元。到1993年10月，仅投入香港的中国内地资本已达120多亿美元，占香港外来投资第一位，成为取代日本的在港最大投资者。如今，我国率先在香港投资和开展经营的企业如中信在港控股的中信泰富公司等，已取得了可喜的成绩。福建省积极开展跨国经营合作，至1993年底，已在亚、非、欧、美、大洋洲的30多个国家和地区兴办企业190多家。北京市到1992年底，在北美、欧洲、港澳、日本等36个国家和地区兴办海外企业共113家，投资总额达6754.3万美元，其中中方投资为3562.24万美元，占投资总额的52%。1993年，又有80份申请要求到海外办企业，其中40份已获批准。

四、国有小企业实行"国有民营"或"公有私营"的经营方式全面铺开

近两年，实行以租赁、租售为主要形式的"国有民营"或"公有私营"的改革试点，已成为全国国有商业、供销合作社和粮食系

统改革的热点,过去长期实行的"国有国营"的格局已被逐步打破。东北、华北、西北、华东和中南地区的省或地、市、县实行"国有民营"的企业均占较大比重,河南是60%,河北是43%,安徽是20%,南京是35%,重庆是60%,北京商业系统是60%。目前,全国已有北京、辽宁、江苏、上海、天津、湖北、广东和福建等省市,通过积极推行"公有私营"的改革,取得了明显成效。南京市将全市35%销售额在200万元以下的小型商店实行"公有私营"后,结果有80%的商店扭亏为盈,有的上交利税比以前增长8倍,大部分职工收入增加1至2倍。因此,今后要注意总结经验,正确引导,继续扩大这种试点。

五、产权交易市场逐步建立,国有企业拍卖"变性"和"嫁接"外资的试点迈出了重要一步

目前,全国已有山西、辽宁、吉林、黑龙江、河南、湖南、湖北、福建、四川、江苏、广东、长春、沈阳、大连、武汉、南京、广州、深圳、成都、南宁、昆明、无锡、兰州等10多个省的20多个城市和地区建立了不同程度和不同规模的产权交易市场,还有的城市在积极筹建。河南省已建立产权交易市场和闲置资产调剂市场20多个,从事产权交易工作的专、兼职技术人员达400多人,交易业务日趋活跃,并发挥出积极的不可忽视的作用。吉林省到1993年10月底,已通过产权市场拍卖企业436户,融进省外资金(含兼并)3500万元。牡丹江市截至目前,已向韩国、香港地区和埠外拍卖企业10家,收回资金达5752万元。1993年9月,湖南省举办产权交易洽谈会,推出了220家企业进行拍卖,结果出售企业16家,成交金额6370万元;出租企业5家,金额290.1万元。比如,香港一家公司出资 200 万元收购了长期亏损的岳阳化纤厂；一个体户以 120 万元购买了益阳大厦一层楼。购买和租赁这些企业的大部分是港商、台商和私营企业主。这些年来，全国还实行了通过兼并或其他形式使国有企业"变性"为集体企业的改革。四川省到 1992 年底共有 34 户集体企业兼并了 67 户国有企业。最近，上海一家国有小企业上海海联润滑材料研究所，被改组为股份合作制式的民办集体企业。

同时，企业"嫁接"外资也迈出了步伐。无锡市最近有一半以上（170 家）大中型企业实行"嫁接"外资。福建省泉州市在 1993 年一季度把所有（41 家）国有企业全部实行与外资"嫁接"、搞合股经济。

当然，我国目前的产权交易才刚刚起步。从 1986 年以来，交易额还不到应进入市场的 1%，远未达到产权交易的规模和效益。据分析估计，目前，国内急需流通的产权数以万亿元计，处于低效或闲置状态的就占 30%~40%。这就告诉我们：中国的产权市场和产权交易亟待突进。

六、个体私营经济已迅速发展成为我国经济的一支活跃力量

目前，全国已有 28 个省、自治区、直辖市和计划单列市制定了促进个体私营经济发展的政策措施，各地对个体私营企业也逐步实行规范化管理，促进了个体私营经济的健康发展。截至 1993 年 9 月底，全国私营企业已发展到 21 万户，比上年同期增长 72.6%，成为私营企业自登记以来发展最快的一个时期，并首次出现无一省下降或停滞的新局面。广东省 1993 年上半年私营企业净增 11743 户，居全国之首。北京、海南、安徽、黑龙江、上海、湖北、新疆和江苏

的增长幅度都超过一倍。在私营企业数量不断增加的同时，其规模和效益进一步提高。到1993年6月底，全国私营企业注册资金达452.9亿元，营业额96.9亿元，分别比上年同期增长225%和116%，户均资金增长95.2%。私营企业占全国工业产值、社会商品零售额和工商税分别为4.1%、18.1%和7.8%。私营经济的产业结构逐步趋向合理，从事第三产业的私营企业的比重已达41.9%，其中私营科技咨询企业发展最快，发展到3871户，比上年同期增长220%；外向型出口创汇私营企业已达1520户，出口创汇折合人民币近7亿元，分别增长27%和129.4%。

同时，个体工商户也发展较快。到1993年底，全国的个体工商户已发展到1625.6万户，注册资金747.4亿元，从业人员2641.1万人，营业额2309.2亿元，分别比上年同期增长11.7%、37.5%、14%和45%。此外，我国的民营科技企业也显示出勃勃生机。据不完全统计，到1993年底，民营科技企业已突破5万家，从业人员超过80万人，技工贸总收入超过250亿元。

七、企业集团、企业兼并和企业破产不断发展，产业结构和企业组织结构进一步合理调整

企业兼并进展顺利。据20世纪80年代累计，全国25个省、自治区、直辖市和13个计划单列市共有6226户企业兼并了6906户企业，转移存量资产82.5亿元，减少亏损企业4095户，减少亏损金额5.22亿元。近两年来，企业兼并成效更明显。到1993年初，被兼并企业就达1万多家，减少了大批亏损企业，盘活了大量呆滞资产。四川省截至1992年上半年，被兼并企业达2288户，约占全国总数的1/4。据1993年4月份统计，北京、天津、广州、武汉、深圳等

16个城市被兼并企业2900多家，转移存量资产约60亿元，重新安置职工40多万人。

企业集团稳步发展。据1992年底统计，在全国县以上工商部门注册登记，其名称带有"集团"字样的企业有7538家。国家选择试点的55家大型企业集团，已有26家实行了国家计划单列，18家建立了财务公司，34家获得了外事审批权。与此同时，对1600多家企业集团进行了管理体制和运行机制的调整，现已有431个初步发展成型，从而优化了企业人员结构、资产结构和组织结构。

一批企业在市场竞争中被淘汰并依法破产。自1988年实施《破产法》至1993年上半年，先后有356家企业因经营不善长期亏损而依法破产，其中国有企业88家，集体和其他企业268家。沈阳市是全国实行企业破产最早的城市。1986年8月3日，沈阳市一家小型企业防爆器械厂被沈阳市政府宣告破产，成为中国大陆第一家破产企业。截至1992年底，沈阳市累计已对28户资不抵债、复苏无望的企业实行了破产处理（其中有2户全民企业），共涉及职工8591名，其中有4294名随企业资产转移而重新就业，4176名退休，另有121名待业并按规定发给救济金；共处理外债总额7540万元，使1110万元的固定资产和12万多平方米的场地得到充分利用，重新产生经济效益。重庆针织总厂，拥有职工2914人，占地面积11万多平方米，各种设备1200台（套），有年产1600万件和800万吨化纤加工的能力，但由于管理混乱、长期亏损、资不抵债，于1992年6月8日被迫向法院提出破产申请，经重庆中级人民法院审理，于1992年11月3日裁定宣告其破产，成为全国第一家国有大型工业企业破产案，引起了社会震动和各方面的关注。最后通过各方面技术性的工作，对此作了妥善的处理。

八、农村股份合作制企业异军突起，成为农民群众的又一创造

据统计，1993年全国乡镇企业的1.12亿职工创造产值达2.9万亿元，比上年增长60%，约占全国外贸出口商品收购总额的45%。

目前，股份合作制企业已迅猛发展到占全国乡镇企业总数的10%。1993年，北京、河南、四川、安徽等20多个省市的领导都强调，要把兴办股份合作制企业作为今后深化农村改革的重点，凡新建、改建的乡村企业，都应尽力办成股份合作制企业。河南省通过新建改建，股份合作制企业已发展到目前的15万多个。山东省一些农村的个体、私营业主为了扩大经营、提高效益，纷纷将厂房、资金、技术、设备等折股，实行股份合作经营。浙江省是我国农村股份合作经济的发源地之一，这些年来，一直保持强劲的发展势头。据统计，截至1993年8月，全省农村股份合作制企业已达6万多个，其中由个体、私营经济组合演变而来的农民股份合作制企业5万家，乡村集体企业改制转轨800家，其他经济领域的股份合作制企业1万家。

引人注目的中国改革试验田温州，股份合作制企业发展更快。到1993年9月底，全市股份合作制企业由上年的24000多家猛增到34000余家，其中股份合作制工业企业21000家，总产值达120亿元，占全市工业总产值的50%；股份合作制企业上交税收5亿多元，占全市财政收入的45%。目前，温州的股份合作经济、个体私营经济已占温州国民经济的70%，被认为构筑了温州市场经济的基础。

九、住房制度和土地使用制度改革不断深化，房地产业管理逐步走向正轨

目前，全国以售房为主要内容的住房制度改革已普遍推开。在

全国 194 个地级以上城市中现已有 104 个城市建立了住房公积金制度，占 53%。1993 年上半年，全国商品房完成投资比上年同期增长 143.5%，新开工房屋面积增长 136%，商品房销售额增长 55.6%。对全国一度出现的房地产热，自 1993 年 5 月实行房地产市场宏观调控后，房地产开发规模高速膨胀的势头已大幅度减缓，土地供应量得到有效控制，全国 50% 不具备开发条件或没有实质性开发业务的房地产开发公司被关闭和清理，使房地产业的运作和管理逐步走向规范。同时，土地使用制度改革进一步深化。1993 年 1 至 6 月，全国共出让土地 3000 多幅，面积 12000 多公顷，收取金额 270 亿元。广东省 1993 年 1 至 10 月有 20 个地市和 63 个县市共出让土地 20.8 万亩，总收益 86 亿元。

十、为产权制度改革服务的清产核资等基础性工作已经展开，成效显著

全国清产核资试点工作是从 1992 年开始进行的。当时只有 6 户中央企业和 45 户地方企业参加试点。1993 年，试点规模迅速扩大到 9401 户国有企业和 82.5 万个行政事业单位。通过清查，初步摸清了"家底"，明确了企业的部分产权关系，维护了国有资产所有者的权益，适度解决了企业成本核算不实问题，增强了企业发展后劲。重估后 9401 户企业固定资产升值 42%，升值额为 1800 亿元。从对行政事业单位的清查情况看，根据 43 个省、自治区、直辖市及计划单列市和中央 82 个部门（不含上海和国家经贸委）统计，截至 1992 年 12 月 31 日，全国乡、镇以上（含乡、镇）国家行政事业单位（不含企业、部队所属事业单位）824496 户，财产总量清查核实数是 8364.79 亿元，比清查前账面数 6928.56 亿元增加 1436.23 亿元，增

加率为20.7%。1994年清产核资将主要围绕转换企业经营机制、实行国有资产监管制度和建立现代企业制度的试点来进行，试点企业总数控制在1万户左右，以大中型企业为重点。其中实行国有资产监管制度试点的企业1000户，建立现代企业制度试点的企业100户，还有实行公司制、股份制等试点的企业。

关于国有资产产权登记，1992年完成了中央直属一级企业的年检产权登记户数1373户，登记国有资产总额8918.6亿元，国有资本金总额6349.2亿元。由各部门委托办理二级以下企业年检登记15357户，登记国有资产总额1206亿元。另外，对国有资产还进行了统计。据1991年统计，全国国有资产总量为26846亿元，比上年的22713亿元增加4133亿元，增长18.2%。

这些清查、登记和统计工作都是对国有资产管理和产权制度改革的基础性工作，它对增强财产管理意识，加强财产管理工作，防止国有资产流失，促进改革深化都具有积极的意义。

十一、国有资产管理体制和管理机构的改革试点进一步推进

积极进行建立国有资产专职管理机构的试点。为了促使政企分开，割断企业与政府部门之间的行政隶属关系，把政府的行政管理职能与国有资产所有权管理职能分开，1992年，首先在天津、深圳、福建泉州和四川德阳进行了建立和筹备建立国有资产所有权政府专职管理机构的工作，深圳和泉州先后成立了市国有资产管理委员会。1993年上海成立国有资产管理委员会。深圳和泉州还进行了产权机制进企业的试点，即在试点企业中建立所有权的代表机构董事会，实行董事会领导下的总经理负责制。企业中作为产权代表的董事长，

由投资公司提出考核意见，在组织、人事部门任命后，由投资公司办理任命手续。

进行建立隶属国有资产管理部门的投资经营公司和专门资产经营公司的试点。据对全国部分省、市、地统计，1992年底止，共成立这类公司36个。深圳、北京、青岛等城市还建立了专门的国有资产经营公司。青岛市撤销了一轻局，成立了专营国有资产的青岛益青实业总公司。该公司受市政府委托，对原一轻局所属国有企业的资产进行经营，通过投资、参股、兼并、联营、有偿转让、资产划拨以及合资合作等业务优化产业结构和产品结构，实现资产增值和利润最大化。

实行国有资产授权经营的改革试点。1993年4月，国家确定了东风汽车集团、东方电气集团、中国重型汽车集团、第一汽车集团、中国五矿集团、天津渤海化工集团、贵州航空工业集团和中国纺织机械集团等8家企业集团为我国第一批国有资产授权经营试点，即由国有资产管理部门将企业集团中紧密层成员企业的国有资产统一授权给核心企业经营和管理，建立核心企业与紧密层企业之间的产权纽带，使核心企业成为企业集团的母公司，紧密层企业成为其子公司，实现集团化经营，发挥整体优势。

国有资产评估机构基本建立，评估业初步形成。据不完全统计，1990年以来，目前全国经省以上部门授予资产评估资格的评估机构已有1000多家，从业人员近2万人。截至1993年6月，全国累计完成评估项目2.2万多项，被评估资产的账面原值为2900亿元，账面净值2300亿元，评估后升值为3600亿元，平均增值率为57%。

十二、有利于产权制度改革的法规建设不断加强

改革开放以来，我国制定和出台了一系列关于产权制度改革的法规和法规性文件。在发展股份制企业方面，有《股份制企业试点办法》《股份有限公司规范意见》《有限合作公司规范意见》等，《城镇股份合作制企业暂行规定》正准备出台。在国有资产管理方面，有《股份制试点企业国有资产管理暂行规定》《股份制试点企业国家股股权代表管理办法》《企业财务通则》《企业会计准则》和《公司法》等，《国有资产监督管理条例》即将出台。在企业兼并和破产方面，有《关于企业兼并的暂行办法》《企业破产法》等；在对国有小企业出售方面，有《关于出售国有小型企业的暂行规定》等。在发展个体私营经济方面，1988年4月12日通过的《中华人民共和国宪法修正案》对《中华人民共和国宪法》第11条增加规定："国家允许私营经济在法律规定的范围内存在和发展。私营经济是社会主义公有制经济的补充。国家保护私营经济的合法的权利和利益，对私营经济实行引导、监督和管理。"1993年又制定了《关于促进个体经济私营经济发展的若干意见》。在发展对外经济方面，有《中外合资经营企业法》《中外合作经营企业法》《外资企业法》等。下一步准备制订的法律有国有资产法、股份合作企业法、房地产法、证券法、拍卖法、独资企业法等，还将继续制定有关行政法规和法规性文件。

进一步解放思想，放开搞活小企业[*]

放开搞活国有小企业是所有制改革的重要内容。党的十四大和党的十四届三中全会以来，各地按照党中央关于国有企业改革的战略部署，在积极进行国有大中型企业改革、改组和改造的同时，对于放开搞活国有小企业和集体企业，也进行了许多有益的探索，并取得了一定的成效和经验。但是，对于如何继续深化小企业改革，还存在一些疑虑，还缺乏统一的指导性意见，认识还不完全一致，从而在改革实施过程中表现出各种各样的问题。因此，全国上下必须进一步解放思想，统一认识，大胆探索，加快放开搞活小企业改革的步伐，让小企业取得新的突破性的发展。

一、小企业在发展社会主义市场经济中的重要地位和作用

小企业是推动我国国民经济高速发展的重要力量，在发展社会主义市场经济的过程中发挥着重要作用。改革开放以来，国有小企业、集体企业特别是以乡镇企业为主体的非国有小企业的迅速崛起和快速发展，为我国国民经济持续快速发展和经济体制转变作出了巨大贡献。

第一，小企业在国民经济中占有相当的比重，已成为我国经济高速发展的一支生力军。据统计，截至1994年，全国工商登记的各类

---

[*] 本文是笔者1996年参加中央党校学习班时的毕业论文，原载于《首都经济》1996年第9期。1997年4月，经修改调整后，以《关于放开放活小企业的再思考》为题刊发于《经济研究参考》1997年第40期。

企业共794万家，其中中小企业占99.8%。中小工业企业占全国工业总产值的60%左右，占实现利税的40%。1994年，乡镇企业实现工业总产值3.2万亿元，占全国工业总产值的42%。1994年，全国独立核算工业企业46.5万家，其中小型工业企业44.48万家，占95.6%，产值2.29万亿元，占工业总产值的44.5%，超过了大型工业企业产值1.95万亿元的17%。1994年我国工业企业总产值增长18%，其中大型企业的增长率为5%~8%，而中小企业的增长率超过30%。

第二，小企业是市场竞争中最活跃的因素，对促进市场体系的建设和新体制的建立起着重要作用。相对国有大中型企业，小企业具有规模小、约束少和独立性、竞争性较强等特点。它们的生产经营灵活，对市场变化反应快，容易成为市场竞争的主体，善于在市场竞争中求生存谋发展。不管是在商品市场的发展中，还是在生产要素市场的形成中，小企业都表现得最积极、最活跃。我国市场经济特别是东南部地区和沿海地区的市场经济之所以能够较快发展，一个重要原因就是各种小企业主要是乡镇企业得到了迅猛发展。这已成为不可否认的事实。

第三，小企业能够大量吸纳就业人员，对促进社会稳定起着积极作用。到1994年底，各类中小企业的就业人员占全国就业总数的75%。其中乡镇企业的职工达1.2亿人，占全国职工总数的43.6%，吸收了50%的农村剩余劳动力；城镇集体企业近100万家，从业人员3200万人，占城镇职工总数的25%；在大批劳动服务企业中，每年提供约100万个就业岗位，17年来共安置待业人员2100万人。目前，国有大中型企业已有富余人员约2000万，成为企业发展的一大包袱。进一步改革和发展小企业，不仅能帮助大中型企业尽快克服困难，而且还能成为安置大中型企业富余人员的主渠道。

第四，各地积极探索小企业改革，已取得的显著成效，促进了区域经济的发展。据了解，各地的小企业通过改制后，经营机制开始转换，大量的呆滞资产得到盘活，经济效益明显提高，职工收入大幅度增长，企业的凝聚力大大增强。安徽省对 176 家出售改制的国有工商小企业统计，1995 年这些企业的利润总额比上年增长 81.55%，人均工资增长 15.6%。山东省诸城市从 1992 年开始对 272 家小企业实行改制后，使国有企业的资产负债率由 93.55% 下降到 76.7%。1995 年，全市企业实现销售收入 63.1 亿元，实现利税 4.8 亿元，分别比上年增长 48.9% 和 13%。改制企业的资产总量比改制前净增 4.04 亿元，增值率达到 177%。3 年来，改制企业上缴利税年均递增幅度为 49.7%。黑龙江省海伦市通过对小企业改制，促进了全市经济发展。1995 年实现工业总产值、销售收入和利税总额分别比 1992 年增长 88.7%、70% 和 71.2%。

二、树立信心，增强放开搞活小企业的紧迫感

通过 10 多年的改革，有些小企业抓住了机遇，找到了生存和发展的广阔空间。但是，也应看到，从总体上来说，目前我国的小企业特别是国有小企业，还很不适应现代市场经济发展的要求。要承认，大部分国有小企业上不如大中型企业的素质高，下不如乡镇企业和私营企业的机制灵活，因此，它们面临的形势也是十分严峻的。其主要问题有：一是设备陈旧，技术落后。这必然导致大量企业生产成本过高，产品质量和档次偏低，无力开发新产品，难以在竞争中取胜。二是效益低下，亏损严重。1994 年，全国独立核算国有工业企业亏损 2.4 万家，其中小企业多达 1.97 万家，占亏损企业数的 82.1%。成都市 370 家国有工业小企业 1995 年实现利润总额和

实现净利润，分别比上年下降79.6%和133.7%。三是资产损失和资金挂账严重，资产负债率过高。据统计，目前国有小企业的资产损失和资金挂账已占其所有者权益的80%以上，资产负债率高达80%~90%。四是经营困难，管理落后。由于这些状况的存在，很多因企业出现恶性循环而处于停产半停产状态，有的甚至破产倒闭。这既严重影响到大批职工的生活，又给各级地方财政带来越来越重的负担。对此，我们必须引起足够的重视，增强放开搞活小企业的紧迫感，绝不能掉以轻心。江泽民1996年5月在上海考察时强调指出，国有企业的改革和发展，是关系到整个国民经济发展的重大经济问题，也是关系社会主义制度命运的重大政治问题。国有企业的改革当前正处在一个非常关键的时刻，各级党委和政府必须进一步坚定信心，加强领导，狠抓落实，加快国有企业的改革和发展步伐。

小企业改革是整个企业改革的重要组成部分，抓大与放小都是我国国有企业改革与发展的战略措施和重要方针。搞好大企业，形成一批大型企业和企业集团，能有效带动一大批中小企业的健康发展，对危困企业的调整余地也就大了。同样，小企业放开搞活了，也能为整体上突破改革难点积累经验，为国有大中型企业的改革与发展创造更好的条件。目前，小企业虽然存在着许多问题和矛盾，但是，小企业也有许多特有的优势，只要坚持改革，勇于实践，不断总结经验教训，克服前进中的困难，是完全能够搞活的。

笔者认为，党中央、国务院把企业改革作为整个经济体制改革的中心环节，这不仅把搞好国有大中型企业当作首要任务，而且也把搞活小企业放到了突出位置。1986年以后，国家陆续发布了一系列关于搞活国有小企业和集体企业的重要法规，如《国有小企业租赁条例》《关于出售国有小型企业产权的暂行办法》《城镇集体企业条例》《乡村集体企业条例》等。党的十四届三中全会通过的《中共中央关于建立社会主义市场经济体制若干问题的决定》，对国有小企业和集体企业改革提出了具体要求，指出，"一般小型国有企业，有的可以实行承包经营、租赁经营，有的可以改组为股份合作制，也可以出售给集体或个人"。同时，也对城镇集体企业的改革指明了方向。党的十四届五中全会的《中共中央关于制定国民经济和社会发展"九五"计划和2010年远景目标的建议》强调指出，要"区别不同情况，采取改组、联合、兼并、股份合作制、租赁、承包经营和出售等形式，加快国有小企业改革改组步伐"。1995年，党的十四届五中全会和中央经济工作会议，都对国有小企业和集体企业改革作出了重要部署，提出了新的要求。

可见，党中央、国务院对小企业的改革和发展是非常重视的。看来，要想搞好小企业，等是等不来的，关键的一条，是要进一步解放思想，统一认识，按照党中央、国务院的要求，坚持"三个有利于"的标准，利用成功的经验，不拘一格，不搞争论，抓住时机，大胆地闯，大胆地试。

三、积极探索放开搞活小企业的具体途径

放开搞活小企业特别是国有小企业，就是要在坚持以公有制为主体、国有经济为主导的前提下，从本地区本部门的实际出发，放开企业的手脚，按照"产权清晰，权责明确，政企分开，管理科学"的原则，在制度创新上下功夫，探索多种搞活企业的途径，让企业成为适应社会主义市场经济要求的法人实体和市场主体，具有自主经营、自负盈亏、自我约束和自我发展的能力。

放开搞活小企业要以理顺产权关系为核心，推动企业资产的流

动与重组。操作时，要区别不同情况，进行分类指导，采取不同形式，不搞一刀切、一个模式。其具体办法，一般可采取改组、联合、兼并、股份合作制、租赁制、承包经营、出售和破产等多种形式。特别是对县属企业可以放得更开一些。

——对于按照专业化分工和社会化大生产的原则，能够围绕产品、资源和市场进行分工协作，实现优势互补，形成规模经营的企业，可以通过联合组建企业集团。有的小企业可参加大型企业集团，形成为大企业配套服务、从事专业化生产的企业群体；有的地方小企业可以联合成新的企业集团，成为地方的骨干企业，发展规模经济。

——对于经营不善、困难较大、主要以盘活存量资产求生存的劣势小企业，可以投靠优势企业，实行企业兼并。企业兼并可通过购买、划拨、控股、折股、承担债务等多种方式进行。要鼓励优势企业跨地区、跨行业、跨所有制对不同性质的困难小企业进行兼并，让优势企业进一步发展壮大。

——对于职工要求共同入股、共担风险，实行劳动合作与资本合作相结合的国有小企业、城镇集体企业和乡镇企业，可改造为股份合作制。要体现的特点是，职工共同出资、共同劳动、民主管理、按劳分配兼按股分红。这是我国小企业改制所推行的一种重要形式，近几年来发展很快。据统计，到1995年底，全国城市股份合作制企业近14万家，注册资金达783亿元；乡村股份合作制企业达300多万家。今后将呈继续大力发展的趋势。

——对于微利和亏损的小企业，可选择租赁制，进行公有民营。出租的企业可以是全部资产，也可以是部分资产。承租者可以是集体，也可以是个人。这些企业除了租赁经营外，还可实行承包经营。

——对于缺乏生机但又有一定基础和优势的小型老企业,可引进国外的技术、资金、管理、经验和机制,进行嫁接改造,从事合资经营。有的也可以与外资合作,有的还可以让外商独资。

——对于有市场潜力、负债率不太高的小企业,在职工能够承受的前提下,可以公开出售。出售的企业可以是整个企业,也可以是企业的某个独立部分。购买者可以是公有制企业,也可以是私营企业或个人。企业资产的出售,应由出资者批准,根据公开、公平、公正的原则,严格资产评估,协议转让资产或市场竞价,并向有关资产管理部门备案,重新登记产权。购买者一般应接受企业的所有职工。

——对于长期亏损、资不抵债和扭亏无望的企业依法实施破产。在实施企业破产的同时,要把企业的职工安置好,并把其土地使用权的转让所得作为职工的安置费用。对于银行贷款本金和利息损失,应严格按照国家有关规定,经银行同意后,分别在银行呆账准备金和坏账准备金控制比例内冲销。

当然,企业改制所选择的形式并不是绝对的。随着改革的不断深化,完全可能探索出更好的路子。但是,不管企业改制采取哪种形式,归纳起来都属于这样两类:一类是企业经营方式的变革,另一类是企业产权归属的变革。在改革的过程中,不管是选择哪一类,都是资本流动与重组的具体形式。需要说明的是,这些做法并不是目的,而是市场经济条件下实现资产保值增值必要的、重要的手段;小企业经过改革改组,绝大部分仍然是国有企业和集体企业;把部分国有小企业改变成集体企业,这既坚持了公有制原则,又符合生产力发展要求;把少部分国有小企业和集体企业出售给私营企业或个人,并不可怕,因为实践已经告诉我们,这些企业的所有权转移后，它仍然要接受国家的政策指导、宏观管理和法律约束。如果把这部分企业救活了，它不仅不会影响公有制经济的主体地位，相反，它对国家和社会应该是十分有利的。

四、放开搞活小企业必须注意的几个问题

对小企业进行制度创新，是一种新生事物。这不仅需要我们的积极扶持和正确引导，而且难免还有很多问题需要我们认真研究和妥善解决。从各地的情况看，这里提出以下几个问题希望引起注意。

（1）认真规范，严格把关，搞好评估，确保公有资产保值增值。放开搞活国有小企业和集体企业，涉及资产流动和重组，涉及资产经营权和部分所有权的变化，是一次利益格局的大调整，绝不能让公有经济受到任何损失。因此，在实际操作过程中，一定要规范运作，严格把关。一是必须经产权主体同意，或政府授权部门批准，并由资产和企业有关主管部门指导。二是科学评估资产，不能低估，更不能不估。评估机构要由正式的专业部门和专家组成，评估结果要经政府有关部门共同审核验证和确认。三是搞好产权界定，坚持有偿转让，合理设置股权，做到公开公平。是资产出售的，转让价格应由市场确定。四是产权转让收入应作为资本进行再投入，不得用作集体或个人消费。

（2）加强领导，加强管理，加强监督。放开搞活小企业并非一放了之，放弃不管。要想放而不乱、真正搞活，必须要有正确的组织领导，有法律和经济手段的宏观管理和政策调控。首先，加强组织领导。各级政府应成立关于放开搞活小企业的权威机构，党委和政府的主要领导要亲自抓，加强政策协调，加大工作力度。其次，加强对企业行为的监督。对改造后的小企业要按照现代企业制度严

格要求，确保"两则"的贯彻实施，审计部门对企业的经营状况要进行定期审计，对企业的法人代表要进行离任审计。最后，加强内部科学管理。要建立和完善法人治理结构，保证董事长和总经理决策指挥权力的实施，但要避免"家族式"的领导体制。要充分发挥企业党组织的政治核心作用和职工民主管理的作用。同时，要加强对企业内部分配、劳动、人事、财务、质量和技术等各项管理。

（3）推进配套改革，为小企业改制搞活创造良好的条件。一是切实转变政府职能，实行政企分开。企业应严格按《公司法》的规定办事而不再受主管部门的行政干预，厂长（经理）的任职应依法按程序进行。二是加快建立社会保障制度。小企业改制最重要的一条是要安置好职工就业，安排好职工生活，建立和完善各项保障制度，解除职工的后顾之忧，保持社会稳定。三是建立和完善国有小企业和集体企业资产管理体制，培育和发展产权交易市场。四是制定和完善有关搞活小企业的法律法规，让小企业能够依法经营。尽快制定和完善统一的指导文件和政策措施，鼓励和促进小企业改制顺利进行，健康发展。

鼓励和引导民间投资发展的政策建议[*]

改革开放20年来，我国民间投资即国内个体、私营等各种民营经济主体所进行的投资，迅速壮大，现已成为我国国民经济持续快速发展的一支重要力量。为贯彻落实党的十五大精神和党中央有关方针政策，建立和完善社会主义初级阶段基本经济制度，有效扩大内需，拉动经济增长，必须进一步鼓励、支持和引导民间投资不断健康发展。

一、民间投资在我国经济发展中的地位和作用

20年来，党中央、国务院对非公有制经济和民间投资（民间资本）发展十分重视。党的十一届三中全会后，我国出台了一系列关于促进非公有制经济发展的政策措施和法律法规，为民营经济发展创造了良好环境。党的十五大进一步明确提出："公有制为主体、多种所有制经济共同发展，是我国社会主义初级阶段的一项基本经济制度。""非公有制经济是我国社会主义市场经济的重要组成部分。

---

[*] 1999年12月，经过9个月时间深入调研，由笔者执笔，以国务院经济体制改革办公室的名义第一次向国务院提出关于"民间投资""民间资本"概念和鼓励、引导民间投资发展政策建议报告。调研报告经国务院总理多次批示后修改完善形成汇报稿上总理办公会讨论研究，所提建议被党中央、国务院决策采纳。20多年来，党中央、国务院先后出台了关于鼓励和引导民间投资发展系列政策性文件，指导、促进全国民间投资和民营经济健康发展。本文后在汇报稿及关于鼓励和引导民间投资指导意见稿的基础上形成，以个人名义编入笔者于2006年出版的《探索：中国改革道路》一书。2019年4月，在提出此建议20周年之际，笔者对本文进行了修改，现编入本书。

对个体、私营等非公有制经济要继续鼓励、引导，使之健康发展。"今年（1999年）第九届全国人大二次会议通过的《中华人民共和国宪法修正案》，把非公有制经济的这一重要历史地位用法律的形式加以确定，并规定"国家保护个体经济、私营经济的合法的权利和地位。国家对个体经济、私营经济实行引导、监督和管理"。朱镕基在九届二次会议上作的《政府工作报告》中指出，实现今年经济较快增长，必须首先立足于扩大国内需求，继续实施积极的财政政策。同时，采取多种办法，拓宽融资渠道，鼓励和引导集体、个体和社会其他方面增加投资，进一步扩大投资需求，势在必行。中央的决策部署和重要举措，给民间投资和非公有制经济的发展，营造了越来越好的政策和法律环境。

因此，民间投资和非公有制经济得以不断壮大，逐步成为我国社会主义市场经济的重要组成部分，成为一支支撑我国经济快速发展的重要生力军。到1998年底，全国已有私营企业120万户，从业人员1709万人，注册资金7198亿元；个体企业3120万户，从业人员6114万人，注册资金3120亿元。去年，个体、私营企业所创造的价值占国内生产总值的14.8%；税收占全国税收入库总额的8.09%；在全国社会消费品零售总额中占34.4%；在城镇新增就业中，民营经济吸纳就业所占比重超过70%。

20年来，民间投资的增长速度总体保持在较高的水平上。据调研，从1981年到1998年，民间投资年均增速为27%以上，比国有投资高出约9个百分点。期间有10年民间投资的增幅不同程度地高于国有投资的增幅，除1989、1990两年出现负增长外，其余年份都为较快增长的年份，有7年增长30%以上。从1980年以来，民间投资在全国投资中的比重，基本处于稳步上升的态势。到1995年以后，其比重均占全社会总投资的35%以上。民间投资的总量已从1980年的165亿元增加到1998年的12795亿元，增长约77倍。

据有关方面测算，非国有经济对GDP增长的贡献率逐步增高。1992年到1998年，其贡献率均在60%以上，超过了国有经济不到40%的水平。1998年，全国投资对GDP增长的贡献率是59.8%，其中国有投资占39.3%，民间投资占20.5%。在去年7.8%的经济增长速度中，投资拉动占了4.7个百分点，其中民间投资占了1.6个百分点。

从我们在广东、浙江省的调查情况看，一些较发达地区的民间投资和民营经济已占相当份额。比如，温州市近几年在全社会投资中，民间投资已占绝大部分。1998年，其国有投资占34%，民间投资占66%。在工业投资中，民间投资已占98%。在地税贡献方面，民营经济的贡献占80%。同时，民间投资领域也越来越宽。

以上情况可以充分肯定，民间投资和民营经济的发展，在整个国民经济发展中已经扮演着越来越重要的角色，在我国社会主义市场经济发展中发挥着越来越重要的作用。在坚持以公有制为主体的前提下，进一步发展民间投资和民营经济，对建立和完善我国基本经济制度、促进国有企业改革与发展、推动经济稳定增长、不断扩大就业和满足人们多样化需求，都具有十分重要的现实意义。

二、近两年民间投资增速下滑的原因

在1981年到1996年的16年间，民间投资增长速度（1989年和1990年除外）都是在两位数的水平上。但是，从1994年到1998年，民间投资增长出现了一路下滑的现象。1994年增长32.4%，同比下降了26.5个百分点，直到1998年增长下降至8%，使1997年和

1998年这两年增速从之前的两位数下降到个位数。更加值得引起注意的是，去年（1998年）政府开始加大投资力度，国有投资上去了，增长19.5%，而民间投资并未被相应启动，只增长8%，集体经济投资甚至增长-3.5%。今年，民间投资将仍处于低速增长状态。与此相伴，全国经济增长也受到较大影响。在目前消费拉动不足和外商投资乏力的情况下，如果不及时采取相应措施，把政府积极的财政政策与增加民间投资有机结合起来，大力激发民间资本的投资热情，这对深化改革、拉动经济增长和缓解就业压力等，都是十分不利的。

从1994年到1998年连续5年，为什么民间投资出现了增幅直线下降的趋势，特别是1997年和1998年下降幅度十分明显。其原因是多方面的。从我们调查综合的情况看，导致民间投资增速下降主要有以下原因：

第一，总体需求不足，民间投资难以找到热点。改革开放以来，民间投资主要集中在加工和餐饮等服务行业，如食品、建材、家具、服装、纺织、工艺品等。因为这些领域放开较早，在技术、资金和管理等方面的门槛和条件都相对较低。但是，目前这些行业均已处于供大于求的状态，民间资本在这些领域已很难找到进一步拓展的空间。同时，我国目前绝大多数民间资本还不具备进入资金、技术密集型产业的条件。近几年，国家重点投资的一些领域，预期收益不高，资金回收期长，民间资本自然缺乏参与进入的冲动。在一些国有资本需要退出的领域，民间资本则退的更快。存在这些现象，既反映民间资本适应市场供求关系的能力在逐步增强，也反映目前我国经济整体需求不足的实际情况，从而使民间投资难以找到好的投资预期。

第二，产业准入政策方面存在障碍。多年来，许多领域禁止民间资本进入，甚至有些鼓励外资进入的领域也不允许国内民间资本进入。据广东省东莞市反映，在东莞的80余种社会行业中，国有资本进入的有72种，外资进入的有62种，而准许国内民间资本进入的只有41种。国家有些亟须加大投资和加快发展的领域，由于传统的投资观念、部门行业垄断和歧视性准入政策的存在，使民间资本难以进入或进入不了。比如，教育、医疗、城市公用设施、城市改造等方面的投资，从整体上看，基本上是投资由政府包揽，经营有行业垄断。有些项目虽然允许民间资本进入，但存在着明显的不公平竞争。同时，国有单位与民营企业争利的现象也比较严重。有些国有部门总是把利大的留给自己，把利小的甩给民营企业。还有的领域由于审批程序复杂、条件苛刻、门槛过高，把民间资本拒之门外。如民营企业在自营进出口权的审批方面，把条件定在注册资本和净资产均为850万元人民币以上（国有企业是500万元，内地国企是400万元），至今只审批160多家。由于条件和门槛太高，在很大程度上影响了一批有国际信誉、国际市场的民营企业发展对外贸易。

第三，民间投资的筹资渠道少而不畅。长期以来，民间投资的资金来源50%~60%靠自筹，国内贷款、利用外资各占15%左右，来自国家预算的投资不到1%。国有银行给民营企业贷款过去就很少，现在则更加谨慎，这种情况在内地更为明显。这是两方面造成的：一方面，由于银行的风险责任加大；另一方面，民营企业资本金少，可抵押财产少，也难于找到担保者，这些自身存在的问题也给贷款增加了难度。从直接融资看，企业内部职工集资和社会集资，曾是民营企业筹资的一条主要渠道。但是，经过近些年的整顿，原有的一些不规范渠道关闭了。目前，与私营企业和中小企业发展相配套的融资体系还没有建立起来，能够发债和股票上市的民营企业又极少。所有这些因素，使民间投资融资难的问题十分突出，已严重制约着民间投资和民营经济的发展。

第四，有些税收政策抑制了民间投资的发展。前几年，为了防止通货膨胀，我国在宏观政策方面采取了相关措施，这无疑是正确的。但是，如果目前税收体制仍按抑制投资型设计，基本建设要征收投资方向调节税，这必将加大投资成本，降低预期收益率。另外，对私营企业除了征收企业所得税外，税后利润不论是作为红利分配，还是用于扩大再生产，均要交纳20%的个人所得税，这很不利于私营企业的投资活动。今年3月，有关部门出台的《企业技术开发费税前扣除管理办法》中规定，国有和集体工业企业发生的技术开发费比上年实际增长10%以上的，允许再按技术开发费实际发生额的50%，抵扣当年度的应纳税所得额。这一政策又没有把私营企业包括在内，进一步造成不同平竞争。现在大的经济环境变了，但现行的有关税收政策没有及时调整，在一定程度上抵消了政府刺激投资的政策效应。

三、鼓励和引导民间投资发展的政策建议

民间投资增速持续下降，是当前制约经济增长的重要因素之一。从扩大国内需求、促进增加就业和稳定经济增长考虑，需要在实施积极的财政政策的同时，为大力启动民间资本和民间投资，创造良好的营商市场环境，充分发挥民间投资的巨大潜能，让民间投资与政府和国有投资共同形成拉动经济增长的强大合力。

（一）进一步放宽民间投资的市场准入领域

一是进一步调整民间投资的市场准入政策。除关系国家安全的重要行业和国家法律禁止进入的领域外，按照市场规律要求，其他

行业和领域应放开让民间资本进入，允许民间资本投资和控股经营。国家有关部门应参照有关产业投资指导目录，尽快进一步明确规定允许民间投资和民间资本进入的产业，对原限制和禁止类行业和领域，能放宽的应尽量放宽。

二是打破垄断拓展民营企业的投资空间。凡是一般竞争性行业和领域，要大力引入市场竞争机制，打破垄断经营和所有制界限，鼓励民间资本积极进入，任何部门不得设置障碍。凡是允许和鼓励外商投资进入的产业和领域，要向国内民间资本和民营企业放开。要鼓励民间投资拓展新的领域，并可采取独资、参股、控股等多种形式。对一些新的重要产业和领域，也要尽快放开，暂时不能放开的，可通过改革试点逐步放开。鼓励更多具备条件的民间资本和民营企业，开展境外投资和自营进出口，走向国际市场。

三是鼓励民间投资和民营企业参与国有企业改革。对于一般竞争性领域的国有企业改革，应积极吸引民间资本参与资产重组。按照混合所有制改革的要求，其参与的形式可通过兼并、收购、控股、参股等办法进行，也可通过租赁、承包等方式进行。要在规范的基础上逐步放开产权交易市场，鼓励民营企业入场交易，依法进行产权转让。

四是鼓励民间投资和民营企业参与农业开发和农村建设。让民间资本和民营企业采取兼并、租赁、承包、控股、参股、收购等多种形式，参与农林牧和小水电建设的投资和经营；鼓励民间资本对土地的投入，积极开发和治理荒山、荒坡、荒漠、浅海滩涂、退化草场等；激发民间资本对农业生产资料及其他投资的积极性；鼓励民间资本参与农业产业化、小城镇建设和农村其他基础设施建设。

（二）进一步为民间投资创造平等竞争的政策环境

一是继续完善和出台有关鼓励民间投资的政策措施。按照党的十五大精神要求，抓紧清理与中央精神不相符的政策文件，取消不利于民间投资和民营经济发展的各种限制性和歧视性政策，对国有投资和民间投资在政策上要一视同仁。同时，抓紧制定关于鼓励、引导民间投资发展的系列政策措施和相关法律法规，营造公平竞争的政策法律环境。

二是完善各种税收、金融等政策，取消地区和所有制界限。凡是享有特殊优惠政策的区域和领域，其政策对进入该区域和领域的民间投资同样适用，对各类不同所有制企业要一视同仁。民间投资在税后利润用于扩大再生产的投入、民间资本增加对基础设施的投入、民间资本用于国家鼓励项目（如高新技术产业、新兴行业和新产品）的投入等，可按规定执行相应税收政策。民间投资所办咨询、信息、运输、旅游等服务业和公用、文化、卫生等行业的，可按兴办第三产业的统一规定执行。民间投资企业兼并、收购国有亏损企业，应享受与国有企业相同的冲销呆账准备金、减免利息和还贷及其他相关政策。对吸纳一定数额国有企业下岗职工再就业的，可在工商管理、税收和金融等方面给予一定的政策鼓励。

三是尽快调整对申请获得自营进出口权的私营生产企业的审批条件。对民间投资和民营企业，其必备资格可与国有企业获得进出口经营权的资格相同。积极开展有条件的私营流通企业经营进出口业务的试点。为了减少审批程序和环节，对私营企业申请进出口权的审批权限，国家可授权逐步下放到省（区、市）一级，并参照国有、集体和科研院所企业一样，逐步由原来的审批制改为登记备案制，让私营企业开展进出口业务，享受与国有企业同等的政策。

（三）进一步拓宽民间投资企业的融资渠道

一是建立和完善民间投资融资服务体系。各商业银行和政策性银行可建立健全为民间投资和中小企业服务的金融组织体系，为民间投资和中小企业提供信贷服务。要明确规定适合中小企业和民间投资特点的贷款条件和审批程序，制定相应的政策和管理办法。城市商业银行和城乡信用合作社，要把更多的信贷资金，用于支持中小企业和个体私营企业发展。

二是建立积极为民间投资提供信用担保机制。各地可根据条件成立专门为中小企业、民间投资和各类民营企业服务的贷款信用担保机构，并设立相应的贷款担保基金，为民间投资和民营企业贷款提供担保。担保机构可吸收有实力的企业参与组建，政府财政可注入部分资金，中央担保资金也可给予适当补助，增强担保能力，正确引导和监督担保机构规范营运。对有房地产抵押能力的民间投资，只要符合信贷条件的项目，银行可按有关规定，接受用财产抵押担保的办法解决融资担保问题。适应民间投资和民营经济发展需要，经批准建立直接为民间投资服务的民间中小银行。

三是为民间投资疏通新的融资渠道。允许民营企业作为发起人，经批准组建产业投资基金和风险投资基金。政府应鼓励民间资本投向高新科技产业和产品，加大对科技开发型民营企业的支持力度。允许民间投资采用特许融资（如 BOT、TOT 等）方式，组织或参与基础设施项目建设。支持符合条件的民营企业通过发行企业债券、作为发起人公开发行 A、B、H 股，在资本市场进行直接融资。民营企业发行股票、创业板上市等在境内外资本市场融资，可与国有企业同等对待。

（四）进一步改进规范对民间投资的管理和服务

一是各级政府要为扩大民间投资提供保障。各级政府、各有关部门要转变工作职能和工作方法，进一步解放思想，把发展民间投资和私营经济作为新的经济增长点摆到重要日程。有关部门要把推动民间投资纳入国民经济发展规划，尽快把民间投资和私营经济发展情况列入统计指标体系。国务院组建有关协调机构，负责统一对民间投资的组织、协调、引导和管理服务工作。各有关部门要密切配合，互相支持。

二是发挥市场中介组织的积极作用。建立和完善社会化服务体系包括规范相关中介组织建设，及时为民间投资提供政策、法律咨询和市场信息服务。政府部门通过定期发布有关信息，让民间投资和民营企业直接或通过中介机构，及时了解国家各类产业投资方向、政策导向和相关土地、税收等政策，防止或减少投资损失。

三是整顿和避免不规范的社会管理。全面清理对民间投资和民营企业的乱收费项目。对没有法律和政策依据的收费，一律予以制止。对擅自设置收费项目和改变收费标准及使用范围的，一律予以纠正。对乱检查、乱评比、乱摊派、乱罚款等现象，坚决予以打击。

四是通过制定法律保护私营企业财产的合法权益。依照九届全国人大二次会议通过的《中华人民共和国宪法修正案》，清理不利于民间投资和民营经济发展的有关法律法规，该完善的要完善，该废止的要废止。依法保护民间投资和私营企业的合法权益和公平竞争，像保护公有制财产一样，尽快制定和完善关于保护私营企业财产不可侵犯的法律法规。

围绕完善所有制结构深化经济体制改革*

党的十六大强调指出，为完成党在新世纪新阶段的奋斗目标，发展要有新思路，改革要有新突破，开放要有新局面，各项工作要有新举措。我们要继续高举邓小平理论和"三个代表"重要思想伟大旗帜，把思想认识统一到党的十六大精神上来，按照党的十六大报告的总体部署和要求，围绕继续调整和完善所有制结构，实现改革新的突破。

一、20多年来改革取得巨大成就

在党中央的正确领导下，经过20多年的改革开放，我国已取得令世人瞩目的伟大成就。

在体制建设方面，已经初步建立起社会主义市场经济体制。其主要标志是：

——在经济运行中已基本实现由市场机制来配置资源。一是生产、流通、交换、消费和服务价格等基本由市场决定。二是资本、劳动力、土地、技术等要素市场初步形成。三是公开、公平、公正的市场竞争环境不断完善。

——公有制为主体、多种所有制经济共同发展的基本经济制度基本形成。一方面，公有制经济进一步发展，国有经济控制力明显

---

* 本文是笔者2002年11月20日在全国纺织工业系统大中型企业负责同志关于学习贯彻党的十六大会议精神座谈会上所作的报告，经删改编入2006年《探索：中国改革道路》一书。2021年又作了新的修改，收入本书。

增强。另一方面，非公有制经济蓬勃发展，成为国民经济的重要组成部分。

——按照建立现代企业制度的要求，政企分开步伐不断加快，国有企业改革和经营机制转换取得显著成效。

——宏观调控体系初步建立，调节经济运行的手段主要依靠经济手段和法律手段。

——养老、医疗、失业等社会保障制度基本建立。2001年底，全国养老保险人数1.4亿人，医保人员5000多万人，失业保险1亿多人。

——对外开放领域不断扩大，水平不断提高。

——有中国特色社会主义的经济法律体系初步形成。

在经济发展方面，20多年来，在改革开放的大力推动下，我国经济保持快速增长，综合国力显著增强。1980—2001年，国内生产总值增加7.4倍，年均增长9.5%，这种速度在世界上是没有的。目前，我国经济总量已跃居世界第七位。其主要表现是，工农业生产稳步发展，人民生活水平大幅度提高，已总体进入小康；前两步战略目标已经实现，正在向第三步战略目标迈进。

二、当前改革面临的形势和问题

当前，欧美和东南亚经济正在走向复苏，世界经济开始变暖。据有关组织预测，2002年世界经济增长2.8%，比上年的2.2%增加0.6个百分点。其中发达国家增长1.7%，发展中国家增长4.2%，转轨国家增长3.7%。世界贸易量增长2.1%。但发达国家的失业率呈上升态势，为6.4%。其中，美国为5.9%，日本5.5%，欧元区8.4%，最高是法国9%。总体看来，2002年世界经济形势好于上年。这给我国经济发展提供了新的机遇。

2002年我国经济形势总的是好的。前三季度，国内生产总值71682亿元，同比增长7.9%。

——工业生产增加值为38168亿元，增长10%，规模以上工业增加值增长12.2%。各种所有制工业全面增长。

——农业增加值为8959亿元，同比增长3%。

——第三产业增加值24555亿元，增长6.6%。

——全社会固定资产投资25838亿元，增长21.8%，增加6个百分点。其中集体和个体投资增长18%，增加近9个百分点。

——社会消费品零售总额29111亿元，增长8.7%，扣除物价因素实际增长10.2%。

——进出口总值4451亿美元，增长18.3%。其中出口增长19.4%，进口增长17.2%。

——新批外商投资企业24771个，合同外资金额683.75亿美元，实际使用金额395.56亿美元，分别增长33.6%、38.38%和22.55%。截至9月底，全国累计外资企业414796家，合同外资金额8136.67亿美元，实际使用金额4347.8亿美元。国家外汇储备2586亿美元。

但是，当前也存在一些值得注意的问题，有的甚至是关系经济建设和改革全局的重大问题。

一是经济进一步发展的体制性障碍继续存在。比如，稳固的全国统一开放、竞争有序的大市场并未形成；政府管理经济的手段和方式还有待于改善，政企分开还需要有实质性的变化，依法行政还难以到位。

二是失业率上升，就业压力加大。我国登记失业率1996年是2.9%，1997—2000年是3.1%，2001年失业人员是680万人，失业率为3.6%。2002年政府的控制目标是4.5%，1—9月，城镇实际登记失业人数是752万人，城镇登记失业率是3.9%。

三是贫富差距拉大，两极分化明显。除了城乡之间和地区之间的贫富差距以及偏远山区的贫困情况外，在城镇新出现的两极分化也成了不可忽视的社会问题。目前，全国城镇贫困人口已增为约3056万人（其中包括206万孤老残幼者），占城镇人口4.58亿人的6.7%，贫困面约为7%。到6月10日，全国领取低保金的人数为1591.3万人，另有346.7万人占17.9%符合低保条件者未享受低保待遇。在城市，贫困户的人均月收入较低的为194元。在小城镇的贫困人员月收入要低得多。

四是农民收入增长缓慢。多年来，农民不仅收入水平底，而且增长幅度慢。2001年，农民人均收入虽然增长4.2%，提高了2.1个百分点，但仍大大低于城镇居民8.5%的增长水平。2002年前三季度，城镇人均可支配收入5793元，实际增长17.2%；农民现金收入1721元，增长5.3%，增长仍然缓慢。

五是思想观念滞后。在加入WTO和进入新世纪后，在国有企业改制、放开搞活国有中小企业、管理国有资产和理顺产权关系等方面，仍放不开手脚。非公有制经济发展方面，虽然从上到下都有一些鼓励性措施，但落实起来难度较大，甚至仍有一些不平等待遇。这就叫做在组织上已经"入世"，但在思想上还没有完成"入世"。

三、当前改革需要突破的几个重点

存在上述问题的原因是复杂和多样性的。但是，应该承认，最关键、最基本的是制度和体制方面的原因。必须要在思想上来一次大的解放，在改革上来一次大的突破。这就是要以完善社会主义市场经济体制为目标，继续推进市场取向的改革，从根本上消除束缚生产力发展的体制性障碍，为经济发展注入新的活力。

（一）从解放和发展生产力的需要出发，继续调整和完善所有制结构，完善社会主义初级阶段的基本经济制度

所有制关系是经济制度和经济体制的基础。调整和完善所有制结构，改革传统的所有制模式，是经济体制改革的重要任务和关键所在。调整和完善所有制结构对于解放和发展生产力，推动市场经济发展，意义十分重大，完全符合我国国情。这是党的十五大报告已经明确了的。

因此，通过建立和完善公有制为主体、多种所有制经济共同发展这个基本经济制度，逐步消除由于所有制结构不合理对生产力发展造成的羁绊，大大解放和发展了生产力。实行这样的基本经济制度，是我们党对建设社会主义的长期实践的总结，必须坚定不移地加以坚持。要根据解放和发展生产力的要求，进一步深化对这一基本经济制度含义的认识，在实践中不断完善这一制度。

目前，虽然所有制改革取得显著成效，但所有制结构仍存在不合理和有待于完善的地方。从总体上看，其主要表现是，国有经济不仅战线过长，比重仍然过大，而且其质量、效率仍然有待于提高。非公有制经济发展不足，民间资本无法有效启动。同时，发展势头一度良好的个体和私营经济，近几年由于种种原因，发展处于缓慢状态。必须进一步调整和完善所有制结构，继续深化所有制改革。

一是把对调整和完善所有制结构重要性的认识统一到党的十六大精神上来。

二是正确认识和坚持"公有制主体"。一方面，坚持公有制主体，主要应从"质量""控制力"和"活力"方面去理解，不是简单地追求数量和比例；另一方面，坚持公有制主体，是对全国而言的，不

同地区和领域可以有所差别，不是所有地区、各行各业都必须坚持这个主体。这一点中央已讲过多次。

三是在坚持公有制主体原则的前提下，采取"有进有退"的方针，对国有经济的布局和发展进行总体规划，通过深化改革和战略性调整，使之逐步退出竞争性领域。加快实行国有经济的股份制和股份合作制等形式的重组，使其进一步符合市场经济的要求。党的十五大报告指出，只要坚持公有制为主体，国家控制国民经济命脉，国有经济的控制力和竞争力得到增强，在这个前提下，国有经济比重减少一些，不会影响我国的社会主义性质。

四是要继续鼓励发展非公有制经济，特别是要有明确的保护私人财产的法律规定。改革开放以来，非公有制经济在国民经济和社会发展中的作用是巨大的。党中央对非公有制经济的健康发展十分关心，十分重视。我们的各个方面都不应该歧视非公企业和非公企业主。2001年，江泽民的"七一"讲话已把他们定位为"有中国特色社会主义事业的建设者"，在政治上允许他们入党。此后，各省相继将600多位个体经营者、私营企业主评为劳模，还有的当选省级工商联会长，有的甚至参加了省市中国共产党代表大会。因此，对非公有制经济要重视，不要歧视。当前，要把积极的财政政策与鼓励和启动民间资本的政策结合起来，通过平等竞争和享受同等的"国民待遇"，使民间资本尽快从"休眠"状态活跃起来，积极参与国民经济发展和现代化建设。

（二）加快政府体制改革，根本转变政府职能，实行依法行政

政府体制改革，是改革实现新的突破的重点。加快政府体制改革，首先要进行政府职能定位。根据社会主义市场经济体制的总体要求，政府的职能主要是：加强宏观调控、维护经济安全、创造市场环境、搞好公共服务等。转变政府职能，是要按照中央确定的原则和目标，理顺政府与市场、政府与企业的关系，将政府职能由直接配置资源向搞好宏观调控政策和创建良好的市场竞争环境转变；由直接干预企业向为企业经营、职工就业提供服务和建立社会保障制度转变；由依靠行政命令向市场主导和依法行政转变；由不必要的行政垄断和事务管理向开放透明的市场机制和中介机构转变。要实现这些转变，看来政府行政管理体制改革还有很大空间，职能转变工作的任务仍然很重。但是，只要树立信心，坚持市场取向的改革，实现政府职能转变和政企分开必然会取得实质性的进展。

政府体制改革的内容丰富，十分复杂。根据本届政府机构改革的经验，总体说，从上到下进行较为有效，但也可以自己探索，很多问题可以先行解决。在过去一段时期，有很多地方如广东的顺德市等，在这方面都做得非常好。今后应继续提倡、鼓励。近两年，国务院对行政审批制度改革非常重视，2001年出台了改革意见，各地都在行动，有的已取得了成效。希望能通过这一突破口，或以此为契机，使政府体制改革能够扎实推进，卓有成效。

（三）继续深化国有企业改革，促进国有企业制度创新、机制转换和增强活力

国有企业改革是经济体制改革的重点。10多年来，国有企业改革已取得积极进展。但是，国有企业改革与发展还存在有待于解决的问题。一是国有企业布局与结构仍有待于优化。二是国有企业包袱重、效率低的矛盾仍未得到妥善解决。三是政企关系仍未理顺，影响企业制度创新和机制转换。四是产权制度改革滞后，产权关系

（边界、归属）不太明朗,"国有"其词仍含糊不清,国有股"一股独大"和产权单一的问题较为普遍。五是国有资产管理体制和管理机构有待于加快建立。

根据党的十六大报告的总体要求,国有企业改革的主要任务是,通过改革建立新的机制,增强整体活力,提高它在国民经济中的影响力、控制力。具体来说,国有企业改革要想实行新的突破,我认为,必须要明确一条基本思路:国有企业改革要与调整和完善所有制结构相结合,紧紧围绕产权制度改革和国有资产管理体制改革来展开。

第一,按照中央"有进有退"的方针,加大国有企业组织结构调整和战略布局的力度。我国坚持和发展国有经济是由我国社会主义初级阶段的基本经济制度决定的。但是,是不是国有企业要覆盖所有行业、所有领域;所有部门、所有角落?是不是其比重必须占绝大部分?对此,实践已经作出的回答是:没有必要,也不可能。到底要给国有企业确定多大的范围?有人说,凡是涉及国计民生方面的就是国有企业。从市场经济的角度看,我认为,不能把"国计民生"与国有经济等同起来。

涉及国计民生的,就是人民群众生活需要的,就更应该在"有进有退"方针的指导下进行重新调整和布局。通过改革和重组,有的可以是国有独资,有的可以是国有控股,有的也可以是多元投资,有的也可以是非国有的,有的也可以是私有的,还有的也可以是外商投资。从目前和发展情景看,关系国家安全、国家机密、国家战略性物品、国家核心技术、国家特殊产业等领域,如国防、能源、造币、重要矿产、重要基础设施、重要公用事业等,必须认定为国有部门,由国有企业来承担。对于一般性或竞争性行业和领域,政府需要配合做好以下工作：一要控制投入；二要逐步退出；三要破产兼并；四要放开准入。

第二，加快国有资产管理体制改革，建立国有资产出资人制度。其目的是要解决国有企业中所有者缺位、出资人不明确、国有资产保值增值无人负责、国有股"一股独大"、股权结构单一、政企和政资不分等一直困扰着企业改革和发展的问题。要按照党的十六大的要求，组建国有资产管理机构，让其行使所有者和出资人职能。同时，建立和完善国有资产投资公司或国有资产经营公司，经国有资产管理机构授权，由国有资产投资公司具体承担出资人的角色。随着国有资产管理体制改革的深化和投资机构的组建，政府必将改变管理国有资产的方式，政企、政资也将随之分开，从而政府的工作也就有望理顺了。

第三，围绕产权制度改革，大力推进国有企业向规范的公司制转变，广泛实行股权结构和投资主体多元化。目前，要看到，多数国有企业还没有建立现代企业制度，有的建立得也不够规范。因此，国有企业体制创新的任务还十分繁重。对一些国有独资公司，可组织多个国有法人共同投资，形成多元国有法人股权结构；对于一些垄断性和比较重大的行业、企业、项目等，要坚持国有控股，但要允许其他非国有资本参股，形成以国有资本为主体的多元不同股权结构；对于一般性和竞争性企业要鼓励民间资本和外商资本等各种不同性质资本形式进入，形成有限责任公司和股份有限公司；对于国有中小企业，改革力度必须更大一些，重组形式必须灵活多样一些。

建立现代企业制度很关键的一条，是要建立规范的法人治理结构。要依法设立董事会，主要经营者要由董事会推荐，结合市场机制通过公开竞争产生；相应建立有效的监督制度。董事长、总经理和党委书记三者不能由一人兼任；设立监事会。同时，要建立激励和约束机制。要明确董事会、股东会、经理层、监事会的权力、责任和行为，根据权责和业绩，给予必要的激励。

第四，国有垄断行业企业改革要有新的突破。电力、电信、铁路、民航、石油、石化、金融等行业企业的改革，近几年已先后启动。民航不仅出台改革方案，而且已公布了《外商投资民用航空业规定》，在有的方面开始突破。2002年8月，上海私有企业上海均瑶集团以18%的股份投资与东航、武航等共同组建中国东方航空武汉有限责任公司。但是，从总体来说，垄断行业的改革是滞后的。必须加快改革、改制和市场化步伐，打破垄断格局。要按照建立现代企业制的要求，着重从两个方面入手：一是推进政企分开，加快重组步伐，实行投资主体多元化的公司制改造；二是调整准入政策，创造良好环境，鼓励在国有垄断部门发展多种经济成分。看来，推动垄断改革，其关键还是加快政府体制创新，根本转变政府职能。

第五，深化国有企业分配制度和劳动、人事制度改革。在工资增长水平不超过生产和经济效益增长的前提下，按照有关法规自主决定职工工资标准和分配办法，建立以岗位效益工资为主的基本工资制度，逐步取消工资总额控制。职工实行竞争上岗和劳动合同制，工资奖金与劳动力的市场价格和个人业绩挂钩。大力培育经营管理者人才市场，对企业管理者的产生和管理要按照党管干部与发挥市场机制的作用相结合的原则进行，公开运作，公开竞争。建立国有企业经营管理者的激励和约束机制。根据国家有关规定，探索实行经营管理者的年薪制。鼓励资本、技术、管理、专利等要素参与收益分配，充分发挥各方面的积极性、主动性和创造性。目前，有关部门正在研究这方面的政策措施。9月，国务院办公厅以国办发〔2002〕48号下发通知，转发了财政部、科技部《关于国有高新技术企业开展股权激励试点工作的指导意见》。我认为，除了部分高新技术企业外，其他国有企业也可探索进行各种形式的收入分配制度改革。

第六，推进配套改革。一是建立健全社会保障体系，加强政府的社会管理能力，维护社会稳定。二是研究出台《国有资产法》，使国有资产依法营运，依法管理。三是统一实施"国民待遇"政策，各类企业实行平等竞争。

（四）建立国内有序竞争、统一开放的市场体系，充分发挥以市场机制配置资源的重要作用，进一步提高国民经济的市场化程度

市场经济与计划经济的不同之处，就是它注重讲法治，讲市场，讲竞争，讲公平，讲开放。经过20多年市场取向的改革，我国的市场体系建设取得了重大进展，目前国民经济的市场化程度达到60%左右。但是，目前在这方面的问题仍然很多，对经济的市场化进程阻力很大，对建立全国统一的大市场还需要付出相当大的努力。

搞市场经济，建立社会主义市场经济体制，最关键的就是两条：改革政府，建设市场。如果搞条块分割，各自为政，不开放不竞争，市场建设和市场经济发展就无从谈起。必须按照中央的统一部署和WTO规划的要求，加大改革力度，加快经济建设的市场化步伐。

第一，打破部门、行业垄断和地区封锁的格局。一是打破各种垄断。垄断包括行政垄断（政府权力强制操作）、行业垄断（在政企不分的条件下强制交易、限制竞争）、经济垄断（企业间搞反竞争价

格同盟，控制市场）。在这些垄断中，除自然垄断（非国有不能操作、操作不了的）领域外，都要防止和反对。最根本的是要尽快出台《反垄断法》，落实《反不正当竞争法》，使反对垄断、保护竞争有法可依。二是打破地区封锁。搞地方保护主义有两种表现：一种是不许紧缺物资销往外地，一种是不许外地产品进入本地市场。这些做法和行政手段只能使市场和价格受到扭曲。国家必须采取更加有力的措施，切实制止这种封闭保守局面，让各类商品和要素在全国统一的市场内自由流动起来。三是大力实行开放。这主要是调整市场准入政策，推进银行、保险、电信、贸易、旅游等领域的开放，建立开放的市场体系。

第二，培育和发展要素市场。随着改革开放的不断深入，全国商品市场规模不断扩大，销售方式不断改善。目前，在继续发展商品市场的同时，重点是培育和发展要素市场。一是结合金融体制和投融资体制改革发展资本市场。这是促进居民投资的基本条件。二是结合深化人事、劳动制度改革发展劳动力市场。建立规范的劳动力市场，有利于发现人才、促进竞争和缓解就业压力。三是结合全国城镇化进程发展土地市场。对土地的转让、出售，要引入竞争机制，实行公开拍卖、招标投标等方式，严格审批程序，防止国有资产流失。四是结合科技体制创新和科技成果产业化发展技术和信息市场。

第三，进一步转变政府职能，建立和完善价格形成机制。除少数自然垄断的产品和服务价格由政府依法制定、调整外，其他的商品价格都应由市场机制形成。坚决反对垄断价格，反对价格同盟，反对政府干预，反对地区封锁，按照《价格法》规范价格行为。加快生产要素价格的市场化进程。不仅利率（外汇存贷款利率、人民币存贷款利率等）要市场化，劳动力、土地、管理、技术等价格也要市场化。

第四，建立诚信制度和良好的市场秩序。2002年以来，全国共清理各类市场经营主体2827467户，查处违法违章案件258714件，其中取缔116个药品市场。有18个省、自治区、直辖市撤销了搞地方保护、阻碍公正执法的管理机构347个。各级工商部门还对欺行霸市、黑恶势力等现象进行了坚决打击。这说明当前的市场秩序还是比较混乱。这就需要树立全民信用意识，反对言而无信，建立诚信制度。完善市场竞争规则，建立依法打击假冒伪劣和其他各种扰乱市场秩序的行为，维护市场主体和消费者的合法权益。

第五，建立规范的中介机构和相应的监督机制，发挥中介组织在市场经济的重要作用。中介机构是政府与企业之间的桥梁，它在市场经济中扮演着重要角色。政府可以把逐步削减的职能交给中介机构，中介机构要尽快与政府脱钩，规范自己的行为。

（五）加快农村改革步伐，促进解决"三农"问题，努力增加农民收入

解决"三农"问题事关国民经济发展和社会稳定的全局。农村改革是整个经济体制改革的重点。中国改革的第一枪首先在农村打响，承包制首先在农村推行，生产力首先在农村解放，商品经济首先在农村发展。改革首先使农村发生巨变，改革首先让农民尝到甜头。20多年来，党中央、国务院对农业、农村和农民问题十分重视，始终把农村工作放在一切工作的首位。2002年初，中共中央、国务院制定了2号文件《关于做好2002年农业和农村工作的意见》，又提出了一系列政策措施。全国人大常委会通过了《农村土地承包法》，

得到广大农村和农民群众拥护。

当前,农业和农村工作的中心任务是千方百计增加农民收入。加快农业和农村经济发展,努力增加农民收入,对拉动国内需求,促进国民经济快速发展,提高农业竞争力,加快农业现代化建设,都具有十分重要的意义。因此,各个方面必须进一步努力,积极寻找农业经济和农民收入新的增长点。从改革方面看,要认真做好以下几个方面的工作。

第一,进一步推进农村税费制度改革。农村税费改革的内容可简单概括为"三个取消、一个调整、一个改革"。"三个取消",一是取消乡统筹费、农村教育集资等;二是取消屠宰税;三是取消统一规定的劳动积累工和义务工。除特大防洪等紧急任务经县级以上政府批准可动用农村劳动力外,任何地方和部门均不得无偿动用农村劳动力。"一个调整",指调整农业税和农业特产税政策。"一个改革",指改革村提留征收使用办法。凡由农民上缴村提留开支的,采用新的农业税附加方式统一收取,农业税附加比例最高不超过农业税正税的20%,具体附加比例由省级和省级以下政府逐级核定。其实质是减轻农民负担。这是中央针对农村税费制度和征收办法不合理、乱收费、乱集资、乱罚款、乱摊派等现象所采取的积极措施。

第二,加快农村和农业经济结构调整。具体措施有四条:一是加大农业内部结构调整力度。促进主要农产品向优势产区集中,优化农业区域布局;大力发展畜牧业,扩大劳动力密集型农产品和特色农产品出口;推动农业科技进步;积极实行退耕还林。二是大力发展农村二、三产业。主要是发展农产品加工业和农村服务业,彻底打破过去从产粮到卖粮那种单打一的落后状况。三是加快发展农业产业化经营,促进龙头企业健康发展,加强农产品基地建设,提高农业的比较效益。四是进一步推进乡镇企业制度创新和上新的台阶。

第三，积极稳妥地推进农村城镇化建设，支持农民进城务工经商。推进城镇化，可以扩大农产品市场，拓宽农村就业领域，促进农村基础设施建设，带动整个农村和农业经济发展。因此，要统筹规划，科学管理土地，不能搞一哄而起；采取有效措施，引导乡镇企业走连片发展的道路；改善投资和服务环境，向各个方面吸引小城镇建设资金，政府也要给予必要的公共设施建设的资金支持；进一步改革户籍制度，规范各项政策，促进农村人口向小城镇集中。相应探索建立农村社会保障体系。

农民进城务工经商是增加农民收入的重要渠道。过去，不少城市对农民进城带有偏见，给予种种限制，甚至出现一些不太人道的现象。2002年以来，情况有所好转。但是，还需要进一步清理各种不合理的限制和不合理的收费，规范对农民工的管理办法，切实保障农民工的合法权益。

第四，继续探索农村土地承包经营改革，完善农村土地使用权流转制度。当前，由于土地经营成本高、效益低，农民大量外出，从而导致土地大量抛荒。建立和完善土地流转制度，既解决了外出农民的后顾之忧，又促进了土地的集约化经营。这里最重要的是要认真实施《农村土地承包法》，切实做到依法办事，处理好各种关系，保持农村社会稳定。11月5日，党中央又发布了《中共中央关于做好农户承包地使用权流转工作的通知》，各地通过贯彻落实，必将对农村和农业经济的发展起到积极的推动作用。

坚持和完善中国特色社会主义
基本经济制度[*]

所有制关系是经济制度、经济体制和生产关系的基础。调整和完善所有制结构，改革传统的所有制模式，是经济体制改革的重要任务和关键所在。党的十一届三中全会以来特别是最近13年来，党中央一直把建立和完善中国特色社会主义基本经济制度作为经济体制改革的重点放在突出位置。党的十六大报告强调指出，"根据解放和发展生产力的要求，坚持和完善公有制为主体、多种所有制经济共同发展的基本经济制度"，并郑重提出了"两个必须毫不动摇"："必须毫不动摇地巩固和发展公有制经济"，"必须毫不动摇地鼓励、支持和引导非公有制经济发展"。同时告诫全党，要把这两者"统一于我国现代化建设的进程中，不能把这两者对立起来"。这一解放思想、实事求是、与时俱进的创新理论，必将对指导和促进实现我党在新世纪新阶段全面建设小康社会的宏伟目标，具有十分深远的历史意义和重要的现实意义。

一、调整所有制结构和完善基本经济制度的政策法律发展进程

推进社会主义制度的自我完善，首先是要实行社会主义所有制

---

 [*] 本文原载于《经济要参》2003年第15期。摘要将文中第四部分以《按照两个"毫不动摇"的要求完善所有制结构》为题，载于《人民日报》2003年3月27日理论版。

的自我完善。这对我国来说，是经济体制改革面临的一个具有决定意义的新的重要课题。改革开放以来，党中央以高度的政治责任感和战略眼光，在对所有制关系改革的问题上的认识和态度始终是十分积极的、坚决的。同样，国家的法律法规在不断制订和完善，对各种所有制经济发展所起的作用也是巨大的、强有力的。今天，如果说我国已经排除了传统的所有制模式，极大地调整了所有制结构，有效地建立了公有制为主体、多种所有制经济共同发展的基本经济制度的话，这是有它的政策和法律依据的。那么，这些政策法律在哪里，党和国家主要采取了哪些行之有效的措施和步骤？

第一步：承认非公有制经济是社会主义经济必要的和有益的补充。

1978年党的十一届三中全会在提出实现工作重点转移的同时，提出要"正确改革同生产力迅速发展不相适应的生产关系和上层建筑"，"社员自留地、家庭副业和集市贸易是社会主义经济的必要补充部分，任何人不得乱加干涉"。此后到1992年党的十四大报告，一直坚持这条政策，而且其内容不断强化、不断丰富。一是强调对非公有制经济"不能当作所谓资本主义尾巴去批判"（党的十一届四中全会）；二是提出了"个体经济是和公有制经济相联系的"的重要观点（1984年《中共中央关于经济体制改革的决定》）；三是认为非公有制经济"对发展社会生产、方便人民生活、扩大劳动就业具有不可替代的作用"（同上）；四是提出"要为集体经济和个体经济的发展扫除障碍，创造条件，并给予法律保护"（同上）；五是告诉大家改革"包括以公有制为主体发展多种所有制经济，以至允许私营经济的存在和发展，都是由社会主义初级阶段生产力的实际状况决定的"（1987年党的十三大报告）。

第二步：明确以公有制为主体、发展多种所有制经济是改革要坚持的重要方针。

1984年党的十二届三中全会《中共中央关于经济体制改革的决定》第一次指出，"坚持多种经济形式和经营方式的共同发展，是我们长期坚持的方针"。到1993年，党的十四届三中全会《中共中央关于建立社会主义市场经济体制若干问题的决定》对这一方针的提法有所发展，指出，"必须坚持以公有制为主体、多种经济成分共同发展的方针"。不仅如此，而且提出了一些新思想和新观点。一是把"补充"改提"鼓励"，指出："在积极促进国有经济和集体经济发展的同时，鼓励个体、私营、外资经济发展"。二是提出了"私营经济"的概念和发展私营经济的思想（1987年党的十三大报告）。三是提出了"理顺产权关系"和转让国有产权的政策，即对国有小型企业可以转让、出租或出售给集体或个人（1987年党的十三大和1992年党的十四大报告等）。四是提出以公有制为主体是就全国而言的，不同的地区、不同的领域、不同的产业可以有所不同（党的十三大报告、党的十四届三中全会《中共中央关于建立社会主义市场经济体制若干问题的决定》等）。

第三步：提出发展股份制、股份合作制和混合所有制经济。

实行这个步骤的举措主要表现在两个方面：一方面，肯定股份制经济的积极作用；另一方面，鼓励推行和发展股份制。1987年党的十三大报告指出，发展生产资料市场、金融市场、技术市场和劳务市场，发行债券、股票，都是商品经济发展的产物，并不是资本主义所特有的。"改革中出现的股份制形式，包括国家控股和部门、地区、企业间参股以及个人入股，是社会主义企业财产的一种组织方式，可以继续试行。"这是对当时刚刚起步的股份制经济的充分肯定。1992年党的十四大报告指出："股份制有利于促进政企分开、转换企业经营机制和积聚社会资金，要积极试点，总结经验，抓紧制定和落实有关法规，使之有秩序地健康发展。"1997年党的十五大报告进一步肯定了股份制和股份合作制的积极作用，并明确了其性质，提出要提倡和鼓励。同时，第一次提出了"混合所有制"的概念。1999年专门制定的《中共中央关于国有企业改革和发展若干重大问题的决定》指出："国有经济的作用既要通过国有独资来实现，更要大力发展股份制，探索通过国有控股企业和参股企业来实现。"2002年党的十六大报告更加明确地指出："除极少数必须由国家独资经营外，积极推行股份制，发展混合所有制经济。"

第四步：提出以公有制为主体、多种所有制经济共同发展是我国社会主义初级阶段的一项基本经济制度。

从"方针"上升到"基本经济制度"，这无疑又是一个进步。这是1997年党的十五大报告的一大贡献。党的十六大报告强调和重申要坚持和完善这一基本经济制度。在这个基础上，这两个报告有一些重要突破。一是共同把个体、私营等非公有制经济的历史地位从"补充"提高到"社会主义市场经济的重要组成部分"；二是共同提出要积极探索公有制和国有制的多种有效实现形式；三是党的十五大报告提出要"继续调整和完善所有制结构"和"全面认识公有制经济的含义"，指出，"只要坚持公有制为主体，国家控制国民经济命脉，国有经济的控制力和竞争力得到增强，在这个前提下，国有经济比重减少一些，不会影响我国的社会主义性质"；四是党的十五大报告提出，"公有资产占优势，要有量的优势，更要注重质的提高"。

第五步：对公有制经济和非公有制经济一视同仁、平等对待。

党的十六大报告给各类所有制经济发展提供的是平等竞争的政

策空间。一是发展公有制经济和发展非公有制经济都是"必须毫不动摇",认为两者是统一的,不是对立的。二是提出"各种所有制经济完全可以在市场竞争中发挥各自优势,互相促进,共同发展";要"放宽国内民间资本的市场准入领域,在投融资、税收、土地使用和对外贸易等方面采取措施,实现公平竞争";要"创造各类市场主体平等使用生产要素的环境";对"海内外各类投资者在我国建设中的创业活动都应该受到鼓励";要"改善投资环境,对外商投资实行国民待遇","鼓励和支持有比较优势的各种所有制企业对外投资"。这些问题虽然在党的十四届三中全会的《中共中央关于建立社会主义市场经济体制若干问题的决定》中就提出来了,但由于新的体制未能建立,实施这些政策的条件还不成熟。三是明确把包括私营企业主在内的社会阶层定位于"都是中国特色社会主义事业的建设者",并且在政治上允许他们中符合条件的先进分子入党。

我国改革开放和现代化建设的总设计师邓小平在这一方面发挥了巨大作用。长期以来,他既关心公有制经济,又关心"傻子瓜子"。从1978到1992年,一个公有制主体,一个非公有制经济,一个允许一部分人和一部分地区先富最后达到共同富裕,始终是他关心和谈论的话题。1985年,他在全国科技会议上的一次重要讲话中指出:"一个公有制占主体,一个共同富裕,这是我们所必须坚持的社会主义的根本原则。我们就是要坚决执行和实现这些社会主义的原则。"[①]他认为,公有制必须坚持,但不必搞得那么纯,个体、私营、外资经济也要发展。1985年他指出:"我们吸引外资,允许个体经济发展,不会影响以公有制经济为主体这一基本点。相反地,吸引外资也好,允许个体经济的存在和发展也好,归根到底,是要更加有力

---

① 《邓小平文选》第3卷,人民出版社1993年版,第111页。

地发展生产力，加强公有制经济。"①1992年春，他在南方谈话时指出："有的人认为，多一分外资，就多一分资本主义，'三资'企业多了，就是资本主义的东西多了，就是发展了资本主义。这些人连基本常识都没有。我国现阶段的'三资'企业，按照现行的法规政策，外商总是要赚一些钱。但是，国家还要拿回税收，工人还要拿回工资，……归根到底是有利于社会主义的。"②

对于"傻子瓜子"（指安徽省芜湖市当时的一家个体户）的问题，1984年10月，邓小平在一次会议上指出："前些时候那个雇工问题，相当震动呀，大家担心得不得了。我的意见是放两年再看。那个能影响到我们的大局吗？如果你一动，群众就说政策变了，人心就不安了。你解决了一个'傻子瓜子'，会牵动人心不安，没有益处。让'傻子瓜子'经营一段，怕什么？伤害了社会主义吗？"③在南方谈话中邓小平强调，"傻子瓜子"不能动。"农村改革初期，安徽出了个'傻子瓜子'问题。当时许多人不舒服，说他赚了一百万，主张动他。我说不能动，一动人们就会说政策变了，得不偿失。像这一类的问题还有不少，如果处理不当，就很容易动摇我们的方针，影响改革的全局。"④可见，邓小平把对发展私营经济的重视，已经上升到了改革全局的高度。

根据建立和完善中国特色社会主义基本经济制度的实际需要，我国逐步制定和完善了一系列有关鼓励、支持和保护非公有制和混合所有制经济规范发展的法律法规。如，在发展股份制方面，制定了《股份制企业试点办法》等；在规范中小企业和个体、私营

---

① 《邓小平文选》第3卷，人民出版社1993年版，第149页。
② 《邓小平文选》第3卷，人民出版社1993年版，第373页。
③ 《邓小平文选》第3卷，人民出版社1993年版，第91页。
④ 《邓小平文选》第3卷，人民出版社1993年版，第371页。

经济方面，制定了《私营企业暂行条例》《个人独资企业法》《关于出售国有小型企业产权的暂行办法》《中小企业促进法》等；在吸引外资方面，有《中外合资经营企业法》《外资企业法》《关于设立外商投资创业投资企业的暂行规定》和外资金融、保险机构管理条例等。

在改革开放过程中形成的《中华人民共和国宪法修正案》，不仅明确了国有经济和集体经济的地位和作用，而且也明确了个体、私营和外资经济的地位和作用；不仅提出要保护公有制经济组织的合法的权利和利益，而且也提出要保护非公有制经济组织的合法的权利和利益。1988年的宪法修正案规定："国家允许私营经济在法律规定的范围内存在和发展。私营经济是社会主义所有制经济的补充。国家保护私营经济的合法权利和利益，对私营经济实行引导、监督和管理。"1993年的宪法修正案，用"国家实行社会主义市场经济"代替了"实行计划经济"的提法，对公有制经济作了些新的规定。1999年的宪法修正案进一步规定："在法律规定范围内的个体经济、私营经济等非公有制经济，是社会主义市场经济的重要组成部分。""国家保护个体经济、私营经济的合法的权利和利益。国家对个体经济、私营经济实行引导、监督和管理。"根据党的十六大报告中"完善保护私人财产的法律制度"的精神，我国的法律将会作出相应的新的规定。

党中央的政策措施、国家的法律制度的不断建立和完善，越来越成为全国所有制关系改革、所有制结构调整和非公有制经济发展的可靠保证，越来越成为坚持和完善中国特色社会主义基本经济制度的坚强靠山。

二、马克思主义所有制理论在中国改革实践中的创造性发展

在马克思恩格斯的心目当中,"社会主义"和"共产主义"是同义语,是在不同历史时期对同一事物的两种不同表述,如果作为社会形态,两者都是继资本主义社会之后的同一社会形态。在《共产党宣言》发表前后的一段时间,欧洲大陆出现了许多形形色色、五花八门的"社会主义"。为了与此区别开来,他们称自己的理论、运动、未来社会等,是共产主义而不是社会主义。恩格斯在1890年指出,在起草和出版《共产党宣言》时,"我们不能把它叫做社会主义宣言"。因为"在1847年,社会主义意味着资产阶级的运动,共产主义则意味着工人的运动。当时,社会主义,至少在大陆方面,是上流社会的,而共产主义却恰恰相反"。① 到19世纪70年代,他们开始使用"社会主义"一词,并把"社会主义"和"共产主义"进行通用。比如,恩格斯在1876年写的《反杜林论》、1880年写的《社会主义从空想到科学的发展》等名著中,对这两种表述都兼而有之。特别是到了1887年,恩格斯对"社会主义"一词用得就更多了。因为在1887年,大陆社会主义就不再是"可怕"的东西了,这时的"大陆社会主义已经差不多完全是《宣言》中所宣布的那个理论了"。② 因此,对未来社会或者叫"社会主义",或者叫"共产主义",其实质都一样,都是同一个社会,而并非是在资本主义社会之后是社会主义社会,社会主义社会之后再是共产主义社会。同时,也并非社会主义是共产主义的低级阶段,之后才是共产主义的高级阶段。实

---

① 《马克思恩格斯文集》第2卷,人民出版社2009年版,第21页。
② 《马克思恩格斯文集》第2卷,人民出版社2009年版,第21页。

际上，在马克思的《哥达纲领批判》中，共产主义社会的"第一阶段"就是社会主义社会的"第一阶段"，共产主义社会的"高级阶段"就是社会主义社会的"高级阶段"。当然，"第一阶段"和"高级阶段"是有差别的，但这是在同一个社会里的经济、政治等方面的差别，并不是不同社会制度之间的差别。把社会主义作为共产主义社会的"第一阶段或低级阶段"，是列宁在《国家与革命》等著作中对马克思的理解或发展。我们根据我国实际，在这方面又有新的认识。

关于所有制问题，始终是贯穿马克思恩格斯全部研究学说的主题和主线，他们把这一问题看成革命运动的基本问题。他们在《共产党宣言》中指出："共产党人到处都支持一切反对现存的社会制度和政治制度的革命运动。在所有这些运动中，他们都特别强调所有制问题，把它作为运动的基本问题，不管这个问题当时的发展程度怎样。"① 那么，在马克思恩格斯的社会主义或共产主义中的所有制结构是如何的呢？

马克思恩格斯的社会主义所有制状况是与他们的社会主义商品货币状况直接相联系的。他们认为，在社会主义社会不存在商品货币关系。比如，马克思在《资本论》中指出，"在社会公有的生产中，货币资本不再存在了"。② 他在《哥达纲领批判》中说，"在一个集体的、以共同占有生产资料为基础的社会里，生产者并不交换自己的产品，耗费在产品生产上的劳动，在这里也不表现为这些产品的价值。因为这时和资本主义社会相反，个人的劳动不再经过迂回曲折的道路，而是直接地作为总劳动的构成部分存在着。"③ 恩格斯在《反

---

① 《马克思恩格斯选集》第1卷，人民出版社1972年版，第285页。
② 《马克思恩格斯全集》第24卷，人民出版社1972年版，第397页。
③ 《马克思恩格斯选集》第3卷，人民出版社1972年版，第10页。

杜林论》中也指出："一旦社会占有了生产资料，商品生产就将被消除，而产品对生产者的统治也将随之消除。"[1] 为什么马恩设想的社会主义没有商品货币？因为与它直接相联系的前提是社会主义的生产资料实行"共同占有"或"社会占有"的公有制。没有了商品生产，生产资料的"资本主义所有制只能转变为社会的所有制"。[2] 这种公有制的表述方式是多种多样的，如"社会占有制""共同占有制""公共占有制""集体所有制"等，但其含义完全一致，都是指社会所有制，即全社会劳动者集体共同占有社会生产资料的经济制度。这种公有制除了不同于原始公有制外，还有这样一些特点：一是社会性。全社会的生产资料归社会的全体劳动者共同占有，每个人的劳动都是直接的社会劳动，分配是直接的产品分配。二是一元性。完全独立存在，没有任何其他非公有制经济与它同时并存、互相促进、平等竞争、共同发展。三是排他性。它与所有非公有制形式都是有它没我，有我没它，完全排斥各种与它不同的经济成分，毫不需要私营经济来作补充。

列宁和斯大林在坚持马克思主义基本原则的基础上，发展了马恩的社会主义所有制理论。在社会主义的实践中，列宁根据变化了的形势，在总结经验教训之后，实行了"新经济政策"，在一定程度和一定范围承认了商品生产和商品交换。尽管他们的社会主义商品经济理论是不彻底和所有制理论是较为脆弱的，但毕竟在他们那里存在商品交换了，出现二元所有制模式了。这就是我党在20世纪50年代的教科书——斯大林《苏联社会主义经济问题》中讲的全民所有制加集体所有制。这在当时来说，是一大进步。但是，即便是如

---

[1]《马克思恩格斯选集》第3卷，人民出版社1972年版，第323页。
[2]《马克思恩格斯全集》第19卷，人民出版社1963年版，第130页。

此，社会主义的后来者也不能光吃老本、裹足不前、没有创新啊！

面对马克思列宁主义的社会主义所有制理论，中国共产党该怎么办？如何走向自己的光明前程？这历来有两条道路可供选择：一条是本本教条、机械照搬、因循守旧，一条是解放思想、实事求是、与时俱进。这两条道路我们都走过，其结果是完全不同的两样。走前一条道路，我们付出了沉重的代价，走进了"死胡同"，换来了痛苦的教训；走后一条道路，我们越走越宽阔，越走越亮堂，走出了一条中国特色社会主义道路。这条道路怎么走？那就是我们经过20多年的大胆探索，克服了种种困难，创立了一个以公有制经济为主体、多种所有制经济共同发展的多元所有制结构的新型所有制模式。

调整和完善所有制结构，说到底，就是要从我国社会主义初级阶段的客观实际出发，通过深化所有制关系改革，适当减少公有制经济在国民经济中的比重，相应提高非公有制经济的比重，使以公有制经济为主体的各种所有制经济结构趋向合理，并在共同的"国民待遇"和法律环境下开展平等竞争，共同前进，共同促进生产力的解放和发展。这就是改革的根本任务。

我们这样做违背了马克思主义没有？马克思恩格斯的社会主义是一元所有制模式，即社会主义实行单一的社会所有制；列宁、斯大林的社会主义是二元所有制模式，即社会主义实行全民所有制和集体所有制；我国的社会主义是多元所有制模式，即社会主义实行以公有制为主体，国有、集体、个体、私营、股份、外资、混合等多种所有制经济共同发展的格局，并且公有制的实现形式也有很大不同。这还是马克思主义的东西吗？肯定是。这是发展了的马克思主义，是马克思主义与时俱进理论创新的时代体现，是在中国特色社会主义的伟大实践中具有旺盛生命力的马克思主义。

科学社会主义从理论到现实，150多年来，在中国的理论创新，最根本的就是我们建立和发展了社会主义初级阶段这一具有中国特色的基本经济制度。马克思恩格斯的一元所有制模式是以高度发达的生产力和取消商品货币关系为前提的；苏联的二元所有制模式是以存在一定的商品交换但商品经济又受到很大限制为前提的。与此不同，我国社会主义是在半封建半殖民地社会和以"手推磨"为特征的生产力的基础上建立起来的，目前和今后相当长的一段时间都处于社会主义的初级阶段。虽然经过了50多年的建设，特别是20多年的努力，生产力有了空前的发展，但目前总体生产力水平仍然不高，并且表现出不同的层次，发展又很不平衡。因此，从这一实际出发，我们走发展商品经济和市场经济的道路，从而坚持和完善以公有制为主体、多种所有制经济共同发展的基本经济制度是完全正确的。

马克思主义认为，社会主义社会是一个经常变化和改革的社会。我们之所以这样做，是因为"社会制度中的任何变化，所有制关系中的每一次变革，都是同旧的所有制关系不再相适应的新生产力发展的必然结果。"[①] 我们这样做，既坚持了马克思主义基本原理，又谱写了新的理论篇章，是中国共产党人根据"三个代表"重要思想的要求，开拓创新、与时俱进，用发展着的马克思主义指导新的实践取得丰硕成果的光辉典范。

三、坚持和完善基本经济制度对全面建设小康社会有着巨大贡献

改革开放前，我国基本上是"一大二公三纯"一统天下。中华

[①]《马克思恩格斯选集》第1卷，人民出版社1972年版，第218页。

所有制改革

人民共和国成立时,城镇个体工商业者为724万人,经过几年的恢复性增长,发展到898万人,这对增加就业和促进国民经济发展起到了积极作用。但是,在实行社会主义"三大改造"、"大跃进"、"人民公社"和走"合作化道路"后,再加上"文化大革命"期间的"扫荡",到1978年底,全国个体工商业者减少到14万人。在全国工业产值的比重中,国有上升到78%,集体下降到21.8%,非公有制经济仅为0.2%;在社会商品零售总额中,国有占54.6%,集体占43.3%,个体只占2.1%。不可否认,这种不顾和超越客观实际,极力实行所有制大跨越、"穷过渡"的做法所带来的后果,只能是经济落后,物质短缺,市场萧条,人民生活水平下降,群众生产积极性、创造性受到限制,社会生产力发展受到影响,社会主义的优越性不能得到充分发挥。这一教训实在是太深刻了。

党的十一届三中全会拉开了改革开放的序幕,实际上也标志着引入商品经济和推进所有制改革探索实践的开始。20多年来,我们坚持解放思想、实事求是的思想路线,克服和避免了"左"的影响,全国从上到下,东西南北中,围绕市场取向的改革,按照社会主义市场经济的要求,把不断深化所有制关系的改革变为自己的自觉行动。在党的统一领导下,经过全国人民的共同努力,所有制关系和所有制结构发生了重大变化。

从内资企业结构看。在竞争性领域,国有经济呈逐步淡出的态势。比如,国有工业企业由1989年的10.23万家减少到2001年的4.68万家;批发、零售、餐饮业的国有企业2002年上半年比2001年底减少4.84万户;服务业中的国有企业减少0.57万户。但在基础性行业中,国有企业数量有不同程度增加。总体来说,国有、集体及联营企业继续减少,股份制和其他企业不断增加。到2002年6

月底，在464多万户内资企业中，国有企业占26.74%，集体企业占44.05%，联营企业占0.6%，股份合作企业占5.4%，公司占22.38%，其他占0.57%。另外，在到2002年10月的1216家上市公司中，国有1034家，集体100家，私营82家。

从规模以上工业增加值的比重看。国有（国有控股）企业是14652亿元，集体2615亿元，私营2174亿元，"三资"（港澳台外资）7128亿元，股份制9138亿元，股份合作760亿元。如果以36467亿元为其总值的比重是，国有占40.18%，集体占7.17%，私营占5.96%，"三资"占19.55%，股份制占27.14%。

从全社会固定资产投资结构看。在2001年37213.5亿元的投资总额中，国有占47.3%，集体占14.2%，个体占14.6%，其他经济（包括联营、股份、外资、港澳台等）占23.9%。2002年前三季度，国有、集体、个体、其他经济在固定资产投资中的比重分别是47.8%、13.7%、14.3%、24.2%。

从投资主体多元化方面看。2001年的3322家改制企业注册资本共为11437亿元，其中国有资本7383亿元，非国有资本（集体、个人、外商、其他资本）4054亿元，分别占64.6%、35.4%。

从对外贸易结构看。2001年，在2661.6亿美元的出口总额中，国有企业、外资企业和其他企业分别占42.5%、50.1%和7.4%；在2436.1亿美元的进口总额中，国有、外资、其他分别占42.5%、51.7%、5.8%。

从新型服务业投资结构看。多年来，由于准入政策不断放宽，在服务业方面打破了一些垄断格局。目前，国有、民营、外商、港澳台在金融保险业的比重分别是54.12%、35.42%、5.77%、4.69%；在卫生体育社会福利业的比重分别是78.9%、18.9%、1.41%、

0.79%；在教育文化艺术影视业的比重分别是 77.83%、21.24%、0.29%、0.64%。

在党中央的路线方针政策指引下，有国家法律的保驾护航，传统单一的所有制状况已经消除，中国特色社会主义的基本经济制度得以建立并不断完善，公有制经济的主体地位得到巩固，国有经济的控制力和竞争力进一步加强，国有、集体、个体、私营、联营、外资、港澳台等经济得到共同发展。

国有经济进一步发展，控制力明显增强。从 1989 年到 2001 年，国有（国有控股）工业企业的增加值和固定资产净值年均增长分别为 11.7% 和 15.5%；到 2001 年底，国有资产总量达 109316 亿元，比 1995 年增长 91.4%；2001 年，在 520 家国家重点企业中，国有（国有控股）514 家，只占全国工业企业数的 0.3%，但其资产总额、销售收入、实现利税、实现利润分别占全国工业企业的 59.2%、41.9%、47.6%、49.4%。

集体经济进一步巩固和壮大。2001 年，注册登记的集体（不包括联营、合作等）工业企业 31018 家，实现工业总产值 10052.49 亿元，比 1992 年增加 1.14 倍，增长 14.24%。在整个国民经济中，集体经济占 1/3，是公有制经济的 1/2；集体企业就业人数为 14377 万人，占全部从业人员的 19.7%。这不仅有总量的发展，而且出现一些新的集体经济组织形式，为市场经济的发展发挥了重要作用。

非公有制经济蓬勃发展，成为支撑国民经济的重要力量。到 2001 年底，全国个体户为 2423 万户，私营企业 202.86 万户，从业人员共 7474 万人（其中城镇 4329 万人，占城镇从业人员的 29.3%），注册资金 21648 亿元，共创产值 19878 亿元，实现社会商品零售额 19675 亿元。同时，外资企业快速发展。2002 年前三季度新批外资企业、合同外资和实际使用金额同比分别增长33.6%、38.38%和22.55%；全国累计外资企业414796家，合同外资8136.67亿美元，实际使用金额4347.8亿美元。

从很大程度上说，正是由于所有制结构发生了根本性变化，才极大地解放和发展了我国生产力，带动和促进了国民经济的持续快速健康发展。1978年，我国的国内生产总值是3624.1亿元，经过20多年的改革与发展，到2001年底，国内生产总值大幅跃升到95933.3亿元，增加了25.47倍，年均增长9.4%，经济总量上升到世界第六位，人民生活总体进入小康。

根据所有制结构的变化，我们似乎明白了这样一个道理：什么时候、什么地方所有制结构改革和调整的步伐迈得快，迈得好，从某种意义上说什么时候、什么地方的经济发展就快一些，工农差别、城乡差别、就业压力就小一些，人民群众的物质文化生活就丰富一些。1990—2001年，我国东中西部地区平均占全国GDP的比重分别为58.3%、27.6%、14.1%。与此相应，2001年东中西部地区占全国个体户总户数的比重分别为47.74%、33.03%、19.23%；占全国私营企业总户数的比重分别为68.42%、17.76%、13.83%。在个体、私营和"三资"及股份制企业的发展中，广东、江苏、浙江、山东、上海等排在前几名，西藏、青海、宁夏、贵州、甘肃等排在后几名。前者国有经济比重较小，非国有经济比重较大；后者国有经济比重较大，非国有经济比重较小。上海市2001年非国有经济在全市GDP、工业总产值、固定资产投资、外贸出口、商品零售、从业人员、上交税收的比重中，分别占45.6%、89.3%、61.9%、59.4%、66.6%、75.5%、50%。这些事实，难道不能作为说明地区差别、富与不富、先进与落后的重要因素？

党的十六大报告在提出鼓励有条件的地方如经济特区、上海浦东新区等可以发展得更快一些的同时，特别专门强调，西部要"着力改善投资环境，引导外资和国内资本参与西部开发。西部地区要进一步解放思想，增强自我发展能力，在改革开放中走出一条加快发展的新路"。"引导外资和国内资本参与西部开发"的实质，就是要西部在改革开放中加快调整和完善所有制结构。这一完全符合西部实际的经典论断，将成为西部地区全面建设小康社会的指路明灯。

没有公有制为主体、多种所有制经济共同发展的基本经济制度，就没有中国特色社会主义，就没有中国经济的快速发展。根据以上情况可以预测，所有制改革进一步推进，中国特色社会主义基本经济制度进一步完善，必将为实现全面建设小康社会的宏伟目标作出巨大的贡献。

四、坚决贯彻落实"两个毫不动摇"，继续调整和完善所有制结构

中国特色社会主义基本经济制度的建立，是所有制关系改革取得显著成效的重要标志。但是，所有制结构仍存在不合理和有待于完善的地方。其主要表现有：一是国有企业的覆盖面仍然过大，战线过长。在现有608个工业门类中，国有企业涉及604类，占99.3%，其中大中型企业涉及533类，占87.7%。这对从整体上搞活国有资本带来困难。二是国有经济的质量有待于提高。比如，在制造业中，国有企业生产能力利用率超过80%的只占29.5%，60%~80%之间的占36.2%，生产能力在60%以下的占34.3%。这对国有经济控制力和竞争力的增强有一定影响。三是国有资产所有者

代表不到位，国有资产出资人不明确，国有股权结构单一，产权激励和约束机制不健全。四是行政性和经济性垄断没有从根本上打破，不利于所有制结构和基本经济制度的完善。五是市场准入政策仍有待于调整，民间投资启动过慢，非国有经济发展显得后劲不足。在8万多亿元的居民金融资产中，相当一部分民间资本因未能参与拉动经济增长作出贡献而处于"休眠"状态。

坚持和完善公有制为主体、多种所有制经济共同发展的基本经济制度，逐步消除由于所有制结构不合理对生产力发展造成的羁绊，大大解放和发展生产力。坚持这个基本经济制度，是我们党对建设社会主义的长期实践的总结，必须坚定不移地加以坚持。要根据解放和发展生产力的要求，进一步深化对这一基本经济制度含义的认识，在实践中不断完善这一制度。党的十六大报告又一次重申要坚持和完善基本经济制度，强调要"必须毫不动摇"地发展公有制经济和非公有制经济。对此，必须毫不动摇地坚决贯彻落实。按照党的十六大精神，继续深化所有制改革，坚持和完善基本经济制度，当前要从贯彻落实"三个代表"重要思想的高度，着重做好以下几个方面的工作。

（一）解放思想，实事求是，把对坚持和完善基本经济制度重要性的认识统一到党的十六大精神上来

公有制是社会主义制度的基础，是国民经济的主体，没有公有制就没有社会主义。非公有制经济是社会主义市场经济的重要组成部分，对充分调动社会各方面的积极性、加快生产力发展具有重要作用，没有非公有制经济就没有社会主义市场经济。而没有公有制主体和公有制经济与非公有制经济共同发展，就没有中国特色社会

主义。党的十六大报告不仅提出了"两个毫不动摇",而且把"两个发展"即发展公有制经济和发展非公有制经济,强调是社会主义现代化建设中的一个统一的整体,不能把它们对立起来,各种所有制经济可以互相竞争,共同发展。这是一种历史潮流,一种制度创新。我们要形成与中国特色社会主义初级阶段基本经济制度相适应的思想观念,"自觉地把思想认识从那些不合时宜的观念、做法和体制的束缚中解放出来,从对马克思主义的错误的和教条式的理解中解放出来,从主观主义和形而上学的桎梏中解放出来"。我们要善于在解放思想中统一思想,继续用发展着的马克思主义指导新的实践。

(二)紧紧围绕产权制度和国有资产管理体制改革,坚持和发展社会主义公有制经济

继续调整国有经济的布局和结构,改革国有资产管理体制,是当前深化经济体制改革的重大任务。在贯彻落实党的十六大精神的过程中,必须始终坚持公有制经济的主体地位,提高公有制经济的整体素质,增强国有经济的控制力和竞争力。

一是正确认识和坚持公有制主体。一方面,坚持公有制主体,主要应从"优势""质量""控制力"和"活力"方面去理解,不是简单地追求数量和比例。发展公有制经济既要考虑量的增长,更要注重质的提高。另一方面,坚持公有制主体,是对全国而言的,不同的地区和领域可以有所差别,不是所有地区、所有行业都必须坚持这个主体。这一点党中央已讲过多次。但是,在总体上必须坚持以公有制为主体。

二是不能把国有经济与国计民生和国民经济命脉等同起来。"国计民生"是个大概念,包括衣食住行等各个方面。凡涉及国计民生

的，就是人民群众生活需要的，但人民群众需要的就不能都是国有的。过去那种把小餐馆、小旅社、小理发馆、小服装店、小照相馆等都搞为国有国营的做法是与计划经济体制相联系的。"国民经济命脉"比"国计民生"的概念要小，但比国有经济的概念要大。国民经济命脉是指对国民经济和社会发展具有重大影响并起决定作用的部门、企业产品和物质生产条件，如交通运输、金融、邮电、对外贸易、大型工矿、土地、矿藏、森林等。即使是这些领域，现在也不能搞纯而又纯的国有。目前，在第一、二、三产业和一些"命脉"领域中，非国有经济已都占有一定份额。国家控制国民经济命脉是控制其中的重要领域，并不是要把国民经济命脉与国有经济相等同。把它们区别出来，有利于发挥国有经济的整体优势，增强国有资本的整体活力。

三是进一步探索公有制特别是国有制的多种有效实现形式。要在推进国有资产管理体制改革、巩固和发展公有制经济的前提下，加快推进国有经济改革。极少数关系国家安全、国家机密、国家战略性物品、国家核心技术、国家特殊产业等领域，如国防、造币、重要能源、重要矿产、重要基础设施、重要公用事业等，必须由国家独资经营。对于其他领域的国有企业必须积极推行股份制，实行投资主体多元化，发展混合所有制经济。国民经济命脉中的重要行业和关键领域，重大的行业、企业、项目等由国有控股，但要允许非国有资本参股；其他非关键领域的行业，国有经济可通过参股的形式来实现。对于一般性或竞争性行业企业，政府要根据"有进有退"的方针，在控制投入的前提下，通过多种改革形式进行资产重组，有的可实行逐步退出。集体经济是公有制经济的重要组成部分，也要进一步通过实行股份制、股份合作制等形式加快改革和发展步伐。

（三）国有垄断行业企业改革要有新的突破，积极向国有控股型的混合所有制经济发展

党的十六大报告强调指出："推进垄断行业改革，积极引入竞争机制。"我国电力、电信、铁路、民航、石油、石化、金融等行业企业的改革，近几年已先后启动。民航不仅出台了改革方案，而且已公布了《外商投资民用航空业规定》，在有的方面开始突破，如2002年8月，上海私有企业上海均瑶集团以18%的股份投资与东航、武航等共同组建中国东方航空武汉有限责任公司。但是，从总体来说，垄断行业的改革是滞后的。这些行业垄断的明显特征是行政垄断，政府干预。比如有的举办行业价格听证会，是政府代表企业来与普通老百姓辩论。这种现象在社会上引起很大反响。必须指出，这种政企不分、以政代企的做法与市场经济发展要求是很不协调的，对提高本行业在国际上的竞争力和整个国民经济的素质是极为不利的。必须切实贯彻落实党的十六大精神，加快改革、改制和市场化步伐，从根本上打破垄断格局。

要按照坚持和完善基本经济制度的方针和建立现代企业制度的要求，对这些垄断行业实行改革，关键要有突破性的举措：一是加快政府管理体制创新，根本转变政府职能，推进政企分开，大力引入竞争机制；二是加快垄断行业国有资产管理体制改革和国有资产重组，实行投资主体多元化的公司制改造；三是调整准入政策，打破所有制禁区，创造良好环境，鼓励集体资本、私营资本、外商资本、港澳台资本等参与国有垄断部门改革，发展股份制和混合所有制经济。

（四）要继续鼓励发展非公有制经济，要让非公有制经济享受"国民待遇"，实现公平竞争

改革开放以来，非公有制经济对经济和社会发展起着越来越重要的作用。党中央对非公有制经济的健康发展始终十分关心，十分重视。党的十六大已经把包括私营企业主在内的各个社会阶层定位为"中国特色社会主义事业的建设者"，在政治上允许他们入党。这两年，各省相继将600多位个体经营者、私营企业主评为劳模，有的当选省级工商联会长，有的参加了省市中国共产党代表大会，有的还参加了党的十六大。因此，对非公有制经济要重视、关心、鼓励，不要歧视、排斥、限制。当前，在发展公有制经济的同时，发展非公有制经济的重点要放在以下几个方面。

一是把积极的财政政策与积极鼓励和启动民间资本结合起来。近几年，民间投资增长比较脆弱，不太稳定。要在实施财政政策的同时，加大培育民间投资发展的力度，形成民间投资快速发展的势头，让政府与民间在投资方面形成强大的合力。东部地区要继续完善有关政策，发挥优势，走在前面。西部地区要乘党的十六大的东风，增强紧迫感，调整思维方式，改善投资环境，大力引进外资和国内各方面民间资本，不断提高非国有经济对国民经济发展的贡献率。

二是让非公有制经济参与公平竞争和享受"国民待遇"。主要是要放宽民间资本的市场准入领域，让各种非公有制经济主要是民间资本在投融资、税收、土地使用、对外贸易、项目审批、工商登记、人才使用、户籍管理等方面享受同等政策。凡是没有法律规定禁止进入的领域和行业，都应向民间资本开放。上海的非国有经济已在

城建、交通、环保、医疗机构、生态农业、影视节目制作、大型制造业、书店等行业大显身手。进一步鼓励扩大外商投资的比重，同时，鼓励和支持有比较优势的非国有企业"走出去"实行对外投资。

三是加快贯彻落实党的十六大报告提出的"完善保护私人财产的法律制度"的精神。非公有制经济不求有特殊优惠，只求有平等的政策、平等的法律。党的十六大报告指出："一切合法的劳动收入和合法的非劳动收入，都应该得到保护。""完善保护私人财产的法律制度。"这些政策普遍受到欢迎，希望能尽快得到落实。公有财产和私人财产对外来说都是中华人民共和国的财产，对内来说都应地位平等，同样予以保护，不受侵犯。因此，我国在制定和完善有关法律制度（包括宪法）时，对私营企业和个人的财产要明确有与保护公有财产同样的法律规定。做到这一点，对解决私人财产主的后顾之忧，防止资本盲目外逃，充分调动他们和各方面人士建设中国特色社会主义的积极性，促进中国特色社会主义基本经济制度的进一步完善，全面建设小康社会，实现中华民族的伟大复兴，具有特殊的重要意义。

优化营商环境，促进民营经济发展 *

改革开放40多年来特别是党的十八大以来，党中央、国务院高度重视非公有制经济和民营经济发展。在深化改革、扩大开放的同时，出台了一系列引导、鼓励和支持民营经济发展的政策措施及法律法规，不断改善营商环境，促进了民营经济从小到大、从弱到强，不断发展壮大，形成公有制经济与非公有制经济相互促进、相辅相成、相得益彰发展的良好局面。刚刚闭幕的党的十九届四中全会对坚持和完善社会主义基本经济制度、"坚持两个毫不动摇"作出了新的战略部署，为进一步促进民营经济高质量发展创造了更加有利的制度体制环境。

一、民营经济地位和作用达到前所未有的高度

改革开放不断深化的过程，是民营经济迅速发展的过程，也是民营经济营商环境不断改善的过程。非公有制经济和民营经济从"有益补充"到"重要组成部分""重要基础"，再到"共同发展"和"两个毫不动摇"，其地位迅速提高和加强。党的十九大把"两个毫不动摇"写入新时代坚持和发展中国特色社会主义的基本方略，作为党

---

* 本文原载于《中国发展观察》2019年第21期（2019年11月5日出版），《改革内参》（综合）2019年第44期（2019年11月22日出版）。国家发展改革委老干部工作《发改金辉》（内部刊物）2019年12月出版（总第11期）发表。中国人民大学书报资料中心《企业家信息》2020年第2期、《企业党建》2020年第4期转载此文。2020年1月，该文为笔者主编出版的《中国促进民营经济发展政策》一书代序。

和国家一项大政方针进一步确定下来。2018年11月1日,习近平总书记在民营企业座谈会上发表的重要讲话,从基本国情和战略高度出发,对民营经济的地位、作用作出了准确判断和科学定位,指出:"民营经济是我国经济制度的内在要素,民营企业和民营企业家是我们自己人。民营经济是社会主义市场经济发展的重要成果,是推动社会主义市场经济发展的重要力量,是推进供给侧结构性改革、推动高质量发展、建设现代化经济体系的重要主体,也是我们党长期执政、团结带领全国人民实现'两个一百年'奋斗目标和中华民族伟大复兴中国梦的重要力量。"① 习近平总书记发表的重要讲话,表明了党中央对民营经济地位和作用的充分肯定,表明了党中央对进一步促进民营经济发展的坚强决心和信心,表明了民营经济的地位和作用已经达到了前所未有的高度。

党的十八大以来,习近平总书记多次重申坚持基本经济制度,坚持"两个毫不动摇"。党中央、国务院强调要对各种所有制经济进行法律保护,提出公有制经济财产权不可侵犯,非公有制经济财产权同样不可侵犯;健全以公平为核心原则的财产保护制度,加强对各种所有制经济组织和自然人财产的保护;鼓励民营企业依法进入更多领域,引入非国有资本参与国有企业改革。习近平总书记在民营经济座谈会上的通篇讲话中,不仅充分肯定了我国民营经济的重要地位和作用,而且阐述了当前民营经济发展遇到的困难和问题,同时对大力支持民营企业发展壮大作出了部署,对进一步改善民营经济营商环境提出了要求,使全国的民营企业和民营企业家受到极大鼓舞和振奋。为贯彻落实习近平总书记的重要讲话精神,从上到

---

① 《习近平:在民营企业座谈会上的讲话》,新华网,http://www.xinhuanet.com/politics/2018-11/01/c_1123649488.htm。

下、各地各部门陆续出台了新的关于促进民营经济发展的政策措施，有的还出台了新的法律法规，这将为民营经济和非公有制经济迎来新一轮高质量蓬勃发展提供了良好机遇。

在我国经济社会发展中，非公有制经济和民营经济的作用有目共睹。不管在稳增长、稳就业、稳外贸、稳投资、稳税收，还是在技术创新、发明专利、新产品开发、活跃市场、丰富和满足人民群众生活等各个方面，民营经济都作出了巨大贡献。大家知道，截至2017年底，民营经济有着"五六七八九"的贡献特征（贡献了50%以上的税收，60%以上的国内生产总值，70%以上的技术创新成果，80%以上的城镇劳动力就业，90%以上的企业数量）。近两年，在党中央、国务院的方针政策指引下，民营经济发展步伐继续加快，民营经济的贡献率不断发生新的变化。从固定资产投资情况看，2018年，全国固定资产投资635636亿元，同比增长5.9%，其中国有投资增长1.9%，民间投资增长8.7%。全年民间投资394051亿元，占固定资产投资的比重为62.0%。2019年，党中央加大对企业扶持力度，实施两万多亿减税降费政策，给民营企业和中小微企业注入了新的活力。前三季度，全国累计减税降费17834亿元，其中新增减税15109亿元、新增社保费降费2725亿元。民营经济纳税人新增减税9644亿元，占新增减税总额的64%。可见，在实施减税降费政策中，民营经济收益最为明显。

2019年7月6日，我们就"发展民营经济和促进稳就业研究"课题，赴安徽省广德县（8月份挂牌为广德市）调研，普遍都反映享受到了政策实惠。广德县政府及各部门服务意识强，办事效率高，给民营经济发展创造了一流的营商环境。该县50万人口，区位优势独特，周边有南京、上海、杭州等发达城市和多个经济圈、经济带围绕且近距离辐射，民营经济、民间投资和非公有制经济发展势头迅猛，现已成为该县国民经济的主体和推动经济社会发展的主力军。2019年上半年，广德县民营经济的贡献显示出"八九九九九十"的特征，即贡献了80%的GDP，95%的税收，95%的城镇就业，99%的企业数量，99%的科技创新成果，100%的进出口额。事实证明，民营经济的地位和作用不可低估，更不可忽视。

二、优化民营经济发展的营商环境仍有较大空间

改善公有制经济营商环境易，改善民营经济营商环境难。民营经济的营商环境是指影响民营企业活动周围社会、经济、政治、政策、法律、市场、舆论等方面的环境和条件。必须肯定，改革开放和党的十八大以来，总体的营商环境大为改观，民营经济的营商环境也在不断完善。对民营经济的政策从过去的"限制""打击"，到现在的"引导、鼓励和支持"，其营商环境是天壤之别。习近平总书记2019年9月9日主持召开中央深改委第十次会议审议通过的《关于营造更好发展环境支持民营企业改革发展的意见》，对营造更好营商环境和促进民营经济发展明确了新的指导方针。国务院公布的《优化营商环境条例》（2020年1月1日起施行），规定加快建立统一开放、竞争有序的现代市场体系，保障各类市场主体公平参与市场竞争，各类市场主体平等适用国家支持发展的政策。党的十九届四中全会通过的《中共中央关于坚持和完善中国特色社会主义制度，推进国家治理体系和治理能力现代化若干重大问题的决定》作出了一系列重大部署，对改善营商环境和支持民营经济发展又提出了新的要求。然而，必须看到，目前的实际情况与党中央的重要精神和国家的法律法规要求相比，还存在很大差距，民营经济进一步向前发

展仍面临诸多营商环境方面的困难和问题，有的甚至是一些存在已久的根本性的问题。

一是对民营经济的思想认识有待于进一步统一到中央的大政方针上来。在实际工作和政策实施当中，一些部门对民营经济和非公有制经济仍然区别对待，不能一视同仁，体制性政策性分割现象较为明显，对民营企业持"二等公民"的态度和对非公有制经济长期存在的种种疑虑还未彻底消除。尤其是社会上一些人思想观念陈旧，对民营经济歧视性的观点、攻击性的言论的现象时有发生。什么"民营经济离场论""国进民退论""新公私合营论""非公经济退出论"，等等，个别的甚至直接提出要"消灭私营经济"。这些观点是极其错误的和十分有害的，完全与党的大政方针反其道而行之，必须加以清理和制止。习近平总书记在讲话中明确指出："任何否定、怀疑、动摇我国基本经济制度的言行都不符合党和国家方针政策，都不要听、不要信！""我国民营经济只能壮大、不能弱化，不仅不能'离场'，而且要走向更加广阔的舞台。"[1] 我们要进一步深刻领会习近平总书记重要讲话精神，把思想认识和实际行动统一到讲话精神和中央大政方针上来。

二是长期制约民营企业发展的融资难融资贵的问题仍未从根本上得到解决。普遍认为，"融资难融资贵"的问题是关系民营企业生死存亡的问题。其主要表现是，有的企业有机遇、有项目、有市场，但因无资金、无关系、无政策而被耽误了；有的企业融资担保信用条件具备，但也被金融机构拒之门外；有的民营企业和国有企业同时申报项目，也同时经有关政府部门审批通过同意立项，但银行来

---

[1] 《习近平：在民营企业座谈会上的讲话》，新华网，http://www.xinhuanet.com/politics/2018-11/01/c_1123649488.htm。

一个"公私分明"的双重标准，国有企业能够如愿以偿得到贷款支持，而对民营企业却是侧目而视、一分不给。其原因是多方面的，但根本原因是对党和国家关于鼓励支持民营经济发展的方针政策和法律法规贯彻落实不到位，对社会主义基本经济制度和"两个毫不动摇"贯彻落实不到位。现在看来，金融等领域改革滞后，金融体系不健全，仍然是民营经济发展和营商环境改善的重要障碍。解决民营企业融资贵、利息高、办事烦琐、成本压力大的老大难问题势在必行。

三是政府仍干预过多，民营经济发展的市场主体地位和体制机制有待于建立健全。多年来进行的"放管服"改革需要进一步深化，市场在资源配置中的决定性作用有待于进一步充分发挥。政府和市场的关系并未根本理顺，尤其是在实际工作中，市场的作用发挥不够，政府的作用盲目扩大、任意发挥。政府干预市场插手企业的现象屡屡发生，民营企业的市场主体地位没有完全建立。有些部门为私营经济和民营企业服务的意识淡薄，把服务与收费等同起来。有的部门依法行政不规范，随意执法、选择执法、以罚代管、执法粗暴、执法违规等现象大量存在。有的地方和部门理解中央关于支持民营经济发展的政策有偏差，改善营商环境缺乏实质性措施。有的在平等保护产权、平等参与市场竞争、平等使用生产要素等方面还有较大距离。有的只是热衷于招商引资，热衷于铺摊子，使本来一些好的项目因营商环境差落不了地。

另外，有的政策落实不到位，服务体系不健全；有的管理不规范，企业负担过重；有的中间环节多，增加企业成本；有的检查频繁，企业压力太大，等等。这些都是优化营商环境的阻力，都是制约民营经济高质量快速发展的消极因素。

三、进一步从根本上优化民营经济发展的营商环境

当前,国内外形势异常严峻复杂,给我国经济和市场预期带来不利影响。总体看,2019年以来我国经济运行出现新的亮点,但下行压力在持续加大。前三季度经济增长6.2%,比去年同期的6.7%下降0.5个百分点。更值得关注的是,在这三个季度中,一季度增长6.4%,二季度增长6.2%,三季度增长6.0%,接着2018年几乎呈逐季度下降趋势。同时,就业、投资、工业企业、对外贸易等重要指标增长也出现下降,经济形势不容乐观。为促进经济平稳运行和高质量发展,必须坚持"两个毫不动摇",坚持市场化改革不放松,坚持发展是硬道理。民营经济是百姓经济,不可小视。在支持和鼓励非公有制经济发展和优化民营企业营商环境方面,要坚决贯彻落实党的十八大以来的一系列方针政策。按照党的十九届四中全会《中共中央关于坚持和完善中国特色社会主义制度 推进国家治理体系和治理能力现代化若干重大问题的决定》的决策部署和有关要求,以拓宽民营经济发展空间为重点,创新、建立健全民营经济快速发展的体制机制,进一步完善有利于民营经济发展的法律法规,全面优化民营经济发展的营商环境。

第一,进一步解放思想、转变观念,深刻理解"民营企业和民营企业家是我们自己人"的重要性。对民营经济而言,舆论环境是最大的营商环境。各地各有关部门应上下配合,积极引导,克服一切旧的、传统的和不利于民营经济发展的思想观念和社会舆论。树立民营企业和民营企业家的良好社会形象,形成尊重民营企业和民营企业家的良好风气。主动和民营企业家交朋友,更多理解、关心民营企业家的工作、生活。构建亲清新型政商关系,真正把民营企

业家当做自己人，帮助民营企业和民营企业家成长，保护他们的人身财产安全。虚心听取民营企业家的各方面呼声，为他们的工作加油鼓劲，鼓励他们创新创业，增强他们干事的信心。让民营企业和民营企业家的社会地位更高，让民营经济在经济社会发展的贡献更大，让民营经济在实现中华民族伟大复兴中的作用发挥更充分。

第二，加大市场化改革力度，消除民营经济发展的体制性障碍。创新民营经济发展的体制机制是优化营商环境的基本前提。长期以来，民营企业为推进市场化改革和建立完善社会主义市场经济体制作出了积极贡献。为民营企业排忧解难和支持民营经济发展，根本的一条就是要为民营经济发展扫清体制障碍，建立和创新制度体系。深化市场化改革的关键和核心，是要真正把党中央关于"市场在资源配置中起决定性作用"的战略举措落实在行动上。这是一个来之不易理论创新和科学定位，我们要共同珍惜，共同在实际工作中贯彻运用。这是刀刃向内、切肉见骨的改革，啃下这块硬骨头，其他问题就能迎刃而解。同样，真正执行和落实好了党中央关于"市场决定资源配置"的决策部署，并用法律形式固定下来，才能真正使民营经济能够参与平等竞争，才能真正为民营经济发展提供宽松的体制机制环境。

第三，统筹建立和完善公有制经济和非公有制经济发展的制度、体制、政策体系。统筹公有制经济和非公有制经济发展要有统筹的制度保障，防止搞双重标准。这是优化民营经济营商环境的关键。按照《优化营商环境条例》规定，在"两个毫不动摇"原则指导下，清理和废除公有制经济与非公有制经济之间不平等的制度性、政策性文件。"两个毫不动摇"就要两个同等重要，两个一样享受，两个同样环境，两个共同发展，两个不可侵犯，两个平等保护，两个都要平等竞争，两个都必须尊重市场经济规律，两个都是中国特色社会主义基本经济制度的重要组成部分。从现在起，就要抓紧制定和出台统筹性的政策，建立统筹性的体制机制。有关部门应建立反映民营经济发展基本情况、所作贡献等指标数据统计制度。目前需要亟待解决的问题是，民营企业融资、税费、用地、人才、教育、培训等方面不平等的问题。

第四，对民营经济发展和私人经济财产权实行最严格最有效的法律法规保护。市场经济是法治经济，法律环境是营商环境最大的制度环境。"两个毫不动摇"要有严格的法律固定，"两个财产权不可侵犯"要有严格的法律约束，"平等保护产权、平等参与市场竞争、平等使用生产要素"要有严格的法律规定，对民营经济地位作用的定位和支持鼓励民营经济发展的大政方针要建立可靠的法律依据。清理有违公平的法律法规文件和条款，让民营企业和民间投资依法进入法律未禁止的所有行业和领域。有了可靠的法律保护和人身财产安全，才能让民营企业和民营企业家吃下定心丸，才能让他们放心、安心、舒心和一心一意谋发展，才能让他们放下一切思想包袱轻装上阵，并激发出最大的活力和创造力，以更大热情和主人翁的姿态，投入到改革开放、经济建设、实现"两个一百年"奋斗目标和中华民族伟大复兴的进程中来。

经典著作所有制思想

废除资本主义私有制，代之以社会主义生产资料公有制，这是马克思恩格斯经典著作关于所有制理论的基本思想。无产阶级政党第一部充满战斗精神的旷世经典《共产党宣言》的任务，就是宣告资产阶级所有制必然灭亡，并且把"消灭所有制"作为"共产党人的理论原理"。《资本论》《哥达纲领批判》等，都对所有制关系有过重要论述。马克思恩格斯设想的未来社会的所有制形式是单一的公有制形式，这种公有制的出现是以高度发达的生产力为基础、与消灭商品货币关系相联系的。经典著作中的所有制思想是行动指南和方向，是世界观和方法论，而不是教条主义和现成方案。在我国社会主义初级阶段，深化改革开放，促进公有制经济和非公有制经济共同发展，是坚持走中国特色社会主义道路和把马克思主义中国化的生动体现。

《资本论》中的"重新建立个人所有制"*
——评中国"个人所有制"问题的几种观点

在马克思《资本论》第1卷最后一篇中,有一个理论界十分熟悉而又有些费解的关于"否定之否定"的论断。这就是:"从资本主义生产方式产生的资本主义占有方式,从而资本主义的私有制,是对个人的、以自己劳动为基础的私有制的第一个否定。但资本主义生产由于自然过程的必然性,造成了对自身的否定。这是否定的否定。这种否定不是重新建立私有制,而是在资本主义时代的成就的基础上,也就是说,在协作和对土地及靠劳动本身生产的生产资料的共同占有的基础上,重新建立个人所有制。"①

马克思在这里提出的"重新建立个人所有制"到底是什么意思?100多年来,经济学家们对这个经济学中的"谜"一直抱以极大的兴趣,不断进行"猜想"。它首先遇到的是资产阶级庸俗经济学家杜林对它的歪曲和攻击。恩格斯对此进行了坚决的批判,捍卫了这一命题的严肃性和科学性。

在中国,自20世纪30年代《资本论》被翻译成中文直到70年代,人们对"个人所有制"问题的认识都还是比较一致地保持在恩格斯的解释上。进入80年代后,随着经济体制改革的深化,对这一

---

* 本文原载于《科学社会主义研究》1991年第1期,后经修改,发表于《湖南社会科学》1994年第2期。1994年,分别被中国人民大学书报资料中心《社会主义经济理论与实践》第6期和《理论经济学》第8期转载。

① 《马克思恩格斯全集》第23卷,人民出版社1972年版,第832页。

问题的认识在理论界迅速活跃起来。至今,专家们对"个人所有制"问题的讨论,仍然持续不断,并形成了各种各样的观点。归纳起来,常见的或比较有代表性的观点主要有这样三种:

(1)认为"个人所有制"就是生产资料的个人所有制;

(2)认为"个人所有制"就是生产资料的私有制,或"人人皆有的私有制";

(3)认为"个人所有制"就是生产资料公有制。

笔者认为,这三种观点都既不能反映马克思的本意,也不符合恩格斯对"个人所有制"问题的解释。所以,笔者对上述观点均持不同意见。

一、评"个人所有制"就是生产资料的个人所有制

"个人所有制"就是生产资料的个人所有制的观点认为,小生产的生产资料的个人所有制,在经过了资本主义所有制之后,再回到社会主义的生产资料个人所有制,这正好符合马克思的"否定之否定"公式。其实,马克思的本意并非如此。

第一,马克思"否定的否定"公式本身不允许"个人所有制"是生产资料的个人所有制。各个历史时期和各个发展阶段的所有制,总是包括生产资料所有制和消费资料所有制两个方面的。在这两方面中,生产资料所有制是主导和主要方面,决定着整个所有制关系的性质。不管是前资本主义时期、资本主义时期还是社会主义时期,其生活消费资料的个人所有制总是与其生产资料所有制并存,并由其生产资料所有制性质所决定。这就是马克思这一公式存在的基础。下面把这一公式展开一下:

《资本论》中的"重新建立个人所有制"

```
                    ┌─ 生产资料个人所有制（小私有制）
        小生产所有制 ┤
                    └─ 生活资料个人所有制

                      ┌─ 生产资料私有制
   ── 资本主义所有制 ─┤
                      └─ 生活资料（劳动力）个人所有制

                      ┌─ 生产资料公有制
   ── 社会主义所有制 ─┤
                      └─ 生活资料个人所有制
```

在这个公式里，首先，"第三阶段只恢复第一阶段的一方面，而把其余各方面略去了"。① 这就是说，"重新建立"的"个人所有制"已不是生产资料个人所有制，而是生活资料个人所有制，同时，它也不再以生产资料个人所有制为基础，而是以生产资料公有制为基础了。其次，"重新建立"的"个人所有制"是对原个人所有制的扬弃和发展，并非等同和重合。它除了以公有制为基础外，其本身已经充实了新的内容，具有了新的特点。如果"重新建立"的"个人所有制"仍然是生产资料个人所有制，那就等于是把社会拉向后退，而这样的"重新建立"，这样的"否定的否定"，也就没有实际意义，也就违背了唯物辩证法。

第二，马克思在其他任何场合，也决不允许在未来社会要建立生产资料个人所有制。生产资料的个人所有制，实质上是小生产的私有制关系，而这种生产关系，马克思是不允许在社会化大生产的社会主义存在的。马克思指出，在共产主义社会，"个别人占有生产条件不仅表现为一种不必要的事情，而且表现为和这种大规模生产不相容的事情"。无产阶级一旦上升为统治地位，"结果就会是他们

---
① 《列宁选集》第1卷，人民出版社1960年版，第44页。

社会地占有而不是作为各个私的个人占有这些生产资料"。①他还说，未来社会的劳动者"除了个人的消费资料，没有任何东西可以成为个人的财产"。②如果要恢复生产资料个人所有制，将"一切生产资料重新分散于个人的手中，这是给自己的前提一记耳光，是达到了纯粹荒唐的地步"。③

第三，如果"个人所有制"是生产资料个人所有制，就会重新陷入杜林的"混沌世界"。由于杜林"对辩证法的本性根本不了解"，经常为马克思"个人所有制""否定的否定"这个"怪物"感到"可怕"和"烦恼"，所以，他攻击马克思提出的通过两次否定而"重新建立"的"个人所有制"是一个"混混沌沌的杂种"。在他看来，既然第一个否定是"个人所有制的消灭"，第二个否定就不能是"'个人所有制'的恢复"；既然生产资料是"公共占有"就不能同时又是生产资料的个人所有，否则，就成了"既是个人的又是公共的所有制的混沌世界"。④其实，这是杜林自己把事情复杂化了，是他自己把"否定的否定"臆想成一个"深奥的辩证法之谜"，是他自己把马克思的"个人所有制"误认为是一个生产资料所有制范畴。所以恩格斯在《反杜林论》中对此批判地指出："处于这个'混沌世界'的不是马克思，而又是杜林先生自己。"⑤

二、评"个人所有制"就是生产资料私有制

"'个人所有制'就是生产资料私有制"或"人人皆有的私有制"

---

① 《马克思恩格斯全集》第48卷，人民出版社1985年版，第21页。
② 《马克思恩格斯选集》第3卷，人民出版社1972年版，第11页。
③ 《马克思恩格斯选集》第3卷，人民出版社1972年版，第350—351页。
④ 《马克思恩格斯选集》第3卷，人民出版社1972年版，第169页。
⑤ 《马克思恩格斯选集》第3卷，人民出版社1972年版，第170页。

的观点，主要是在20世纪80年代的中后期受西方私有制浪潮的影响，在部分经济学家的文章中形成的。我认为，这种观点根本违背了马克思"个人所有制"的本意。

第一，社会主义要废除生产资料私有制是马克思的终身主张。马克思知道，无产阶级只有废除一切私有制才能最后解放自己。他在分析和揭示资本主义的实质时，看到了私有制是一切祸害的根源，因此，对私有制深恶痛绝，并积极主张消灭私有制。早在《1844年经济学哲学手稿》中，马克思就指出了共产主义的革命运动，就是要消灭现实的私有财产。1845年，他在和恩格斯合著的《德意志意识形态》中指出，共产主义就是"那种消灭现存状况的现实的运动"，在这个社会里，"联合起来的个人对全部生产力总和的占有，消灭着私有制"。①1847年，他们在"共产主义者同盟"第二次代表大会上提出，无产阶级的目的，就是要"消灭旧的以阶级对立为基础的资产阶级社会和建立没有阶级、没有私有制的新社会"。②接着又在《共产党宣言》中进一步明确指出："共产党人可以用一句话把自己的理论概括起来：消灭私有制。""共产主义革命就是同传统的所有制关系实行最彻底的决裂。"③以上论断表明，马克思的一贯思想是要"消灭私有制"，而毫无要建立什么私有制之意。

第二，马克思在主张社会主义消灭生产资料私有制的同时，坚决要求实现生产资料公有制。恩格斯告诉大家，马克思的《1848年至1850年的法兰西阶级斗争》一书的重大意义就是"在这里第一次提出了世界各国工人政党都一致用以概述自己的经济改造要求的公

---

① 《马克思恩格斯全集》第3卷，人民出版社1960年版，第40、77页。
② 《马克思恩格斯全集》第4卷，人民出版社1958年版，第572页。
③ 《马克思恩格斯选集》第1卷，人民出版社1972年版，第265、271页。

式,即:生产资料归社会所有"。①他在《〈论住宅问题〉第二版序言》中说,"马克思的主要要求——由上升到政治独占统治地位的无产阶级以社会的名义夺取全部生产资料",②实现全部生产资料归社会公有。他在《美国工人运动》一文中还指出:"以马克思为代表的现代社会主义者要求共同占有土地和……其他一切社会生产资料。"③恩格斯对马克思的这些介绍和评价应该是实际的和不容怀疑的。的确,马克思在他的前后一贯的文献中,比如在《〈法兰西内战〉初稿》、《论土地国有化》、《给维·伊·查苏利奇的复信》(草稿——二稿)和《资本论》等著作中,都明确提出了社会主义要实现公有制的思想。

第三,"个人所有制"是"人人皆有的私有制"的观点,违背了马克思"否定的否定"公式的特定含义。如果按照这种观点,马克思的"否定的否定"公式就会变成:个人的、以自己劳动为基础的私有制——资本主义的私有制——社会主义的私有制。当然,这种从私有制到私有制再到私有制的情况在人类社会的历史上是有的,但那是以一种剥削阶级社会代替另一种剥削阶级社会为前提的。与此不同,马克思"否定的否定"中新肯定的,即重建的"个人所有制"是以消灭了剥削阶级和财产私有的社会主义为前提的,而社会主义本身就是对私有制的根本否定。马克思之所以提重新建立"个人所有制",而不提重建私有制,就是因为这个"个人所有制"与生产资料私有制存在着本质的区别。如果新的肯定仍然是生产资料私有制或者说在生产资料公有制的基础上"重新建立"生产资料私有

---

① 《马克思恩格斯全集》第22卷,人民出版社1965年版,第593页。
② 《马克思恩格斯选集》第2卷,人民出版社1972年版,第461页。
③ 《马克思恩格斯选集》第4卷,人民出版社1972年版,第260页。

制，这也是十分荒谬的。

持这种观点的人是知道的，马克思在《资本论》中提出"重新建立个人所有制"这句话的地方，已经十分明确地首先郑重声明"不是重新建立私有制"，而是要尽一切努力地"对私有者的进一步剥夺"，实行生产资料共同占有的"新的形式"。① 恩格斯《反杜林论》中，对杜林的错误观点作了有力批判，并为之进行了详细解释，证明马克思的"个人所有制"不是生产资料私有制。②

持这种观点的人，有的还把马克思的"个人所有制"作为我们今天发展私有制和股份制的理论依据。这又是张冠李戴，扯不到一起。马克思的社会主义和当今现实的社会主义形成的背景和历史条件不一样，两个社会主义的生产关系和经济基础不一样，两个社会主义的基本特征和基本经济制度不一样。我国处于社会主义初级阶段，我们发展个体私营经济和股份制经济，完全是从我国的客观实际出发，根据社会主义市场经济发展的要求进行的。我们的这种做法，不是马克思的意思，但又符合马克思主义基本原理。

总之，消灭生产资料私有制，建立生产资料公有制，是马克思主义的基本点，是科学社会主义的根本特征。如果在共产主义"重新建立"的是私有制或"人人皆有的私有制"，那就等于抽掉了马克思主义的基石——如果这样，科学共产主义这座大厦的后果就不堪设想了。

三、评"个人所有制"就是生产资料公有制

"'个人所有制'就是生产资料公有制"的这种观点，主要是在

---

① 《马克思恩格斯全集》第23卷，人民出版社1972年版，第831页。
② 《马克思恩格斯选集》第3卷，人民出版社1972年版，第169—171页。

20世纪80年代末期多少有些受当时政治因素的影响之后,以驳"'个人所有制'就是生产资料私有制"的观点而出现的。持这种观点的人认为,社会主义是搞公有制,把"个人所有制"理解为生产资料公有制不会有什么问题。然而,这种观点同样是不能成立的。

首先,从马克思这段话的逻辑上看,"个人所有制"不可能是生产资料公有制。马克思讲的"个人所有制,"是"在协作和对土地及靠劳动本身生产的生产资料的共同占有的基础上""重新建立"的。这里的"生产资料的共同占有",实际讲的就是生产资料公有制。这一点是没有异议的。现在,如果把"个人所有制"理解为生产资料公有制,那就成了:"在生产资料公有制的基础上,重新建立生产资料公有制。"我认为,这决非马克思之意。这种同义反复既没有必要,也不符合逻辑。

其次,从马克思这段话关于"否定的否定"看,"个人所有制"更不可能是生产资料公有制。从"个人所有制"就是生产资料公有制的观点出发,可以得出这样一个公式:小生产私有制——资本主义私有制——社会主义公有制。显然,这个公式违背了辩证法的本质要求。

一方面,这个公式与马克思的公式根本不同。马克思的公式是:小生产个人所有制——资本主义所有制——社会主义个人所有制。前面讲过,在这个公式里,两端即第一个肯定部分和新的肯定部分有相似之处,都有"个人所有制"。但又根本不同,这就是,前者以小生产和生产资料私有制为基础,后者则以社会化的大生产和生产资料公有制为基础。这样,公式中新的肯定的内容就保留了第一个肯定中的积极因素而舍弃了第一个肯定中的消极因素。正因为如此,才使马克思的公式中的"个人所有制"既不可能是简单的重复,又不可能出现节外生枝,长出别的什么东西来。而他们的公式,与"三段式"的要求相比是风马牛不相及的。当然,如果仅就公有制和私有制两者而言,互相在一定条件下向着自己的对立面转化,比如私有制取代公有制或私有制转化为公有制是完全可以的。但这个道理和"否定的否定"的内涵毕竟是不同的两回事。

另一方面,这个公式中的第一个肯定部分并不是生产资料公有制。既然这个公式的后端即新的肯定是生产资料公有制,那它的前端即第一个肯定就也应该是生产资料公有制;既然其结果是重新建立生产资料公有制,那其开始也应变成生产资料公有制。但是他们的公式的前端或开始并不是也没有变化为生产资料公有制。因此,既然公式的前端没有"生产资料公有制",公式的后端即新的肯定的所谓"生产资料公有制"也就谈不上是什么"重新建立"了。

那么,应该在什么样的情况下,公式的后端才可以是"生产资料公有制"且需"重新建立"呢?请看恩格斯的一段话:"一切文明民族都是从土地公有制开始的。在已经经历了一定的原始阶段的一切民族那里,这种公有制在农业的发展进程中变成生产的桎梏。它被废除,被否定,经过了或短或长的中间阶段之后转变为私有制。但是在土地私有制本身所导致的较高的农业发展阶段上,私有制又反过来成为生产的桎梏——目前小土地占有制和大土地占有制方面的情况就是这样。因此就必然地产生出把私有制同样地加上否定并把它重新变为公有制的要求。但是,这一要求并不是要恢复原始的公有制,而是要建立高级得多、发达得多的公共占有形式。"[①] 现在将

---

① 《马克思恩格斯选集》第3卷,人民出版社1972年版,第178页。

其两次否定的过程简化成一个公式，就变成为：公有制——私有制——公有制。很显然，和他们的公式不同，恩格斯的公式是从原始公有制开始，在经过了各种私有制之后，走向了新的、"高级得多"的公有制。这完全符合"否定之否定"规律的基本要求。所以，不能把两种根本不同的公式混为一谈、相提并论。

有人还找来了马克思转引摩尔根的话，来为自己的观点辩护。马克思转引摩尔根《古代社会》中的话是："现代社会所趋向的'新制度'，将是'古代'类型社会在一种更完善的形式下的复活。"这是马克思1881年在给俄国女革命家、劳动解放社成员维·伊·查苏利奇的信中所引用的一段话，马克思借此来鼓舞她的意志，给她指明斗争的希望和方向，并勉励她坚信"资本主义制度正经历着危机，这种危机只能随着资本主义的消灭、现代社会的回复到'古代'类型的集体所有制和集体生产的最高形式而结束。"[①] 其实，如果把这些话组成"否定之否定"的公式，那就是："古代"的公有制——资本主义私有制——"最高形式"的社会主义公有制。可见，这个公式与恩格斯的公式在形式上、内容上和结构上都是完全一致的，是科学的。所以，用马克思转引摩尔根的话来为他们的公式或"'个人所有制'就是生产资料公有制"的观点辩护，这是对马克思的一种误会，是没有根据的。

以上三种观点之所以不能成立，其共同原因是：（1）都对恩格斯的思想发生了动摇；（2）都把"个人所有制"当作一个生产资料所有制范畴；（3）都不符合"否定之否定"的辩证法要求；（4）都从现实社会的变化或政治需要中来理解"个人所有制"。

那么，到底"个人所有制"是什么意思？我认为，在对这个问

[①] 《马克思恩格斯全集》第19卷，人民出版社1963年版，第432、436—437页。

题的研究上，最起码的一条就是：恩格斯所作的说明和解释是不应回避的，更是不容怀疑的。恩格斯是马克思的忠实朋友和合作者，是世界上最能理解马克思的人，因此，我相信他的解释是正确的。

恩格斯认为，"个人所有制"是一个语言问题，是马克思巧妙地从另一个角度对社会主义所有制问题的阐述。他在对杜林"既是个人的又是公共的所有制的混沌世界"的批判中，对"公有制"和"个人所有制"作了严格的区别，并明确指出了各自的内容和含义。恩格斯指出："靠剥夺剥夺者而建立起来的状态，被称为以土地和靠劳动本身生产的生产资料的公有制为基础的个人所有制的恢复。对任何一个懂德语的人来说，这就是，公有制包括土地和其他生产资料，个人所有制包括产品即消费品。"他说，"马克思书中的这个地方（即提出'个人所有制'的地方）本身就十分清楚，而且同一书中还有其他绝不可能引起任何误解的地方（即在《资本论》第1卷，第95页论述'自由人联合体'的地方）加以补充。"这就是，马克思"设想了一个'自由人联合体，他们用公有的生产资料进行劳动，并且自觉地把他们的许多的个人劳动力当做一个社会劳动力来使用'，也就是'设想了一个按社会主义原则组织起来的联合体'"，并且说："这个联合的总产品是社会的产品。这些产品的一部分重新用作生产资料。这一部分依旧是社会的。而另一部分则作为生活资料由联合体成员消费。因此，这一部分要在他们之间进行分配。"恩格斯还反复强调，社会主义的"产品占有方式：一方面由社会直接占有，作为维持和扩大生产的资料，另一方面由个人直接占有，作为生活和享乐的资料"。[①]

[①]《马克思恩格斯选集》第3卷，人民出版社1972年版，第319—320页。

恩格斯的这些论断，这些对马克思的权威性的解释，并没有什么难懂的地方，它都明确和集中地说明："个人所有制"是指消费资料的个人所有制。而消费资料的个人所有制问题，是劳动者个人对消费品的占有方式，属于消费品的分配范畴，并非生产资料所有制范畴。消费资料所有制形式作为第二个层次的所有制关系，是由第一个层次的生产资料所有制形式所决定的。正因为如此，马克思在论述了生产资料所有制形式的转化过程即公有制代替私有制之后，相应地得出了消费资料占有方式转化过程的结论。

德语中的"个人所有制"又是什么意思？对此，民主德国出版的《政治经济学小辞典》和《社会主义政治经济学辞典》，都有明确的解释。前者的解释是："个人所有制是指社会主义条件下满足个人需要的个人消费品的所有制，其来源是自己的个人劳动。"后者的解释是："个人所有制是指社会主义条件下满足个人需要的劳动产品的所有制，其来源是社会生产中的个人劳动。"两个解释基本相同，并均与恩格斯的解释保持一致。

有人说，消费资料个人所有制是一个普遍的概念，任何社会都存在。因此，在社会主义没有什么"重新建立"的必要。

是的，消费资料的个人所有制在任何社会都普遍存在。但是要知道，（前面已经提到）社会主义公有制基础上的消费资料"个人所有制"是有它自己的特点的。将社会主义与资本主义比较来看，社会主义的生活资料个人所有制与资本主义的生活资料个人所有制，在质与量上都存在着严格的区别。前者是以生产资料公有制为基础的，后者是以生产资料私有制为基础的。在资本主义社会，"生产资料和消费资料具有资本属性的必然性，像幽灵一样站在这些资料和工人之间"。① 就是说，生产资料、劳动产品和消费资料都被资本家私人所剥夺，而劳动者只是劳动力的所有者，除此之外，一无所有。如果说在资本主义社会也存在劳动者的消费资料个人所有制的话，那么，这些消费资料是工人靠出卖自己的劳动力换得的，并且这些消费资料十分有限，它仅仅是够维持已有劳动力的生存和新生劳动力的繁殖的需要。这种状况在社会主义社会是决不允许存在的。恩格斯指出，"在目前的社会中，工人没有获得他的劳动的全部'价值'，而社会主义的使命就是要矫正这种情况"。② 这就是要重新建立消费资料的个人所有制。

在社会主义社会，"物质的生产条件是劳动者自己的集体财产，那末同样要产生一种和现在不同的消费资料的分配"。③ 首先，它实现了生产资料公有制，在此基础上消费资料归劳动者所有，并且归劳动者所有的各种消费资料因生产力的高度发达而极其丰富。其次，由于劳动者共同占有生产资料，劳动者占有消费品的方式所遵循的是按劳分配原则。因此，每个劳动者通过劳动都可以得到或实现与自己的劳动相适应的消费品，以满足自己各方面生活的需要。这就是马克思所说的："每个生产者在生活资料中得到的份额是由他的劳动时间决定的。这样，劳动时间就起双重作用。劳动时间的社会的有计划的分配，调节着各种劳动职能同各种需要适当的比例。另一方面，劳动时间又是计量生产者个人在共同劳动中所占份额的尺度，因而也是计量生产者个人在共同产品的个人消费部分中所占份额的尺度。在那时，人们同他们的劳动和劳动产品的社会关系，无论在

---

① 《马克思恩格斯选集》第3卷，人民出版社1972年版，第317页。
② 《马克思恩格斯选集》第3卷，人民出版社1972年版，第350页。
③ 《马克思恩格斯选集》第3卷，人民出版社1972年版，第13页。

生产上还是在分配上，都是简单明了的。"① 这些，在资本主义社会显然是不可能做到的。正因为如此，在社会主义社会，在生产资料公有制基础上，"重新建立"消费资料的"个人所有制"才显得十分必要。而只有"重新建立"的"个人所有制"才能体现出社会主义制度的优越性来。

恩格斯对"个人所有制"问题解释的权威性和正确性，还有以下几个方面的理由：

第一，恩格斯的解释直接以马克思的论断为依据。

第二，恩格斯所阐述的观点，预先念给了马克思听，并得到了马克思的同意和支持。②

第三，恩格斯一直未提出要对自己这个解释进行修改。《反杜林论》这部经典是恩格斯在1878年6月完成的，直到1894年5月，本书多次出版，恩格斯对一些章节比如对第二篇第十章《〈批判史〉论述》和第三篇第二章《理论》等章节作了增补，但是，他并未对第一篇第十三章《辩证法。否定的否定》特别是对"个人所有制"问题的解释进行修改。对于这部论战性的著作，恩格斯认为，"既然对方不能修改什么，那我这方面也理应不作任何修改"。他相信自己，"在理论方面，我对于他（杜林）的清算已告结束。"③

第四，列宁在批判米海洛夫斯基时，也肯定了恩格斯的意见。列宁说："恩格斯给了杜林一个绝妙的答复。"由于米海洛夫斯基和杜林犯的是类似错误，所以，"这个答复对米海洛夫斯基先生也是完

---

① 《马克思恩格斯全集》第23卷，人民出版社1972年版，第96页。
② 《马克思恩格斯选集》第3卷，人民出版社1972年版，第49页；《列宁选集》第1卷，人民出版社1960年4月版，第40页脚注。
③ 《马克思恩格斯选集》第3卷，人民出版社1972年版，第49—50页。

全适用的"。① 这些都进一步说明了恩格斯解释的可靠性和科学性。

因此，对马克思"个人所有制"问题的研究和理解，不要凭感觉走，也不要为现实社会的经济政治变化所左右，而必须要回到当时的社会环境，把握当时的历史条件，踏踏实实地跟着恩格斯的思路走。

---

① 《列宁选集》第1卷，人民出版社1960年版，第35页。

《共产党宣言》及其所有制问题[*]

所有制问题是一切人类社会的基本问题。全部社会发展更替和矛盾运动的历史都是所有制关系不断发展变化的历史。不同阶级对立、不同社会制度发展以及不同时期世界无产阶级革命运动的掀起，归根到底都是围绕所有制问题进行或以所有制关系变革为基础的。马克思恩格斯给人类进步指明方向的《共产党宣言》《资本论》等著作，他们一生为伟大共产主义事业艰苦卓绝、努力奋斗的目标和动力，无疑都是以此为出发点和落脚点。马克思恩格斯在《共产党宣言》中明确指出："在所有这些运动中，他们（指共产党人）都强调所有制问题是运动的基本问题，不管这个问题的发展程度怎样。"[①]170多年来，《共产党宣言》中有关所有制方面基本原理没有过时，

---

[*] 本文于2019年12月初至2020年2月底写成，2020年4月26日修改定稿。其中第三部分以《马克思恩格斯对〈共产党宣言〉的反思与完善》为题，在《社会主义研究》杂志2020年第5期发表，2020年11月2日在中国改革网发表，中国社会科学网、马克思主义研究网等转发。第二部分与第四部分有关内容经进一步校改后，于2021年3月26日整合形成《〈共产党宣言〉的根本任务是要解决所有制问题》一文，由中国理论网于2021年4月12日、4月20日发表（首页重要位置），4月21日，中央网信办将此文作为重要理论新闻向全网头条推送，光明网、环球网、中国新闻网、《中国青年报》、人民日报海外网、新闻中心、圆点直播、东方网、中青在线、华声在线、新华报业网、腾讯网、搜狐网、百度网等和有关省（区、市）政府官网转发。本文在庆祝中国共产党成立100周年期间，引起有关部门高度重视和社会各界极大关注，有的地方还把它作为学习党史、新中国史、改革开放史、社会主义发展史的内容进行学习。光明网、中国江苏网、深圳新闻网等，还配有智能男、女声进行新闻朗读。国家发展改革委官网于2021年5月27日将其在"我看建党百年新成就"栏目发表。

[①] 《马克思恩格斯文集》第2卷，人民出版社2009年版，第66页。

并将永远闪耀着真理的光芒。

一、《共产党宣言》产生的历史条件

1847年12月，受历史上第一个无产阶级政党组织共产主义者同盟第二次代表大会的委托，马克思和恩格斯合作并由马克思执笔于1848年1月底起草完成了国际无产阶级政党的第一个纲领性文献《共产党宣言》。欧洲近代有关历史表明，《共产党宣言》确实来之不易，它是在严峻复杂形势和艰苦斗争环境下为适应工人运动的发展需要而诞生的。

（一）《共产党宣言》形成具有一定的组织基础

共产主义者同盟的前身是正义者同盟。正义者同盟于1836年成立，是一个由德国手工业工人组成的政治流亡者秘密团体，其指导思想是空想社会主义，后来逐步成为一个公开的国际性组织。1847年1月，同盟领导人约瑟夫·莫尔诚恳邀请马克思恩格斯加入该组织，指导帮助改组正义者同盟。1847年6月，恩格斯出席了同盟在伦敦召开的代表大会，并按照与马克思事先商议好的意见指导大会工作。经过改组，大会决定把"正义者同盟"改名为"共产主义者同盟"。这是人类历史上第一个以共产主义命名的工人政党，这次会议也是人类历史上共产党召开的第一次代表大会，在国际共产主义运动史上具有里程碑意义。其战斗口号确定为："全世界无产者，联合起来！"1847年9月，同盟伦敦中央委员会的沙佩尔、鲍威尔等人，提出了带有浓重空想色彩的《共产主义信条问答》，恩格斯对此很不满意。接着，同盟巴黎支部的莫泽斯·赫斯提出了"问答修正草案"。10月22日，同盟巴黎区部委员会召开会议讨论，恩格斯对此进行了有力批判，从而使这一草案遭到否决。

经会议委托，恩格斯很快起草出同盟第一个纲领稿本《共产主义信条草案》。会议结束后，1847年11月初，恩格斯吸取了大家讨论的意见，围绕关于废除私有制等问题，为同盟起草了纲领新稿本《共产主义原理》（共25个问答）。在参加共产主义者同盟第二次代表大会前一周，11月23日深夜，恩格斯给马克思写信商量怎么去，并约好11月27日晚见面的地点，28日早晨一起过拉芒什海峡前往伦敦。恩格斯说：“这样我们就有足够的时间进行讨论；这次代表大会肯定是决定性的，因为这一次我们将完全按照我们自己的方针来掌握大会。"同时，"我们最好不要采用那种教义问答形式，而把这个文本题名为《共产主义宣言》。因为其中或多或少要叙述历史，所以现有的形式完全不合适。我把我在这里草拟的东西（指《共产主义原理》）带去，这是用简单的叙述体写的，时间十分仓促，还没有作仔细的修订。……这里的这个东西还没有提请批准，但是我想，除了某些小小不言的地方，要做到其中至少不包括任何违背我们观点的东西。"[①]

1847年11月29日至12月8日，同盟中央在伦敦秘密召开第二次代表大会。马克思和恩格斯作为正式代表出席大会，并且是有备而来。经代表热烈讨论后，大会采纳了马克思恩格斯的观点，同盟决定公布一个"宣言"形式的纲领，并把起草《共产党宣言》的任务交给马克思和恩格斯。会议期间，他们对《共产党宣言》起草的具体事项进行了认真商议，认为要把党的纲领写成一篇充满战斗精神的宣言。大会结束后，恩格斯有事返回巴黎。马克思则回到布鲁塞尔，在纳缪尔郊区奥尔良路42号写作《共产党宣言》。恩格斯12月17日到此，

[①] 《马克思恩格斯文集》第10卷，人民出版社2009年版，第55—56页。

1848年2月在伦敦首次出版的德文版《共产党宣言》第一版封面,没有马克思恩格斯的署名

与马克思进一步商议党纲的名称、体例、内容、结构等。马克思根据大会的原则要求,在恩格斯写的《共产主义原理》稿的基础上,用了一个多月时间于1848年1月底,以"叙述历史"的方式,用德文撰写出无产阶级政党的纲领《共产党宣言》。马克思字斟句酌、一丝不苟,十分精彩的近乎用诗意般的语句来表达纲领,开头惊心动魄、扣人心弦,结尾坚定有力、催人奋进。2月下旬,一本以共产主义者同盟名义署名的小册子《共产党宣言》,第一次以德文版单行本,在伦敦比索普门利物浦大街46号一家很小的印刷所印刷出版。从此,"全世界无产者,联合起来!"的战斗号角很快响彻全世界。《共产党宣言》的诞生,同盟全体盟员和各国革命无产者热血沸腾,激情飞扬。

(二)《共产党宣言》产生背后的严峻经济政治形势

《共产党宣言》产生的时期,欧洲正面临资本主义大工业快速发展、经济危机日益频繁、资产阶级对工人的剥削愈加残酷、阶级矛盾越来越激化的局面。在严峻复杂的经济政治形势面前,工人运动迫切需要有正确的方向目标,有科学的理论引导。

一是经济危机束缚生产力发展状况需要找到合理答案。资本主义工业生产能力不断增强,消费能力相对降低,从而导致产品产量相对严重过剩。资本家为了使产品价格不受影响,有的把大量机器和产品销毁,有的把牛奶倒进海里,有的把生产车间和设备关停,有的把大量牲畜活埋,等等。同时,大批企业、商店、银行倒闭。大量工人处于失业半失业状态,工人工资大幅减少。1825年,英国爆发世界上第一次经济危机。当时,银行和工商企业纷纷破产,机器制造业、建筑业等行业都受到沉重打击。1837年,英国爆发第二次经济危机。1845—1846年,英国出口额下降,农业欠收引发1847

年的经济危机并蔓延到全世界。法国1845年出现纺织工业危机，1847年铁路建设的狂潮遭受冲击。1848年，经济危机使法国的工业生产下降50%。同样，德国工业在1847—1848年，也未逃脱类似遭遇。资本主义为什么会产生周期性经济危机，无产者何时能够摆脱被剥削受压迫的社会地位？这些问题，都希望有一个科学理论来作出合理解释。

二是革命无产者联合起来要求剥夺剥夺者。经济危机不断加深，两极分化愈演愈烈。所有财富和生产资料不断地向资产阶级集中，形成一切生产资料归统治阶级占有的资本主义私有制。广大劳动者丧失所有财产和做人的尊严，沦为资本家的生产工具和雇佣工人。他们为了生存活命，获得维持生存和养家糊口的工资，就不得不把自己的劳动力出卖给资本家。但是，工人拿自己的劳动力商品在资本家那里换来的商品，只是勉强能够维护自己劳动力再生产的生活资料。如果拿工人一天工作12小时计算，工人所获得的生活资料通过6个小时的劳动就可以实现。但资本家绝不会让工人一天只干6个小时，而是要干12个小时，这多出的6个小时劳动所创造的价值，就变成归资本家无偿占有和剥夺的剩余价值了。工人阶级要想把资产阶级剥夺的生产资料剥夺回来，必须消灭资本主义私有制和推翻资本主义制度，必须要有无产阶级政党的领导和正确的指导思想。

三是经历一次次失败的工人运动呼唤诞生科学理论。欧洲工业快速发展，无产阶级反对资本主义制度的斗争进入新的历史阶段。1831年和1834年，法国里昂工人先后举行两次武装起义。1831年10月初，6000名工人迫使工厂主答应增加工资，但过后工厂主违背承诺，撕毁协议。11月21日，工人举行武装起义并取得暂时优势。12月3日，政府派来大批军队镇压，起义失败。1834年4月9日，里昂丝织工人再次起义，与政府军进行了6天激战，结果又一次惨遭失败。1836—1848年，英国掀起持续12年有着政治纲领《人民宪章》的工人运动，即著名的宪章运动。目的是要取得普选权，争取参与国家管理。在这12年里，伦敦工人阶级先后三次向国会提出请愿，每次都是以声势浩大的游行队伍冲向国会。由于没有政党领导和革命理论指导，三次起义均被政府军残酷镇压。1844年6月4日，德国西里西亚纺织工人3000人自发起义，集中打击工人最痛恨的工厂主。6月6日，起义队伍不敌强大的政府军而告失败。以上表明：现代无产阶级虽然成为一支独立的政治力量，但是，要想摆脱资产阶级的残酷剥削和废除资本主义私有制，必须要有无产阶级政党的正确领导，要有指引革命运动的科学理论。

（三）《共产党宣言》问世马克思所经历的苦难岁月

在《共产党宣言》形成和问世前后，马克思和恩格斯艰苦奋斗，同甘共苦，且都有过侨居、流亡的艰苦生活。然而，马克思所经历的坎坷、曲折和悲惨遭遇，则更加超乎寻常。

一是马克思多次被反动政府驱逐出境。1842年元旦，马克思在科伦参与创办《莱茵报》，10月15日担任该报主编。在此工作期间，马克思在该报共发表文章24篇（组），有些重要文章被书报检察官扣压未能发表。针对普鲁士政府关于林木盗窃法案不公正的情况，马克思发表了《关于林木盗窃法的辩论》一文，引起政府愤怒。1843年1月19日，普鲁士政府决定从4月1日起查封《莱茵报》。数天后，科伦市民集会提出关于继续出版《莱茵报》的请愿书。在市民的努力下，9月，《莱茵报》复刊了。这时，马克思发表了一篇抨击俄国沙皇的文章，引起沙皇尼古拉一世不满，并向普鲁士政府提出强烈抗议。普鲁士国王下令查禁《莱茵报》，驱逐马克思出境。

1843年10月，马克思和燕妮来到法国巴黎，目的是要在这里尽快出版发行《德法年鉴》。1844年2月底，《德法年鉴》在巴黎用德文只出版了1—2期合刊号，主要由马克思编辑。发表的文章有马克思的《〈黑格尔法哲学批判〉导言》和恩格斯的《国民经济学批判大纲》等。但是，合刊号其中运往德国销售的部分，在德法边境被普鲁士警察没收了。恩格斯的《国民经济学批判大纲》初步揭示了资本主义私有制的内在矛盾，马克思审完此稿很受启发。1844年8月底，恩格斯从曼彻斯特回国时，绕道巴黎第二次拜见马克思，从此两人成为最亲密的终身朋友。1845年1月，马克思参与编辑《前进周刊》。马克思在此刊继续发表文章，对德国的专制主义进行了尖锐的批评。普鲁士政府认为马克思是一个危险的革命家，坚决要求法国政府驱逐马克思。接着，马克思遭法国警察殴打后，被第二次驱逐出境，然后举家迁居布鲁塞尔。几个月后，恩格斯也迁移到布鲁塞尔帮助困境中的马克思。处于无奈和自卫考虑，1845年12月，马克思要求脱离普鲁士国籍。普鲁士政府同意了这个"危险青年"的请求后，马克思永远丧失了德国国籍，成为"世界公民"。1848年2月22日，法国二月革命爆发，马克思积极响应和支持了比利时的工人活动。3月3日，即在《共产党宣言》出版问世后，比利时国王决定在24小时内驱逐马克思出境。当天，正当马克思在野树林大街19号公寓收拾行装时，警察将马克思带走，送上了开往巴黎的火车，第三次被驱逐。2个月后，1848年4月，马克思和恩格斯一起从巴黎回到普鲁士科隆创办了《新莱茵报》。1849年5月16日，马克思又接到普鲁士当局的驱逐令。6月初，马克思又来到巴黎。8月26日，马克思又被法国政府驱逐出境，第五次被驱逐。

二是马克思一家居无定所，生活极度困苦。马克思多次被驱逐，侨居不定，频繁搬家，没有固定的工作，没有稳定的收入，精神上生活上压力巨大。每一次被驱逐，都让预交的房租化为泡影。每一次新租房，因交不起租金而去当铺典当更多的东西。马克思多次给朋友写信说，我妻子的首饰又进了当铺。1844年2月，《德法年鉴》在德国发行的部分被警察没收后没有了收入。同时，年鉴负责人撕毁了与马克思的出版合同，拒绝付给马克思应得的工资。正是在一家困苦不堪时，5月1日国际劳动节这一天，小燕妮诞生了。1845年的一天，因为马克思在《前进周刊》上发表的文章，法国政府的驱逐令传到家中。但马克思没有路费，燕妮把自己陪嫁的东西都典当了，凑足路费让马克思尽快离开巴黎前往比利时。在马克思生活十分拮据时，恩格斯把自己《英国工人经济状况》一书的稿费都给了马克思。从1847年起，马克思经常向恩格斯等人要钱借钱，还总是赊账买食品、药品等，欠了商店、药店、面包店很多债务。在这种情况下，马克思长期坚持超负荷研究写作，为创立马克思主义理论过度操劳，患下了多种疾病。

三是在《共产党宣言》形成期间，马克思恩格斯还有大量的写作任务和组织活动。1845—1848年，马克思作为政治难民居住在布鲁塞尔。1845年3月22日，马克思和比利时当局签署了一个"专注于哲学研究，不参加革命活动"的保证书。这样，比利时当局才发给了马克思一张居留证。当马克思把一家安顿下来后，就与刚来到布鲁塞尔的恩格斯开始了并肩战斗。1845—1846年，马克思恩格斯合写了《神圣家族》《德意志意识形态》等。1847年上半年，马克思写了《哲学的贫困》。8月底，马克思恩格斯在布鲁塞尔建立了德意志工人协会，目的是对侨居比利时的德国工人进行政治教育和宣

所有制改革

传共产主义思想。马克思定期在布鲁塞尔中心广场的"白天鹅之家"演讲。1847年11月29日,即同盟二大开幕这一天,马克思恩格斯参加在伦敦举行的纪念波兰起义17周年国际大会,并发表《论波兰》的简短演讲。正在起草《共产党宣言》的过程中,1847年12月下半月,马克思为根据布鲁塞尔的德意志工人协会所做的讲演写下了重要论著《雇佣劳动与资本》。1848年1月9日,也是在起草《共产党宣言》期间,马克思在布鲁塞尔民主协会召开的公众大会上发表《关于自由贸易问题的演说》,并于2月初出版。马克思恩格斯于1848年2月22日在布鲁塞尔举行的1846年克拉科夫起义两周年纪念大会上发表演说《论波兰问题》。在冒着极大政治风险和非常繁重工作任务的情况下,马克思恩格斯终于1848年2月,完成和出版了这一时期最重要的旷世经典《共产党宣言》。3月,马克思因没有兑现他的保证书"不参加革命活动"的承诺,被比利时政府驱逐出境。

二、《共产党宣言》的核心任务是要解决所有制问题

1847年12月8日,同盟二大通过的《共产主义者同盟章程》第一条明确规定:"同盟的目标是:推翻资产阶级,建立无产阶级统治,消灭以阶级对立为基础的资产阶级旧社会,建立没有阶级、没有私有制的新社会。"[1] 根据章程规定,当然主要是按照马克思恩格斯共同合议的意见、观点、方法,围绕如何推翻资产阶级政权和解决现存所有制问题,使形成的党纲《共产党宣言》充满了战斗精神。

(一)《共产党宣言》主张用暴力推翻资产阶级反动统治

为科学指导无产者革命运动,马克思恩格斯在《共产党宣言》

---

[1] 《共产党宣言》,人民出版社2018年版,第138页。

中，客观评价了资产阶级的历史作用，阐述了资本主义的内在矛盾，论述了无产阶级作为资本主义掘墓人的伟大历史使命，揭示了资本主义必然灭亡和共产主义必然胜利的历史规律。无产阶级政党的纲领和工人运动的总的目标是要推翻资本主义制度，建立一个新社会"联合体"。这就是《共产党宣言》所说的"代替那存在着阶级和阶级对立的资产阶级旧社会的，将是这样一个联合体，在那里，每个人的自由发展是一切人的自由发展的条件"。①《共产党宣言》中的这一设想与恩格斯《共产主义原理》中提出的建立"共产主义联合体"的思想完全一致。要达到这一目标，需要付出很大努力，甚至一定要进行暴力革命。《共产党宣言》十分明确地指出："共产党人不屑于隐瞒自己的观点和意图。他们公开宣布：他们的目的只有用暴力推翻全部现存的社会制度才能达到。"②这是《共产党宣言》号召全世界无产者联合起来的、推翻资本主义制度和建立未来理想社会的总结性的理论原则。

一是用暴力推翻资产阶级统治，建立无产阶级政权。"共产党人的最近目的是和其他一切无产阶级政党的最近目的一样的：使无产阶级形成为阶级，推翻资产阶级的统治，由无产阶级夺取政权③。"虽然资产阶级在历史上曾经起过非常革命的作用，但是，"它用公开的、无耻的、直接的、露骨的剥削代替了由宗教幻想和政治幻想掩盖着的剥削"。④虽然资产阶级在它不到100年的阶级统治中创造的生产力比过去一切时代创造的全部生产力还要多，但是，它现在已经变成束缚生产力发展的桎梏，它"所拥有的生产力已经不能再促

---

① 《马克思恩格斯文集》第2卷，人民出版社2009年版，第53页。
② 《马克思恩格斯文集》第2卷，人民出版社2009年版，第66页。
③ 《马克思恩格斯文集》第2卷，人民出版社2009年版，第44页。
④ 《马克思恩格斯文集》第2卷，人民出版社2009年版，第34页。

进资产阶级文明和资产阶级所有制关系的发展,相反,生产力已经强大到这种关系所不能适应的地步,它已经受到这种关系的阻碍,"也就是说,"资产阶级用来推翻封建制度的武器,现在却对准资产阶级自己了"。① 虽然资产阶级开拓了世界市场和促进了大工业发展,但是,它"赖以生产和占有产品的基础本身也就从他的脚下被挖掉了。它首先生产的是它自身的掘墓人。资产阶级的灭亡和无产阶级的胜利是同样不可避免的"。② 但是,无产阶级的统治地位绝不是等来的。必须要"通过革命使自己成为统治阶级",必须要"用暴力推翻资产阶级而建立自己的统治"。③

二是用暴力消灭阶级和阶级对立。《共产党宣言》指出:"从封建社会的灭亡中产生出来的现代资产阶级并没有消灭阶级对立。它只是用新的阶级、新的压迫条件、新的斗争形式代替了旧的。""整个社会日益分裂为两大敌对的阵营,分裂为两大相互直接对立的阶级:资产阶级和无产阶级。"④ 资产阶级是占有社会生产资料并使用雇佣劳动的阶级,无产阶级是没有生产资料靠出卖劳动力来维持生存的雇佣工人阶级,是受剥削受压迫的阶级。消灭资产阶级、消灭剥削制度势在必行。而消灭阶级、消灭阶级对立的历史任务,自然就落到了无产阶级的肩上。因为"只有无产阶级是真正革命的阶级。其余的阶级都随着大工业的发展而日趋没落和灭亡,无产阶级却是大工业本身的产物"。⑤ 但是,工人无产者的地位并不是随着工业的进步而上升,而是越来越降到本阶级的生存条件以下。因

---

① 《马克思恩格斯文集》第2卷,人民出版社2009年版,第37页。
② 《马克思恩格斯文集》第2卷,人民出版社2009年版,第43页。
③ 《马克思恩格斯文集》第2卷,人民出版社2009年版,第53、43页。
④ 《马克思恩格斯文集》第2卷,人民出版社2009年版,第32页。
⑤ 《马克思恩格斯文集》第2卷,人民出版社2009年版,第41页。

此，资产阶级就不能再统治下去了。那么，怎样才能达到自己的目的，用什么方法呢？一方面，《共产党宣言》指出："如果不就内容而就形式来说，无产阶级反对资产阶级的斗争首先是一国范围内的斗争。每一个国家的无产阶级当然首先应该打倒本国的资产阶级。"①另一方面，无产阶级"以统治阶级的资格用暴力消灭旧的生产关系，那么它在消灭这种生产关系的同时，也消灭了阶级对立的存在条件，消灭了阶级本身的存在条件，从而消灭了它自己这个阶级的统治"。②

三是用暴力开展阶级斗争和政治行动。《共产党宣言》第一章第一句："至今一切社会的历史（有文字记载的全部历史）都是阶级斗争的历史。"③也就是社会发展各个阶段上被剥削阶级和剥削阶级之间、被统治阶级和统治阶级之间斗争的历史。恩格斯在《共产党宣言》1883年德文版序言和1888年英文版序言都强调指出，"这个斗争现在已经达到这样一个阶段，即被剥削被压迫的阶级（无产阶级），如果不同时使整个社会永远摆脱剥削、压迫和阶级斗争，就不再能使自己从剥削它压迫它的那个阶级（资产阶级）下解放出来"。④对此，恩格斯给予高度评价，认为"在我看来这一思想对历史学必定会起到像达尔文学说对生物学所起的那样的作用"。⑤既然是阶级斗争，就必须要采取革命、政治、斗争、暴力的措施，什么"改良""和平""调和"之类的做法都不行。针对保守的或资产阶级的社会主义厌弃"革命运动""政治改革"等"可恶的观念"，《共产党宣言》进

---

① 《马克思恩格斯文集》第2卷，人民出版社2009年版，第43页。
② 《马克思恩格斯文集》第2卷，人民出版社2009年版，第53页。
③ 《马克思恩格斯文集》第2卷，人民出版社2009年版，第31页。
④ 《马克思恩格斯文集》第2卷，人民出版社2009年版，第9页。
⑤ 《马克思恩格斯文集》第2卷，人民出版社2009年版，第14页。

行了揭露和批判，指出，这种社会主义"绝对不是只有通过革命的途径才能实现的资产阶级生产关系的废除，而是一些在这种生产关系的基础上实行的行政上的改良，因而丝毫不会改变资本和雇佣劳动的关系"。①针对圣西门、傅立叶、欧文等人的社会主义体系中"拒绝政治行动""反对阶级斗争"和回避暴力革命来实现美好社会的计划，《共产党宣言》一样给予了坚决批判。"他们想通过和平的途径达到自己的目的，并且企图通过一些小型的、当然不会成功的试验"，或者"他们一贯企图削弱阶级斗争，调和对立"，来达到他们的目的，这只能是一种渴望的纯粹的空想。"阶级斗争越发展和越具有确定的形式，这种超乎阶级斗争的幻想，这种反对阶级斗争的幻想，就越失去任何实践意义和任何理论根据"。②

同时，除了消灭私有制和推翻资产阶级统治外，还要消灭资产阶级家庭、公妻制、民族对立和民族剥削、城乡对立、阶级差别、自由贸易、自由买卖、雇佣劳动、资本、市场和金钱、资产阶级宗教道德，等等。因为这些东西都是旧制度和现存资产阶级的产物，都是与共产主义新制度的要求不相适应的。

为了使《共产党宣言》付诸实施，为了让共产主义运动的最后胜利早日到来，晚年的恩格斯在《共产党宣言》发表45周年的时候，为《共产党宣言》写了最后一个序言，即1893年意大利文版序言。他在序言中语重心长而又充满信心地说："最近45年以来，资产阶级制度由于在世界各国引起了大工业的高涨，到处造成了人数众多的、集中的、强大的无产阶级；这样它就产生了——正如《共产党宣言》所说——它自身的掘墓人。"他在肯定1848年以来各国工人

---

① 《马克思恩格斯文集》第2卷，人民出版社2009年版，第61页。
② 《马克思恩格斯文集》第2卷，人民出版社2009年版，第63—64页。

运动的"共同的国际行动"后接着说:"1848年的战斗并不是白白进行的。从这次革命时期起直到今日的这45年,也不是白白过去的。这次革命时期的果实已开始成熟,而我的唯一愿望是这个意大利文译本的出版能成为意大利无产阶级胜利的良好预兆。""意大利是第一个资本主义民族。封建的中世纪的终结和现代资本主义纪元的开端,是以一位大人物为标志的。这位人物就是意大利人但丁,他是中世纪的最后一位诗人,同时又是新时代的最初一位诗人。现在也如1300年间那样,新的历史纪元正在到来。意大利是否会给我们一个新的但丁来宣告这个无产阶级新纪元的诞生呢?"[①] 可见,这时恩格斯这种推翻资本主义代之于社会主义的心情和愿望是多么的迫切!他希望这次的意大利文译本《共产党宣言》就是这个能够迎接"新纪元"到来的"新的但丁"。

(二)主要任务是要宣告消灭私有制

《共产党宣言》的主要任务是什么?这是马克思恩格斯重点考虑和回答的最集中、最基本、最突出的首要的问题。马克思恩格斯在为《共产党宣言》写的1882年俄文版序言中告诉我们:"《共产主义宣言》的任务,是宣告现代资产阶级所有制必然灭亡。"[②] 恩格斯在1890年德文版序言中又引录和重申了这一点。目标很明确,共产主义就是要废除现代资产阶级所有制。这就是共产党人的立场、观点和决心所在。因为所有制问题涉及无产阶级的根本利益问题,共产党人没有任何同整个无产阶级的利益不同的利益;他们在无产者不同的民族的斗争中,强调和坚持的是整个无产阶级共同的不分民族

[①] 《马克思恩格斯选集》第1卷,人民出版社1972年版,第249页。
[②] 《马克思恩格斯文集》第2卷,人民出版社2009年版,第8页。

的利益；他们在无产阶级和资产阶级的斗争所经历的各个发展阶段上，始终代表整个无产阶级运动的利益。马克思一贯的原则立场是："要使他们的利益能一致，就必须消灭现存的所有制关系，因为现存的所有制关系是造成一些民族剥削另一些民族的原因；对消灭现存的所有制关系关心的只有工人阶级。"① 他针对英国发生的情况指出，英国"从改革法案开始到废除谷物法为止的一切问题上，各政党不是为改变财产关系而斗争又是为什么呢？他们不正是为所有制问题、社会问题而斗争吗？"② 不可否认，所有制问题是一切问题中的根本问题。

在整个《共产党宣言》（包括七篇序言）中，一个贯穿全文的重要思想就是废除资产阶级所有制。因此，《共产党宣言》提及到有关所有制（财产）方面的地方频繁出现、随处可见。初步统计，提到有关所有制的地方共有78处（次）。为形成《共产党宣言》积极准备的恩格斯起草的《共产主义信条草案》和《共产主义原理》，则有65处提到有关所有制问题。这充分表明，所有制关系在无产阶级运动和社会变革中的关键地位和重要作用，在"一切反对现存社会制度和政治制度的革命运动"中的关键地位和重要作用。

废除资产阶级所有制，就是消灭私有制。只要一说到《共产党宣言》，人们几乎就要把《共产党宣言》与"消灭私有制"等同起来。是的，《共产党宣言》就是围绕这样的一个"共产党人的理论原理"进行的。马克思恩格斯在《共产党宣言》第二章（无产者和共产党人）中指出："共产党人可以把自己的理论概括为一句话：消灭

---

① 《马克思恩格斯选集》第1卷，人民出版社1972年版，第287页。
② 《马克思恩格斯选集》第1卷，人民出版社1972年版，第293页。

私有制。"①《共产党宣言》正文全篇25000多字，如果要集中起来汇成一句话，就是5个字：消灭私有制。掌握了这一点就掌握了"共产党人的理论"和《共产党宣言》的精神实质。这里提出的"消灭私有制"不是消灭别的什么私有制，就是消灭现存的资产阶级私有制。只要听说要"消灭私有制，"资产阶级就"惊慌"起来，而无产阶级就会受到极大鼓舞。在资本主义之前，经历过不同的社会制度和不同的所有制关系。而废除封建制度的所有制，代之以资本主义制度的所有制，这不是共产党人要做的事。"这些原理不过是现存的阶级斗争、我们眼前的历史运动的真实关系的一般表述。废除先前存在的所有制关系，并不是共产主义所独具的特征。""共产主义的特征并不是要废除一般的所有制，而是要废除资产阶级的所有制。"②《共产党宣言》认为，资产阶级财产出现以前的那种小资产阶级的、小农的财产，用不着我们去消灭，工业的快速发展已经把它消灭了，而且每天都在消灭它。那么，对于资产阶级的私有财产应该怎么办？这些财产是雇佣劳动通过创造资本创造出来的、被资产阶级剥削剥夺占有的，而我们现在需要做的是要把这些财产剥夺回来。《共产党宣言》坦率地承认了这一点："你们责备我们，是说我们要消灭你们的那种所有制。的确，我们是要这样做的。""共产主义并不剥夺任何人占有社会产品的权力，它只剥夺利用这种占有去奴役他人劳动的权利。"③

《共产党宣言》提出的关于消灭私有制的理论，直接吸收了恩格斯《共产主义原理》中的基本思想。在1847年11月29日至12月8

---

① 《马克思恩格斯文集》第2卷，人民出版社2009年版，第45页。
② 《马克思恩格斯文集》第2卷，人民出版社2009年版，第45页。
③ 《马克思恩格斯文集》第2卷，人民出版社2009年版，第47页。

日在伦敦召开的共产主义者同盟第二次代表大会上，与会代表认真讨论了恩格斯为大会提供的纲领草案《共产主义原理》，同时，按照马克思恩格斯的理论主张，修订和通过了《共产主义者同盟章程》。这个章程第一条旗帜鲜明地指出，消灭资产阶级旧社会，建立没有阶级、没有私有制的新社会。在此基础上，由马克思恩格斯进一步明确提出的"消灭私有制"这一重大的理论和实践问题，正式载入了无产阶级政党第一个纲领性文献《共产党宣言》。当然，《共产党宣言》的形成以及纲领中重要理论的提出，还吸收了马克思恩格斯此前如《〈黑格尔法哲学批判〉导言》《国民经济学批判大纲》《英国工人阶级状况》《德意志意识形态》等中的系统研究成果。

为什么要消灭资本主义私有制？

其一，私有制是少数人剥削多数人的制度。在资本主义制度下，占绝大多数的雇佣劳动者一无所有，少数人拥有社会全部财产。《共产党宣言》指出："我们要消灭私有制，你们就惊慌起来。但是，在你们的现存社会里，私有财产对十分之九的成员来说已经被消灭了；这种私有制之所以存在，正是因为私有财产对十分之九的成员来说已经不存在。可见，你们责备我们，是说我们要消灭那种以社会上的绝大多数人没有财产为必要条件的所有制。"[①] 或者是说，消灭那种以少数人占有财产、少数人剥削多数人为前提的所有制。为了"十分之九的成员"的利益，我们必须要消灭资产阶级私有制。

其二，私有制是资本主义生产关系的基础。资产阶级集中了社会所有财富，占有了一切生产资料。消灭私有制就是消灭资产阶级统治和资本主义制度赖以生存的物质条件，从而消灭阶级和阶级对

---

① 《马克思恩格斯文集》第 2 卷，人民出版社 2009 年版，第 47 页。

立。"在消灭这种生产关系的同时,也就消灭了阶级对立的存在条件,消灭了阶级本身的存在条件,从而消灭了它自己这个阶级的统治。"① "各种不同的等级差别和阶级差别由于消灭了它们的基础即私有制而必将消失一样。"② 只有消灭私有制,才能消灭阶级差别和阶级对立、消灭资本主义生产关系和资产阶级统治赖以生存的物质条件。

其三,私有制是资本主义社会的本质特征。《共产党宣言》始终抓住资本主义私有制这个本质特征,明确了共产主义的目标任务,提出了"全世界无产者联合起来"的鼓舞世界无产阶级革命运动的战斗口号。他们在深刻阐述这一特征的同时,展望了共产主义未来美好前景,进一步强调了消灭私有制的必要性。恩格斯指出:"无产者只有废除一切私有制才能解放自己。"③ 在大工业发展的条件下,"这种强大的、容易增长的生产力,已经发展到私有制和资产者远远不能驾驭的程度,以致经常引起社会制度极其剧烈的震荡。只有这时废除私有制才不仅可能,甚至完全必要"。④

消灭私有制应采取什么措施和步骤?按照《共产党宣言》的总体方案,主要有以下步骤:第一步使无产阶级上升为统治阶级;第二步实行民主;第三步与传统所有制关系和传统观念实行"最彻底的决裂";第四步夺取资产阶级的全部资本;第五步迅速增加生产力的总量;第六步组织使用暴力;第七步把生产集中在联合体。"当然首先必须对所有权和资产阶级生产关系实行强制性的干涉,也就是

---

① 《马克思恩格斯文集》第 2 卷,人民出版社 2009 年版,第 53 页。
② 《共产党宣言》,人民出版社 2018 年版,第 74 页。
③ 《共产党宣言》,人民出版社 2018 年版,第 71、79 页。
④ 《共产党宣言》,人民出版社 2018 年版,第 85 页。

采取这样一些措施，这些措施在经济上似乎是不够充分的和无法持续的，但是在运动进程中它们会越出本身，而且作为变革全部生产方式的手段是必不可少的。"①

在经济方面的具体措施主要还有：剥夺地产、赎买和剥夺资产者财产、没收反动分子的财产、征收累进税、废除继承权、取消私人银行、开垦荒地和改造土壤、发展农业、组织运输、实行工农结合、实行公共和免费教育、发展生产、组织劳动和无产者就业等。恩格斯指出："只要向私有制一发起猛烈的进攻，无产阶级就要被迫继续向前迈进，把全部资本、全部农业、全部工业、全部运输业和全部交换都越来越多地集中在国家手里。"②

这种消灭私有制的革命在什么情况下才能发生，首先应该在哪些国家发生？马克思恩格斯设想将会在多国同时发生。由于世界市场的出现，各国尤其是各文明国家的人民会彼此紧密地联系起来，互相影响，开展斗争。因此，恩格斯指出："共产主义革命将不是仅仅一个国家的革命，而是将在一切文明国家里，至少在英国、美国、法国、德国同时发生的革命，在这些国家的每一个国家中，共产主义革命发展得较快或较慢，要看这个国家是否有较发达的工业，较多的财富和比较大量的生产力。"同时，"共产主义革命也会大大影响世界上其他国家，会完全改变并大大加速它们原来的发展进程。"③可见，"世界市场"给"同时发生"提供了条件。马克思恩格斯"消灭私有制"的理论，指出了社会发展的历史必然和未来趋势，极大鼓舞了无产者的斗争热情，增强了共产党人的革命信念。

---

① 《马克思恩格斯文集》第2卷，人民出版社2009年版，第52页。
② 《共产党宣言》，人民出版社2018年版，第87页。
③ 《共产党宣言》，人民出版社2018年版，第88页。

（三）实行全部生产资料公有制

废除资本主义社会是要建立一个"自由人联合体"。消灭私有制后，在这个"自由人联合体"里到底应该建立一个什么样的所有制形式呢？《共产党宣言》有过这样的设想："资本不是一种个人力量，而是一种社会力量。因此，把资本变为公共的、属于社会全体成员的财产。"① 这就是说，消灭私有制后将代之以生产资料"公共占有"或"社会全体成员占有"，实际上就是实行生产资料公有制。但是，要先以国家（或社会）的名义，把生产资料交到国家手里。《共产党宣言》指出："无产阶级将利用自己的政治统治，一步一步地夺取资产阶级的全部资本，把一切生产工具集中在国家即组织成为统治阶级的无产阶级手里。"② 无产阶级在上升为统治阶级后，有一个短暂的"转变时期"或"过渡时期"。这时，应把夺取的全部资本和全部生产资料统一集中在国家手里，先归国家所有。这就是《共产党宣言》指出的要把全部资本、所有生产工具、工业和农业、银行信贷、所有土地、全部运输业等，都集中在国家手里，即建立统一的生产资料公有制。

推翻了资产阶级反动统治，把生产资料先集中在无产阶级国家手里是必要的。在《共产党宣言》之后，马克思恩格斯还有较多相关论述。马克思在《法兰西内战》中指出："生产资料的集中，这是无产阶级追求的希望，也是无产阶级运动的物质基础。"③ 他在《论土地国有化》中指出："生产资料的全国性集中将成为由自由平等的生产者的联合体所构成的社会的全国性基础，这些生产者将按照共

---

① 《马克思恩格斯文集》第2卷，人民出版社2009年版，第46页。
② 《马克思恩格斯文集》第2卷，人民出版社2009年版，第52页。
③ 《马克思恩格斯选集》第2卷，人民出版社1972年版，第419页。

同的合理的计划自觉地从事社会劳动。"①恩格斯在《反杜林论》中指出:"无产阶级将夺取国家政权,并且首先把生产资料变为国家财产。""国家真正作为整个社会的代表所采取的第一个行动,即以社会的名义占有生产资料,同时也是它作为国家所采取的最后一个独立行动。"②只有在消除了"旧社会的痕迹"和"弊端"后,"当国家终于真正成为整个社会的代表时,它就使自己成为多余的了"。③马克思在《资本论》中指出:"生产资料的集中和劳动的社会化,达到了同它们的资本主义外壳不能相容的地步。这个外壳就要炸毁了。资本主义私有制的丧钟就要响了。剥夺者就要被剥夺了。"④恩格斯认为,把生产资料变为公共财产,是现代无产阶级的历史使命,是无产阶级运动的基本任务。1890年8月,恩格斯在《致奥托·伯尼克》的信中说:新的社会制度"同现存制度的具有决定意义的差别当然在于,在实行全部生产资料公有制(先是国家的)基础上组织生产。"⑤马克思恩格斯这些关于公有制的论述与他们在《共产党宣言》中关于公有制的论述是完全一致的。

这里值得引起注意的是,在这个时候这个地方,一个完整的"生产资料公有制"概念出现了。这一概念与马克思恩格斯在各种不同场合不同时间使用的生产资料"公共占有""公共所有""共同占有""社会所有""社会占有""集体所有""集体财产""财产公有""集体占有""集体所有制""集体占有制""公有制""国家所有制""社会所有制"等概念,"生产资料的全国性集中"、"把生产资

---

① 《马克思恩格斯选集》第2卷,人民出版社1972年版,第454页。
② 《马克思恩格斯选集》第3卷,人民出版社1972年版,第320页。
③ 《马克思恩格斯选集》第3卷,人民出版社1972年版,第320页。
④ 《马克思恩格斯文集》第5卷,人民出版社2009年版,第874页。
⑤ 《马克思恩格斯文集》第10卷,人民出版社2009年版,第588页。

料变为国家财产"等表述，不完全相同，意义则完全相同。① 但是，一定要着重指出的是，在马克思恩格斯的全集中，在不同时期的版本中，在论述公有制及公有制的形式时，始终没有提出"全民所有制"这一概念。

《共产党宣言》提出把资本、生产资料变为"公共占有"或"社会全体成员占有"的财产，同时，又提出把"生产资料集中在国家手里"，或者说先把生产资料收归国有，这矛盾吗？不矛盾。这是步骤问题，其意义是完全一致的。在无产阶级刚刚上升为统治阶级时，通过无产阶级政权第一步先把所剥夺的生产资料交给国家，让这些生产资料由国家代表"社会全体成员占有"，这是可行的。前面说了，这个过程是暂时的，也是必要的。这时的国家，已经改变了它的资本主义性质而成为无产阶级专政的国家，成为社会主义国家。《共产党宣言》从阐述问题的需要出发，也是从采取措施和具体实施操作出发，对大量的原来具有资本主义性质的所有生产资料，提出"集中在国家手里"，这一步是正确的。其实，把生产资料交给国家，就是"共同占有""社会占有"，就是实行了生产资料公有制。关于"公共所有"的观点和表述，在后来《共产党宣言》的序言里也提出来了。1882年，马克思恩格斯通过对俄美两国资本主义发展进程的分

---

① 恩格斯1843年在《大陆上社会改革运动的进展》中提出了"集体所有制"概念。（《马克思恩格斯全集》第1卷，人民出版社1956年版，第575、590页）。马克思1874—1875年初在《巴枯宁〈国家制度和无政府状态〉一书摘要》中提出了"集体所有制"概念（《马克思恩格斯文集》第3卷，人民出版社2009年版，第404、406页）。马克思恩格斯1945—1946年在《德意志意识形态》中提出了"国家所有制"概念（《马克思恩格斯全集》第3卷，人民出版社1960年版，第25、69页）。马克思1867年在《资本论》第1卷、1877年在《给〈祖国纪事〉杂志编辑部的信》中提出了"社会所有制"概念（《马克思恩格斯文集》第5卷，人民出版社2009年版，第874页；同上，第3卷，第465页）。

析，论证了《共产党宣言》自发表以来无产阶级运动不断扩大的趋势，指出俄国已经从欧洲全部反动势力的最后一支庞大后备军变成了欧洲革命运动的先进部队，提出了原始土地公共所有制形式直接向高级的共产主义公共所有制过渡的想法。

关于社会主义的目标任务，即以生产资料公共占有取代私有制的问题，始终是马克思主义学说的重点和核心问题。1846年10月，针对有人提出共产主义是什么的问题，恩格斯用"三言两语"回答：这个问题难不倒我，共产主义就是"消灭私有制而代之以财产公有"。① 恩格斯在《共产主义信条草案》中指出："消灭私有制，代之以财产公有。""限制私有制，以便为私有制逐渐转变为社会所有制作准备"。② 他在《共产主义原理》中也说过：私有制必须废除，"而代之以共同使用全部生产工具和按照共同的协议来分配全部产品，即所谓财产公有"。③ 恩格斯的这些早期思想，在后来的《共产党宣言》中得到了充分体现。

同样，马克思也有很多相关论述。马克思指出：要把资本主义性质的劳动资料"改变为自由联合的劳动形式和社会的生产资料"。④ 马克思认为，"法国社会主义工人确定其经济方面努力的最终目的是使全部生产资料归集体所有"。⑤ 马克思1874—1875年初在《巴枯宁〈国家制度和无政府状态〉一书摘要》中指出："一开始就应当促进土地私有制向集体所有制过渡。""在集体所有制下，所谓的人民意

---

① 《马克思恩格斯文集》第10卷，人民出版社2009年版，第40页。
② 《共产党宣言》，人民出版社2018年版，第69、74页。
③ 《共产党宣言》，人民出版社2018年版，第84页。
④ 《马克思恩格斯选集》第2卷，人民出版社1972年版，第419页。
⑤ 《马克思恩格斯文集》第3卷，人民出版社2009年版，第568页。

志消失了,而让位给合作社的真正意志。"① 在 1877 年 10—11 月《给〈祖国纪事〉杂志编辑部的信》中,马克思指出:"实际上已经以一种集体生产方式为基础的资本主义所有制只能转变为社会所有制。"② 马克思在《资本论》第一卷指出:"以社会的生产经营为基础的资本主义所有制转化为社会所有制比较起来,自然是一个长久得多、艰苦得多、困难得多的过程。前者是少数掠夺者剥夺人民群众,后者是人民群众剥夺少数掠夺者。"③ 马克思所提出的"集体所有制""社会所有制"等这些意义完全相同的概念,其实都是指生产资料公有制。

消灭私有制代之以公有制,是马克思恩格斯一贯的信念和立场。晚年的恩格斯,更加慎重、更加坚定地强调了社会主义的目标任务。1893 年 5 月,恩格斯在一次与法国记者的谈话时,记者问你们的最终目标是什么,恩格斯说我们没有最终目标,关于未来社会的预定看法,您在我们这里连它们的影子也找不到。如果说很具体很详细的"影子"还没有或找不到的话,而一些重大的、原则性的目标早在几十年前就有了。所以,恩格斯实际上还是告诉了这位记者的最终目标。恩格斯接着说:"当我们把生产资料转交给整个社会的手里时,我们就心满意足了。"④ 这就等于告诉了他,我们的最终目标就是实现共产主义生产资料公有制。1894 年 11 月,恩格斯在《法德农民问题》中十分明确地指出:"必须以无产阶级所拥有的一切手段来为生产资料转归公共占有而斗争。""生产资料的公共占有便在纲领中被提出来作为应当争取的唯一的主要目的。""社会主义的任务,不

---

① 《马克思恩格斯文集》第 3 卷,人民出版社 2009 年版,第 404、406—407 页。
② 《马克思恩格斯文集》第 3 卷,人民出版社 2009 年版,第 465 页。
③ 《马克思恩格斯文集》第 5 卷,人民出版社 2009 年版,第 874—875 页。
④ 《马克思恩格斯文集》第 4 卷,人民出版社 2009 年版,第 562 页。

如说仅仅在于把生产资料转交给生产者公共占有。"① 早在1849年6月,马克思对法国的最初宪法草案初次概括的一个关于无产阶级革命要求"劳动权"的"笨拙公式"有一段论述:"其实劳动权就是支配的权力,支配资本的权力就是占有生产资料,使生产资料受联合起来的工人阶级支配,也就是消灭雇佣劳动、资本及其相互间的关系。"② 所以,1895年3月,恩格斯在为马克思再版《1848年至1850年的法兰西阶级斗争》写的导言中,对马克思的论述给予了高度赞赏和归纳,指出:"使本书具有特别重大意义的是,在这里第一次提出了世界各国工人政党都一致用以扼要表述自己的经济改造要求的公式,即生产资料归社会所有。"③ 这次指出"生产资料归社会所有",是恩格斯给共产主义运动的最后留言。

如前所述,马克思恩格斯在《共产党宣言》和其他著作、其他场合中,对生产资料公有制概念的表述不拘一格、多种多样。但是,有一点必须讲清楚,必须形成共识,这就是在他们的内心深处,在消灭商品货币和推翻资产阶级反动统治以后,在新的社会制度条件下建立起来的生产资料公有制及其实现形式是独一无二、单一存在的,没有任何不同性质的所有制形态与之并存,这种所有制就是社会全体成员共同占有的、统一的生产资料社会所有制。

(四)保护和重新建立个人所有制

《共产党宣言》虽然没有完整、直接地提出关于"个人所有制"的概念,但《共产党宣言》较早阐述了个人所有制的思想。因此,

---

① 《马克思恩格斯文集》第4卷,人民出版社2009年版,第516—517页。
② 《马克思恩格斯文集》第2卷,人民出版社2009年版,第113页。
③ 《马克思恩格斯文集》第4卷,人民出版社2009年版,第536页。

建立个人所有制同样也是《共产党宣言》任务中要解决的重要问题。我们平常说的"重新建立个人所有制",是马克思在与恩格斯原有研究包括《共产党宣言》有关"个人所有制"思想基础上,在《资本论》第一卷第一次明确提出和论述的理论,马克思和恩格斯在他们的多部著作中,对这一理论都进行了阐述和说明。

马克思在《资本论》中所论述的"重新建立个人所有制"是什么意思?对此,我国经济理论界有着各不相同的观点。20多年来,对"重新建立个人所有制"的理解,存在这样一些说法:有的说是个体经济,有的说是私营经济,有的说是股份制,有的说是公有制,等等。然而,这些理解都是误解。马克思在《资本论》第一卷是这样说的:"从资本主义生产方式产生的资本主义占有方式,从而资本主义的私有制,是对个人的、以自己劳动为基础的私有制的第一个否定。但资本主义生产由于自然过程的必然性,造成了对自身的否定。这是否定的否定。这种否定不是重新建立私有制,而是在资本主义时代的成就的基础上,也就是说,在协作和对土地及靠劳动本身生产的生产资料的共同占有的基础上,重新建立个人所有制。"① 其中说的"第一个否定""自身的否定""否定的否定",都是对生产资料的占有或所有而言的。经过"否定的否定"过程后,最后一句"重新建立个人所有制"是不是指生产资料方面的占有方式,是不是要重新建立生产资料个人所有制即生产资料私有制?绝对不是,"这种否定不是重新建立私有制"。如果是那样的话就成了杜林的"既是个人的又是公共的所有制的混沌世界"这一"深奥的辩证法之谜"。恩格斯在《反杜林论》中批判了这种"自由创造和臆想"的错误观点,捍卫了马克思的理论权威。马克思说的"个人所有制",是在"生产

---

① 《马克思恩格斯文集》第5卷,人民出版社2009年版,第874页。

资料的共同占有的基础上"重新建立的,不可能在未来生产资料公有制的基础上去建立生产资料私有制。恩格斯 1894 年 11 月在《法德农民问题》中指出,生产资料占有有两种形式,即个人占有和公共占有。"公共占有"是"应当争取的唯一的主要目标"。"社会主义的利益绝决不在于维护个人占有,而是在于排除它,因为凡是个人占有还存在的地方,公共占有就成为不可能。"① 现在可以明确了,马克思说的"个人所有制"不是一个生产资料所有制概念,而是一个生活资料所有制概念。之所以会对"个人所有制"造成误解,原因是把"个人所有制"理解为生产资料所有制概念。

在资本主义生产关系条件下,劳动者是不被当人看待的。因此,作为无产者或雇佣劳动者,他们除了自己的劳动力以外一无所有,既无生产资料又无生活资料,既不是生产资料的所有者,也不是生活资料的所有者。而资产阶级奴役和剥削他人的劳动,不仅占有生产资料,也占有劳动者创造出来的全部财富。马克思在《资本论》中指出,资本主义"使工人面临这样的威胁:在劳动资料被夺走的同时,生活资料也不断被夺走"。在这里,他还在注释中引用了莎士比亚《威尼斯商人》中的一句话:"你们夺去了我活命的资料,就是要了我的命。"② 这就告诉我们,在资本主义社会,工人劳动者根本无"个人所有制"可言。

人类社会历史表明,生产资料所有制经历了一个否定之否定的过程。封建的土地私有制否定了原始公有制,资本主义私有制是对原有土地私有制的否定,现在,这种私有制又要被加以否定并把它重新转变为公有制。"但是,这一要求并不是要恢复原始的公有制,

---

① 《马克思恩格斯文集》第 4 卷,人民出版社 2009 年版,第 516 页。
② 《马克思恩格斯文集》第 5 卷,人民出版社 2009 年版,第 560 页。

而是要建立高级得多、发达得多的公共占有形式。"①同样，重新建立"个人所有制"也不是要恢复以往的任何"个人所有制"，而是要重新建立在"高级得多、发达得多"的生产资料公有制基础上的"个人所有制"。

恩格斯对"个人所有制"问题分析得很透彻，阐述得很明确。恩格斯指出："大资本家阶级，在所有先进国家里几乎独占了生活资料和生产这些生活资料的手段（机器、工厂、工场等）。"而无产者，"他们仅仅为了换得生活资料，不得不把自己的劳动（力）出卖给第一阶级，即资产者"。"无产者可以说是整个资产者阶级的奴隶，……奴隶被看做物,不被看做市民社会的成员。"②恩格斯为马克思执笔起草《共产党宣言》提供的一篇重要文章《共产主义原理》，文中的许多阐述有关消灭私有制和建立个人所有制方面的思想，在后来的《共产党宣言》中都得到了充分体现。1877年6月，恩格斯应威·白拉克的请求，为他主编的《人民历书》丛刊撰写了一个马克思传略《卡尔·马克思》。恩格斯在写到资本家对工人是怎样剥削的问题时，他认为这是马克思的第二个重要发现，是马克思揭示和解答了这一问题。恩格斯说："现代资本主义生产方式是以两个社会阶级的存在为前提的，一方面是资本家，他们占有生产资料和生活资料；另一方面是无产者，他们被排除于这种占有之外而仅有一种商品即自己的劳动力可以出卖，因此他们不得不出卖这种劳动力以占有生活资料。"③恩格斯在1877年的《反杜林论》和1880年的《社会主义从空想到科学的发展》中几乎有同样的论述，指出：当社会的生产

---

① 《马克思恩格斯选集》第3卷，人民出版社1972年版，第178页。
② 《共产党宣言》，人民出版社2018年版，第71页。
③ 《马克思恩格斯文集》第3卷，人民出版社2009年版，第460页。

无政府状态让位于按照社会和每个成员的需要来进行有计划的调节生产时,"资本主义的占有方式,即产品起初奴役生产者而后又奴役占有者的占有方式,就让位于那种以现代生产资料的本性为基础的产品占有方式:一方面由社会直接占有,作为维持和扩大生产的资料,另一方面由个人直接占有,作为生活资料和享乐资料"。① 只有"让位于"社会公共占有生产资料的时候,才能出现"个人直接占有""生活资料和享乐资料"的情形。只有到那时,在"新的社会制度"里,"在人人都必须劳动的条件下,人人也都将同等地、愈益丰富地得到生活资料、享受资料、发展和表现一切体力和智力所需的资料"。② 这就是重新建立起来的"个人所有制"的内容和意义。恩格斯在《反杜林论》里还有一段话说得更加明确:"靠剥夺剥夺者而建立起来的状态,被称为以土地和靠劳动本身生产的生产资料的公有制为基础的个人所有制的恢复。对任何一个懂德语的人来说,这就是,公有制包括土地和其他生产资料,个人所有制包括产品即消费品。"③

马克思恩格斯在《共产党宣言》中有关阐述雇佣劳动的地方,都深刻论述了关于"个人所有制"的问题。因为这是马克思的一个重大发现,这个发现是全部经济学中的一个极为重要的问题。这就是,马克思在研究雇佣劳动和"个人所有制"时,发现雇佣工人通过出卖自己的劳动力为资本家创造了剩余价值。当然,在《资本论》和《反杜林论》之前的《共产党宣言》,没有提出过完整的"个人所有制"这一概念。但是,《共产党宣言》对雇佣劳动者和资本家阶级

---

① 《马克思恩格斯选集》第 3 卷,人民出版社 1972 年 5 月版,第 319—320 页、第 437—438 页。
② 《马克思恩格斯文集》第 1 卷,人民出版社 2009 年 12 月版,第 710 页。
③ 《马克思恩格斯选集》第 3 卷,人民出版社 1972 年 5 月版,第 170 页。

的关系和"个人所有制"的内容,已经进行了反复地深刻地揭示和阐述。《共产党宣言》描写了无产者在资本主义制度条件下极低的社会地位和生活状况,阐述了工人阶级没有任何自由、没有任何财产需要"加以保护"、没有任何占有方式和"个人所有制"可言。他们很"可怜",如果不废除现存的资本主义私有制,就不能抬起头来、挺起胸来。《共产党宣言》指出:由于机器和分工的推广,"工人变成了机器的单纯的附属品,要求他做的只是极其简单、极其单调和极容易学会的操作。因此,花在工人身上的费用,几乎只限于维持工人生活和延续工人后代所必需的生活资料"。[1] 接着指出:"无产者只有废除自己的现存的占有方式,从而废除全部现存的占有方式,才能取得社会生产力。无产者没有什么自己的东西必须加以保护,他们必须摧毁至今保护和保障私有财产的一切。"[2]《共产党宣言》在论述雇佣劳动时进一步指出:"雇佣劳动的平均价格是最低限度的工资,即工人为维持其工人生活所必需的生活资料的数额。因此,雇佣工人靠自己的劳动所占有的东西,只够勉强维持他的生命的再生产。我们决不打算消灭这种供直接生命再生产用的劳动产品的个人占有,这种占有并不会留下任何剩余的东西使人们有可能支配别人的劳动。我们要消灭的只是这种占有的可怜的性质,在这种占有下,工人仅仅为增殖资本而活着,只有在统治阶级的利益需要他活着的时候才能活着。"[3] 马克思恩格斯十分明确地告诉我们,他们以上所说的这些在资产阶级统治下,雇佣劳动者维持勉强生活、维持延续后代、维持劳动力再生产、维持生命再生产的必需的生活资料,都

---

[1] 《马克思恩格斯文集》第2卷,人民出版社2009年版,第38页。
[2] 《马克思恩格斯文集》第2卷,人民出版社2009年版,第42页。
[3] 《马克思恩格斯文集》第2卷,人民出版社2009年版,第46页。

不是真正的"个人所有制"。虽然在资本主义制度之前存在过"个人所有制",但那时劳动者的生活资料是很不充分、很不丰富的。只有在共产主义生产资料社会共同占有时,在人人都愉快的共同的劳动时,劳动者才能得到真正的属于自己的丰富的生活资料。不仅如此,他们还能得到充足的享受资料和发展体力和智力所需要的所有资料,并且这些资料丰富和充足到能够实行"按需分配"的程度。这才叫真正的"个人所有制",才是重新建立起来的和加以保护的"个人所有制"。

三、马克思恩格斯对《共产党宣言》及所有制理论的反思完善

1848年2月,马克思恩格斯的合著《共产党宣言》问世。在长达几十年的的革命斗争实践中,他们都始终关心着《共产党宣言》,经常提到1848年,也总是为《共产党宣言》感到自豪。尤其是他们时刻关心《共产党宣言》的历史作用,渴望《共产党宣言》有一天能迎接"新纪元"的到来。同时,他们还一直关心《共产党宣言》的翻译、出版、再版、发行和传播情况。然而,同样值得我们关注的是,马克思恩格斯后来根据变化了的经济政治形势,对《共产党宣言》和整个科学社会主义理论体系进行了反思、修改和完善,对坚持和发展马克思主义作出了重大贡献。

(一)关于《共产党宣言》的伟大历史作用

作为无产阶级政党的第一个纲领,《共产党宣言》为指导1848年以来国际无产阶级运动和人类社会的进步发挥了巨大作用,这是必须充分肯定的。恩格斯在《共产党宣言》1888、1990年两个不同

时间不同文字的版本序言中说了同样的话："《共产党宣言》的历史在很大程度上反映着现代工人阶级运动的历史；现在，它无疑是全部社会主义文献中传播最广和最具有国际性的著作，是从西伯利亚到加利福尼亚所有国家的千百万工人公认的共同的纲领。"①

在1890年的序言中，恩格斯指出："今天我写这个序言的时候，欧美无产阶级正在检阅自己第一次动员起来的战斗力量，他们动员起来，组成一支大军，在一个旗帜下，为了一个最近的目的，即早已由国际1866年日内瓦代表大会宣布、后来又由1889年巴黎工人代表大会再度宣布的在法律上确立八小时正常工作日。今天的情景将会使全世界的资本家和地主看到：全世界的无产者现在真正联合起来了。""如果马克思今天还能同我站在一起亲眼看见这种情景，那该多好啊！"②两次工人代表大会不仅要求在法律上规定八小时工作日，还规定五月一日为全世界无产阶级团结战斗的节日。1848年《共产党宣言》明确的"最近目的"是"推翻资产阶级的统治，由无产阶级夺取政权"。但是，42年过去了，这个目的并未实现。因此，恩格斯在1890年把"最近目的"作了调整，即把为工人争取八小时工作日作为"最近目的"。《共产党宣言》自发表以来，作为共产主义的科学理论，始终指引着工人运动和无产阶级的革命斗争，这对实行八小时工作制和维护工人阶级的正当利益，发挥了积极作用，尤其是马克思为此作出了重大贡献。恩格斯对此看得很重，因为这是在《共产党宣言》问世42年来所看到的最好的、最现实的、最满意的并且是通过普选方式取得的重大胜利成果。

恩格斯屡次说过这样一点，即构成《共产党宣言》的一个基本

---

① 《马克思恩格斯文集》第2卷，人民出版社2009年版，第13、21页。
② 《马克思恩格斯文集》第2卷，人民出版社2009年版，第22页。

思想或基本原理，就是把原始社会解体以来的全部社会历史，都归结为阶级斗争的历史。这个原理唤醒了全世界无产者，为指引无产阶级争取解放、摆脱被剥削被压迫地位产生了巨大影响。恩格斯认为，这个思想马克思在 1845 年前就"已经考虑成熟"，因此，这一思想"完全是属于马克思一个人的"。①在《共产党宣言》问世 25 年时，各国的经济政治形势和工人运动情况发生很大变化。但是，《共产党宣言》中马克思的这一原理经受住了考验和检验。马克思恩格斯早在《共产党宣言》1872 年德文版序言就肯定了这一原理："不管最近 25 年来的情况发生了多大的变化，这个《共产党宣言》中所阐述的一般原理整个说来直到现在还是完全正确的。"恩格斯在 1888 年英文版序言中继续肯定了这一点。②

除了序言外，恩格斯在其他很多地方都特别关注《共产党宣言》对无产阶级运动的指导意义。1884 年，恩格斯在《马克思和〈新莱茵报〉》(1848—1849 年)中，从总体上对《共产党宣言》给予了高度肯定。他指出，《共产党宣言》这个原则性的策略纲领"至今还完全适用"，"从来没有一个策略纲领像这个策略纲领那样得到了证实。它在革命前夜被提出后，就经受住了这次革命的检验；并且从那时起，任何一个工人政党每当背离这个策略纲领的时候，都因此而受到了惩罚。而现在，差不多过了 40 年以后，它已经成为欧洲——从马德里到彼得堡所有坚决而有觉悟的工人政党的准则"。③ 1885 年，恩格斯在《关于共产主义者同盟的历史》中指出："共产主义者同盟在 1847 年的《共产主义宣言》中写在旗帜上的理论原则，则是目前

---

① 《马克思恩格斯文集》第 2 卷，人民出版社 2009 年版，第 9、14—15 页。
② 《马克思恩格斯文集》第 2 卷，人民出版社 2009 年版，第 5、15 页。
③ 《马克思恩格斯文集》第 4 卷，人民出版社 2009 年版，第 3—4 页。

《共产党宣言》1872年德文版序言

　　共产主义者同盟这个在当时条件下自然只能是秘密团体的国际工人组织，1847年11月在伦敦举行的代表大会上委托我们两人起草一个准备公布的详细的理论和实践的党纲。结果就产生了这个《宣言》，《宣言》原稿在二月革命前几星期送到伦敦付印。《宣言》最初用德文出版，它用这种文字在德国、英国和美国至少印过12种不同的版本。第一个英译本是由海伦·麦克法林女士翻译的，于1850年在伦敦《红色共和党人》杂志上发表，1871年至少又有三种不同的英译本在美国出版。法译本于1848年六月起义前不久第一次在巴黎印行，最近又有法译本在纽约《社会主义者报》上发表；现在有人在准备新译本。波兰文译本在德文本初版问世后不久就在伦敦出现。俄译本是60年代在日内瓦出版的。丹麦文译本也是在原书问世后不久就出版了。

　　不管最近25年来的情况发生了多大的变化，这个《宣言》中所阐述的一般原理整个说来直到现在还是完全正确的。某些地方本来可以作一些修改。这些原理的实际运用，正如《宣言》中所说的，随时随地都要以当时的历史条件为转移，所以第二章末尾提出的那些革命措施根本没有特别的意义。如果是在今天，这一段在许多方面都会有不同的写法了。由于最近25年来大工业有了巨大发展而工人阶级的政党组织也跟着发展起来，由于首先有了二月革命的实际经验而后来尤其是有了无产阶级第一次掌握政权达两月之久的巴黎公社的实际经验，所以这纲领现在有些地方已经过时了。特别是公社已经证明："工人阶级不能简单地掌握现成的国家机器，并运用它来达到自己的目的。"（见《法兰西内战。国际工人协会总委员会宣言》德文版第19页，那里对这个思想作了更详细的阐述。）其次，很明显，对于社会主义文献所作的批判在今天看来是不完全的，因为这一批判只包括到1847年为止；同样也很明显，关于共产党人对待各种反对党派的态度的论述（第四章）虽然在原则上今天还是正确的，但是就其实际运用来说今天毕竟已经过时，因为政治形势已经完全改变，当时所列举的那些党派大部分已被历史的发展彻底扫除了。

　　但是《宣言》是一个历史文件，我们已没有权利来加以修改。下次再版时也许能加上一篇论述1847年到现在这段时期的导言。这次再版太仓促了，我们来不及做这件工作。

卡尔·马克思　费里德里希·恩格斯
1872年6月24日于伦敦

马克思恩格斯《共产党宣言》1872年德文版序言，对《共产党宣言》中的相关内容已经开始有所反思

欧洲和美洲整个无产阶级运动的最牢固的国际纽带。"① 在 1884、1887 年等年份,恩格斯总是重申《共产党宣言》关于无产阶级政党宗旨和策略的规定,强调"共产党人"始终代表整个运动的利益,代表运动的未来。他指出:"这就是现代社会主义的伟大创始人卡尔·马克思,还有我以及同我们一起工作的各国社会主义者 40 多年来所遵循的策略。结果是这个策略到处都把我们引向胜利,目前欧洲广大的社会主义者,在德国和法国,在比利时、荷兰和瑞士,在丹麦和瑞典,以及在西班牙和葡萄牙,就像一支统一的军队在同一的旗帜下战斗着。"② 恩格斯还指出:"如我所预见的,到处都有共产主义小组在《宣言》的基础上建立起来,这使我非常高兴。"③ 这充分表明了《共产党宣言》的强大凝聚力、号召力和巨大历史作用。

列宁是坚定的马克思主义者,他对《共产党宣言》所发挥的历史作用给予了高度评价。列宁在 1914 年指出:"这部著作以天才的透彻鲜明的笔调叙述了新的世界观,即包括社会生活在内的彻底的唯物主义、最全面最深刻的发展学说辩证法以及关于阶级斗争、关于共产主义新社会的创造者无产阶级所肩负的世界历史革命使命的理论。"④ 他在此前的 1895 年还指出:"这本书篇幅不多,价值却相当于多部巨著:它的精神至今还鼓舞着、推动着文明世界全体有组织的正在进行斗争的无产阶级。"⑤ 总之,《共产党宣言》阐述的科学理论,为无产阶级和共产党人认识世界和改造世界提供了强大思想武器。世界社会主义运动和人类进步事业已经证明并将继续证明,《共

---

① 《马克思恩格斯文集》第 4 卷,人民出版社 2009 年版,第 226 页。
② 《马克思恩格斯文集》第 4 卷,人民出版社 2009 年版,第 3—4、324—325 页。
③ 《马克思恩格斯文集》第 10 卷,人民出版社 2009 年版,第 83 页。
④ 《马克思恩格斯选集》第 1 卷,人民出版社 1972 年版,第 3 页。
⑤ 《马克思恩格斯选集》第 1 卷,人民出版社 1972 年版,第 38 页。

产党宣言》的理论原理揭示了社会发展的客观规律，是不可磨灭的普遍真理。

然而，《共产党宣言》的作用也有局限性。1848年《共产党宣言》明确的"最近目的"是"推翻资产阶级的统治，由无产阶级夺取政权"。同时，就是"废除资产阶级的所有制"。① 25年后，1872年，马克思恩格斯发现当时阐述的有些地方"已经过时"，提出需要考虑修改。如前所说，到1890年，42年过去了，这个目的和任务并未实现。因此，恩格斯把"最近目的"作了调整，即把为工人争取八小时工作日作为"最近目的"。到1893年，已经过去45年，革命仍未达到《共产党宣言》的预期。恩格斯指出："巴黎工人在推翻政府的同时也抱有推翻资产阶级统治的明确意图。但是，虽然他们已经认识到他们这个阶级和资产阶级之间存在着不可避免的对抗，然而无论法国经济的进展或法国工人群众的精神的发展，都还没有达到可能实现社会改造的程度。因此，革命的果实最终必然被资本家阶级拿去。"② 革命难以成功的原因，是欧洲经济发展条件还未达到能够推翻资产阶级统治的程度。另一个重要原因，是因为《共产党宣言》提倡的暴力已经不起作用。47年过去了，晚年的恩格斯在1895年，把"争取普选权"作为无产阶级的首要任务。很明显，恩格斯的意图就是要用普选权代之以暴力，以此来改变《共产党宣言》提出的斗争方式和斗争策略。

但是，《共产党宣言》是一部具有世界历史意义的文献，它的根本真理不可动摇，"全世界无产者，联合起来！"的战斗口号响彻全部人类历史。马克思主义史学家弗·梅林对《共产党宣言》有一个

---

① 《马克思恩格斯文集》第2卷，人民出版社2009年版，第44、45页。
② 《马克思恩格斯文集》第2卷，人民出版社2009年版，第25页。

公正客观的结论性的评论:"《宣言》中所阐述的基本原理总地说来仍旧是完全正确的。只要资产阶级和无产阶级之间的世界历史性的斗争没有结束,这些原理就总会是正确的。"①

2021年,是庆祝中国共产党成立100周年的大喜之年。在《共产党宣言》的直接影响下,在苦难深重的旧中国,大批仁人志士和先进知识分子觉醒起来,他们高举马克思主义旗帜,创建了中国共产党,为民族复兴开辟了一条光明道路。伟大的中国共产党从1921年成立以来,历经风风雨雨、艰难曲折,从小到大、从弱到强,到今天已经成为拥有9500多万名党员、领导着14亿多人口大国、具有重大全球影响力的世界第一大执政党。在这个波澜壮阔的光辉历程中,《共产党宣言》作为科学共产主义理论,始终是我们共产党人的崇高理想和坚定信念,始终是我们党团结带领中国人民进行伟大斗争、伟大工程、伟大事业、伟大梦想创造伟大成就的指导思想。百年大党,风华正茂。在全面建设中国特色社会主义现代化强国、向第二个百年奋斗目标进军的新征程上,《共产党宣言》将仍然是照亮我们勇往直前的一盏明灯。

(二)对《共产党宣言》要不要修改和修改的主要内容

马克思恩格斯在1872年序言最后一段指出:"但是《宣言》是一个历史文件,我们已没有权利来加以修改。下次再版时也许能加上一篇论述1847年到现在这段时间的导言。这次再版太仓促了,我们来不及做这件工作。"② 这是马克思恩格斯首次提出关于《共产党宣言》修改问题。恩格斯在1883年序言又说:"在他(指马克思)逝

---

① 弗·梅林:《马克思传》上卷,人民出版社1965年版,第200页。
② 《马克思恩格斯文集》第2卷,人民出版社2009年版,第6页。

世以后，就更谈不上对《宣言》作什么修改或补充了。"①1888年序言，恩格斯引录了1872年序言的内容，继续强调："某些地方本来可以作一些修改。""但是《宣言》是一个历史文件，我们已没有权利来加以修改。"当然，对于有些关键的地方，恩格斯认为"有必要申述"或"有责任指出"。但是，需要补充和说明的内容，恩格斯每次都是以注释的形式出现，有的是在序言中加以说明，从来没有直接对《共产党宣言》正文进行修改。比如"至今一切社会的历史都是阶级斗争的历史"这一句，恩格斯认为不太准确，就加了个注释作了说明，指出这是指"有文字记载的全部历史"，或在两次序言中指出的从原始社会解体以来的全部历史都是阶级斗争的历史。对其他重印的著作，恩格斯从来态度明朗："要么完整无损、一字不改，要么根本不印。在发表马克思和我过去的著作时，我决不能同意做即使是最小的删节以适应当前的新闻出版条件。"②

到底《共产党宣言》需不需要修改，有没有需要修改的地方，这是一个十分严肃和需要时间来考验的问题。马克思恩格斯在1850年3月中央委员会告同盟书中认为，同盟和《共产党宣言》都经受住了考验。指出："《共产主义宣言》中阐述的同盟关于运动的观点，都已被证明是唯一正确的观点，这些文件中的各种预见都已完全被证实。"③当时，同盟内部大家都有这样的估计和判断。正因为如此，同盟把以前的"秘密宣传"变为"在大庭广众之中公开宣扬"，把"秘密结社"变为"公开活动"，从而使以前坚强的组织大大地涣散了，个别的区部和支部开始放松了，大意了，结果使工人运动遭受

---

① 《马克思恩格斯文集》第2卷，人民出版社2009年版，第9页。
② 《马克思恩格斯文集》第10卷，人民出版社2009年版，第702页。
③ 《马克思恩格斯文集》第2卷，人民出版社2009年版，第188页。

了不应该有的损失。马克思恩格斯意识到了这个问题，指出："这种状况必须结束，工人的独立应该恢复。"① 这是他们在《共产党宣言》两年后的看法。由于时间不长，形势变化不大，尤其是资本主义工业还没有发展到一定程度，有些问题还没有显现，有些观点还没有完全被客观实际检验。在《共产党宣言》出版25年后甚至更长时间，在实际情况发生很大变化时，他们对《共产党宣言》的看法就有些不一样了，认为《共产党宣言》的"某些地方"就"可以作一些修改"了。

在《共产党宣言》发表25年后，马克思恩格斯为什么曾多次提出要对《共产党宣言》进行修改，是《共产党宣言》有的地方过时了吗？25年后，马克思恩格斯在对"当时的历史条件"下的《共产党宣言》给予充分肯定的同时，也明确指出了《共产党宣言》存在的问题。他们指出："由于最近25年来大工业有了巨大发展而工人阶级的政党组织也跟着发展起来，由于首先有了二月革命的实际经验而后来尤其是有了无产阶级第一次掌握政权达两月之久的巴黎公社的实际经验，所以这个纲领现在有些地方已经过时了。"② 40年后，恩格斯为《共产党宣言》作的1888年英文版序言，原原本本地引录了他和马克思共同为1872年德文版写的序言中的一大段话，强调提出了"有些地方已经过时了"的那些内容。恩格斯在指出他和马克思合著《共产党宣言》中关于阶级斗争基本思想是属于马克思一个人的后，紧接着就引录了这一大段话。《共产党宣言》是马克思恩格斯共同署名的合著，但由马克思执笔完成。1872年德文版序言（包括1882年俄文版序言）为马克思恩格斯共同署名合写，但这是否是

---

① 《马克思恩格斯文集》第2卷，人民出版社2009年版，第189页。
② 《马克思恩格斯文集》第2卷，人民出版社2009年12月版，第5—6页。

由恩格斯执笔完成的呢？因为这时马克思在《资本论》第一卷第一版出版后，正在集中精力和时间紧张地对第二版（七篇二十五章）的内容、篇章结构进行修订和出版。而恩格斯则侧重承担《共产党宣言》序言的执笔起草任务。

自1872年后，恩格斯关于对《共产党宣言》修改而又"没有权利"和"来不及修改"的问题，一直耿耿于怀、牵挂在心。当时还提出要为《共产党宣言》下次再版时写一篇"论述1847年到现在这段时期的导言"，以便在导言中多作些补充性说明。然而，在《共产党宣言》以后的多次再版直到1893年的版本，也没有出现这篇导言。原因是，马克思去世后，恩格斯用了11年时间夜以继日地为马克思整理出版《资本论》第二、三卷，工作更加繁忙。直到1895年2月14日—3月6日，恩格斯专门为马克思写了一篇《卡·马克思〈1848年至1850年的法兰西阶级斗争〉一书导言》（以下简称《导言》）。这是恩格斯在生命的最后时刻且在重病期间为马克思写的最后一篇文章，之后的有关活动他都谢绝，不能参加，更不能整理和出版《资本论》第四卷了。

《导言》虽然是恩格斯为马克思《1848年至1850年的法兰西阶级斗争》一书写的，但它同样也适用于《共产党宣言》。因为1848年至1850年这一阶段的情况以及1848年前发生的事件，几乎也是《共产党宣言》这一时期所经历的情况。特别是《导言》一开头就说到《共产党宣言》，并先后有三次直接提到了《共产党宣言》。因此，这个《导言》既是《1848年至1850年的法兰西阶级斗争》的，同时，又是《共产党宣言》的。恩格斯为什么在75岁高龄即逝世前几个月，还要不遗余力地为马克思45年前写的关于《1848年至1850年的法兰西阶级斗争》一书出版单行本并写此导言，为什么恩格斯在《导言》里还念念不忘 48 年前问世的《共产党宣言》？因为《导言》和《共产党宣言》确实有着必然的内在关联,《共产党宣言》肩负着关乎人类社会进步的神圣的历史使命。所以,《导言》要借此机会对《共产党宣言》乃至科学社会主义理论作出遗嘱性的重要政治交待。因此说,《共产党宣言》序言和《导言》不仅是对《共产党宣言》等的反思,而且是对整个科学共产主义理论体系的完善和发展。这就是恩格斯的崇高品德、严谨作风和责任担当。

究竟《共产党宣言》中的哪些内容需要修改?

首先,要修改的是第二章中有关所有制方面采取措施的内容。马克思恩格斯在《共产党宣言》1872 年序言中指出:"第二章末尾提出的那些革命措施根本没有特别的意义。如果是在今天,这一段在许多方面都会有不同的写法了。"① 这一章是《共产党宣言》全书的重点。这一章的主要任务也是整个《共产党宣言》的主要任务,就是消灭私有制和把全部生产资料集中在无产阶级手里。这一任务可先在"最先进的国家"如英、美、法、德等国完成,同时,这些"最先进的国家"都要采取 10 条具体措施。这些措施都是围绕所有制和产权关系变革提出的,"而且作为变革全部生产方式的手段是必不可少的"。② 恩格斯在《共产主义原理》中为达到消灭私有制的目的,提出了 12 条措施。这 12 条关于消灭私有制的措施都被马克思执笔的《共产党宣言》采纳了,形成了新 10 条。然而,今天情况变化了,这些原理的实际运用,"随时随地都要以当时的历史条件为转移",这些措施的意义就不大了。序言指出,"由于最近 25 年来大工业有了巨大发展而工人阶级的政党组织也跟着发展起来",尤其是有

---

① 《马克思恩格斯文集》第 2 卷,人民出版社 2009 年版,第 5 页。
② 《马克思恩格斯文集》第 2 卷,人民出版社 2009 年版,第 52—53 页。

了"二月革命"和巴黎公社的"实际经验","所以这个纲领现在有些地方已经过时了"。① 主要是当时《共产党宣言》认为,要做到这10条措施需要采取暴力手段,"用暴力消灭旧的生产关系",用暴力"使自己成为统治阶级",用暴力把生产资料集中在国家手里。恩格斯认为,今天看来,这些措施和这个写法是需要修改的。注意,这里不难表明,马克思恩格斯对这一章有关所有制方面提出的修改和反思,主要是对其所采取的"革命措施"和"斗争策略"进行反思,而对"消灭私有制"和实现公有制的原则、立场、观点,丝毫没有动摇,也绝对不会动摇。

第三章关于对社会主义文献的批判,因为只包括到1847年为止的情况,所以现在看来也是"不完全的"。这一章,《共产党宣言》用大量篇幅批判了各种类型的社会主义,尤其是批判了圣西门、傅立叶、欧文等人的理论体系中关于"和平""改良""调和"和反对"政治运动""革命行的""阶级斗争"的思想。所以,恩格斯后来根据无产阶级改变了斗争方式的实际情况,提出对过去批判这种非暴力革命思想的写法也要修改。

第四章关于对各种反对党派态度的论述,"虽然在原则上今天还是正确的,但是就其实际运用来说今天毕竟已经过时,因为政治形势已经完全改变,当时所列举的那些党派大部分已被历史的发展彻底扫除了"。② 因此,现在看来,这些论述也缺乏相应的针对性了。此外,恩格斯还以脚注的方式,对《共产党宣言》的其他地方也作了合理的补充、修改和说明。这些工作主要是由恩格斯来完成的。恩格斯的这种对自己高度负责、对马克思高度负责、对《共产党宣

---

① 《马克思恩格斯文集》第2卷,人民出版社2009年版,第5—6页。
② 《马克思恩格斯文集》第2卷,人民出版社2009年版,第6页。

言》高度负责、对科学社会主义理论高度负责的态度和精神，值得我们佩服和敬仰。

（三）关于消灭私有制的前提条件

"消灭私有制"，这是《共产党宣言》的主要任务和主要目的，也是人类社会的最终目标。但是，消灭私有制是有条件的。它既不能靠"一次简单的突然袭击"来废除现存的生产关系，因为这种办法已经被"彻底证明"不可能；也不能靠"等待"来迎接新社会的到来，因为"在新的世界经济危机爆发"和反动统治阶级未被推翻以前就"什么也等待不到"。关于如何才能消灭私有制，马克思恩格斯有很多论述。归纳起来，其条件主要有：一是生产力充分发展，产品极大丰富和足够满足需要。只有当生产力发展到资产阶级不能驾驭的程度或旧的所有制关系与新的生产力不再相适应的时候，废除资本主义私有制才有可能。二是逐步改造，不可急于求成。生产力是逐步扩大的，生产资料是逐步集中的，私有制不能一下子废除，实现财产公有的各种措施不能一下子实行，剥夺剥夺者的目标不能一下子达到。三是在多个发达国家同时发生，不能在单个国家。消灭私有制的革命是一个世界性的革命，它最有可能在英国、美国、法国、德国率先发生。各文明国家会互相影响，紧密联系，一国的革命活动会及时带动和影响其他国家积极响应。当然，这些国家也有先有后，英国最快最容易，德国最慢最困难。四是消灭阶级和竞争，代之以联合。在新的社会制度下，联合体的每个成员都能够完全自由地发展和施展才能。阶级和阶级对立已被消灭，竞争和商品交换不再存在，从而私有制也随之废除。如果忽视了这些条件，就会陷入脱离客观实际的空想。恩格斯说："要用几句话来概括未来新时代的精神，而又不堕入空想主义或者不流于空泛辞藻，几乎是不可能的。"①一句话，"只有在大工业的条件下才有可能消灭私有制"。②

可见，消灭私有制和实现财产共同占有，不是一件轻松的、容易的、随便的事情。晚年的恩格斯经验丰富，认识问题、分析问题、判断是非都很成熟，对未来社会详细情况不再轻易地多加设想和描写了。过去对未来社会的样子有时勾画得比较生动具体，如今在我们这里连它们的"影子"也找不到了。但是，对于所有制问题和财产共同占有的问题这一无产阶级运动最基本的问题和最大的原则问题，我们始终不会忘记。我们奋斗的目标、能让我们"心满意足"的事情，就是实现生产资料社会所有制。他在这里接着指出："但我们也清楚地知道，在目前的君主联邦制政府的统治下，这是不可能的。"③就是说，如果不推翻资产阶级反动统治，消灭私有制和让全部生产资料掌握在无产阶级手里，这是办不到的。"历史表明，我们以及所有和我们有同样想法的人，都是不对的。历史清楚地表明，当时欧洲大陆经济发展的状况还远没有成熟到可以铲除资本主义生产的程度。"不仅如此，资本主义"这个基础在1848年还具有很大的扩展能力"。④恩格斯晚年告诉我们，当时在1847、1848年条件还很不成熟的情况下，就更谈不上要实现消灭私有制这一良好愿望了，尽管这一愿望符合人类社会发展方向。几十年来的实际经验证明，恩格斯对重大问题的分析、判断和所得出的结论是正确的。

---

① 《马克思恩格斯文集》第10卷，人民出版社2009年版，第666页。
② 《马克思恩格斯选集》第1卷，人民出版社1972年版，第72页。
③ 《马克思恩格斯文集》第4卷，人民出版社2009年版，第562页。
④ 《马克思恩格斯文集》第4卷，人民出版社2009年版，第540页。

(四)《共产党宣言》属于马克思恩格斯的早期著作

马克思恩格斯为什么承认《共产党宣言》"有些地方已经过时",为什么《共产党宣言》有这么多内容要作修改?除了以上所说的,会不会这与《共产党宣言》是马克思恩格斯的早期思想和早期著作有关?如果是早期思想,难免对有些问题甚至是重要问题,在某个时期某个阶段的研究和考虑,加上后来由于经济政治形势发生重大变化,就有可能还不完全成熟,设想不那么精准。

《共产党宣言》是否是早期著作,这不得不要说到《雇佣劳动与资本》。马克思于1847年12月下半月写的《雇佣劳动与资本》,这与写《共产党宣言》几乎是同一时间。1891年4月30日,恩格斯专门为出版《雇佣劳动与资本》(单行本)写了一篇导言。这个小册子以往出版过多次,每次都"一字不动"未作修改。但是,这一次再版要不要修改?又一个十分严肃的问题摆在恩格斯面前。恩格斯提出思考:"因此我不免产生了一个问题:在这种情况下,马克思本人是否会同意不加修改地重版呢?"[①] 这里表明,《雇佣劳动与资本》一定存在某些有待于修改的地方。如果是这样,那就是出现了与《共产党宣言》一样的情况。这里同样要提出的问题是,要不要修改,有没有问题,关键的一点还要看它是什么时期的成果。恩格斯明确指出:"在40年代,马克思还没有完成他的政治经济学批判工作。这个工作只是到50年代末才告完成。因此,他的《政治经济学批判。第一分册》出版(1859年)以前发表的那些著作,有个别地方与他在1859年以后写的著作不尽一致,有些用语和整个语句如果用后来的著作中的观点来衡量,是不妥的,甚至是不正确的。因

[①]《马克思恩格斯文集》第1卷,人民出版社2009年版,第701页。

而不言而喻：在供一般读者阅读的普通版本中，作者的思想发展进程中所包含的这种早期的观点，也应该得到反映；作者和读者都有无可争议的权利要求不加修改地重印这些早期著作。在这种情况下，重印这些早期著作，我连想也不会想到要更改这些著作中的任何一个字。""但是，新刊行的版本可以说是专为在工人中进行宣传工作用的，这与上面所说的情况不同。在这种场合，马克思一定会使这个发表于 1849 年的旧的论述同他的新的观点一致起来。所以我确信，我在这个版本中为了在一切要点上达到这种一致而作的一些必要的修改和补充，是完全符合他的心愿的。因此，我要预先告诉读者：这本小册子现在已经不是像马克思在 1849 年写成的那个样子，而大致有些像在 1891 年写成的。"①

可见，恩格斯已经明确界定：《雇佣劳动与资本》是 19 世纪 40 年代的"早期著作"。"早期著作"的"早期观点"，由于"还没有完成他的政治经济学批判工作"，自然存在"不妥"、"不正确"的地方。很明显，与其同时写成的《共产党宣言》，也应该是"早期著作"了，也有"旧的论述"、"早期观点"，从而也有"不正确"的地方。因此，这些早期著作随着时间和形势变化存在有不妥之处，这都是正常的、难免的。恩格斯对《雇佣劳动与资本》进行了"必要的修改和补充"。这就是首先恩格斯在导言中，对其"牵涉到全部政治经济学中一个极重要的问题"，即对原稿上工人向资本家"出卖自己的劳动"，改为"出卖自己的**劳动力**"。② 这个修改，既是工人的需要，也符合马克思的心愿。这里虽然只有一字之改，但它对马克思《资本论》和剩余价值学说的形成具有十分重要的意义。除此之外，恩格斯还对

---

① 《马克思恩格斯文集》第 1 卷，人民出版社 2009 年版，第 701—702 页。
② 《马克思恩格斯选集》第 1 卷，人民出版社 1972 年版，第 341 页。

其正文以注释的形式，作了很多修改和补充。用同样的办法，恩格斯对《共产党宣言》也作了类似的修改。

《共产党宣言》是1847年12月开始起草的。这时的马克思不到30岁，恩格斯只有27岁，这正是马克思恩格斯的青年时代。青年时代的青年人激情四射，充满活力。但是，人无完人，更何况是青年人。和所有青年人一样，对马克思恩格斯也不必求全责备。《共产党宣言》是马克思执笔写成的。恩格斯研究经济学比马克思稍早，他的《政治经济学批判大纲》《英国工人阶级状况》《共产主义原理》等著作，对马克思和形成《共产党宣言》有一定影响。同时，有关空想家的优秀成果包括消灭私有制的观点，也起到了一些参考作用。《英国工人阶级状况》阐述的工人群众受压迫受剥削的悲惨遭遇，工人失业、贫困、饥饿、绝望的情景，印在了马克思的脑海里。马克思称《国民经济学批判大纲》是"天才大纲"，因为其中揭露资本主义生产方式的矛盾、强调消灭私有制、变革现存社会制度的论述，更加坚定了马克思研究政治经济学和推翻资本主义制度的决心。1843年9月，马克思第一次被普鲁士政府驱逐出国。这时，马克思面临"往何处去"的问题。但他有一个信念，即"只是想通过批判旧世界发现新世界"。他指出："我们现在应该做些什么，我指的就是要对现存的一切进行无情的批判，所谓无情，就是说，这种批判既不怕自己所作的结论，也不怕同现有各种势力发生冲突。"[①] 从此以后，他和恩格斯一刻也没有停止过反对资产阶级的斗争。1844年11月，恩格斯在巴门给马克思写信说：我即将脱稿的《英国工人阶级状况》，"要向全世界控告英国资产阶级所犯下的大量杀人、抢劫以及其他种种罪行，还要写一篇英文序言，打算单独印行，并分别寄

[①] 《马克思恩格斯文集》第10卷，人民出版社2009年版，第7页。

给英国的政党领袖、著作家和议员们。让这些家伙记住我吧。顺便说一句，不言而喻，我这是指桑骂槐，即骂的是德国资产阶级。我清清楚楚地告诉他们，他们和英国的资产阶级一样可恶。"① 此后，马克思继续发表文章抨击德国政府的专制主义，坚持宣传无产阶级运动的理论。总之，马克思对到1847年为止的所有斗争事件的种种影响、对反动政府和资本主义制度的无比愤慨、对共产主义未来的无限憧憬和不同于一般青年人的满腔热血，就都倾注到了《共产党宣言》当中。现在我们知道，尽管《共产党宣言》"有些地方已经过时"，但这是自然的、正常的和可以理解的。这种"过时"，丝毫不影响马克思是全世界无产阶级的伟大导师、马克思主义创始人的地位，不影响马克思是伟大政治家、哲学家、思想家、经济学家、革命理论家的崇高声望，不影响《共产党宣言》作为国际共产主义运动第一个纲领性文献在人类历史中的重要作用。

（五）恩格斯更多主张用普选权来代替暴力

恩格斯在《1848年至1850年的法兰西阶级斗争》一书的导言中指出："在判断当前发生的各个事件和一系列事件时，人们总是不能追溯到最终的经济原因。"② 马克思《1848年至1850年的法兰西阶级斗争》一书是"从一定经济状况出发来说明一段现代历史的初次尝试"。③ "不言而喻，这种对经济状况（这是所要研究的一切过程的真正基础）中同时发生的种种变化的不可避免的忽略，必然是产生错误的根源。但是，概括叙述眼前的事件时所面对的一切条件都不可

---

① 《马克思恩格斯文集》第10卷，人民出版社2009年版，第23页。
② 《马克思恩格斯文集》第4卷，人民出版社2009年版，第532页。
③ 《马克思恩格斯文集》第4卷，人民出版社2009年版，第532页。

避免地包含产生错误的根源,然而这并不妨碍任何人去写眼前的事件。"①"当马克思着手撰写本书时,要避免上面所说的那种产生错误的根源就更难了。"②尽管马克思叙述对当时事变内在联系的揭示达到了无人达到的程度,但还是不可避免地出现了某些错误。恩格斯诚恳地说:"历史表明我们也曾经错了,暴露出我们当时的看法只是一个幻想。历史走得更远:它不仅打破了我们当时的错误看法,并且还完全改变了无产阶级进行斗争的条件。1848年的斗争方法,今天在一切方面都已经过时了,这一点值得在这里比较仔细地加以探讨。"③这里说的"我们",是指法兰西阶级斗争一书,实际上也包含了"我们"的《共产党宣言》。这里说的"已经过时"的"斗争方法",是指暴力革命。《共产党宣言》当时也是"幻想"用暴力来达到一切目的的。同时,这个"我们"也是指马克思和恩格斯,恩格斯在这里主动承当了这一切。

当然,恩格斯对《共产党宣言》中提出的通过暴力推翻资产阶级统治和消灭私有制的主张也是认可的,但也是有条件的。1889年12月,恩格斯在致特里尔的信中指出:"无产阶级不通过暴力革命就不可能夺取自己的政治统治,即通往新社会的唯一大门,在这一点上,我们的意见是一致的。无产阶级要在决定关头强大到足以取得胜利,就必须(马克思和我从1847年以来就坚持这种立场)组成一个不同于其他所有政党并与他们对立的特殊政党,一个自觉的阶级政党。"④就是说,无产阶级实行暴力,必须要有强大的力量,要有"足以取得胜利"的把握,要有一个代表本阶级利益的政党的领导。

---

① 《马克思恩格斯文集》第4卷,人民出版社2009年版,第535页。
② 《马克思恩格斯文集》第4卷,人民出版社2009年版,第535页。
③ 《马克思恩格斯文集》第4卷,人民出版社2009年版,第538页。
④ 《马克思恩格斯文集》第10卷,人民出版社2009年版,第578页。

否则，如果不具备这些条件，无产阶级的革命目的和愿望就难以实现。如果不具备这些条件，就应采取别的斗争方式和策略。

恩格斯晚年为什么要为马克思再版《1848年至1850年的法兰西阶级斗争》？其直接动因，是要增加关于阐述法国情况的《1850年普选权的废除》的内容作为全书第四章。为什么要增加这一章？恩格斯说，这是"相当不错的一章"，有了这一章，"就真正使得这部著作完整了，否则小册子将显得残缺不全"。① 法国在1850年5月31日通过的《选举法修正案》规定，在固定居住地居住三年以上并直接纳税的人才有表决权。此法案使300多万选民丧失了选举权，这其实是把普选权废除了，使选举成为一种假象。而实际上，根据法国近几年的情况看，马克思认为，靠选举没有"决定性意义"，难以取得"决定性胜利"。因此，马克思指出："普选权已经完成了自己的使命。大多数人民都上了有教育意义的一课，普选权在革命时期所能起的作用不过如此而已。它必然会被革命或者反动所废除。""革命是历史的火车头。"② 只有进行革命斗争，无产阶级才能取得"决定性胜利"。他坚信，"新的革命肯定会来临"。可见，增加这一章的深层意义，是要使这部著作在这次再版中"完整"起来，是要让马克思"无产阶级专政"和"不断革命"的斗争策略精神得到充分体现。

再版《1848年至1850年的法兰西阶级斗争》一书增加第四章《1850年普选权的废除》，不仅使这一章与前三章的思想形成一致，而且也使全书关于"革命"斗争方式与《共产党宣言》关于"暴力"斗争手段一致起来了。恩格斯的真实目的和良苦用心，就是要借此

---

① 《马克思恩格斯文集》第10卷，人民出版社2009年版，第685页。
② 《马克思恩格斯文集》第2卷，人民出版社2009年版，第178、161页

机会写一篇既是针对《1848年至1850年的法兰西阶级斗争》又是针对《共产党宣言》的《导言》。因为《共产党宣言》中关于废除资本主义私有制和把生产资料变为公共占有，也是要通过暴力斗争方式来实现。

现在《导言》根据几十年资本主义变化的新情况和工人运动的新经验，对两部著作的"革命"、"暴力"思想进行了深刻反思，重新强调和阐述了普选权的巨大作用、理论价值和实践意义，调整了无产阶级的战斗任务和工人运动的斗争策略。这里必须重申，恩格斯提出的新的斗争策略思想，不是对马克思的篡改，不是对马克思主义的修正，不是从科学社会主义退回到民主社会主义，而是站在共产主义伟大事业新的起点上，从当时无产阶级实际需要出发，总结长期革命斗争经验教训，分析判断把握已经变化了的经济政治新形势，在始终不渝地坚持捍卫科学社会主义立场不动摇的基础上，勇于创新，与时俱进，进一步完善、丰富和发展了马克思主义。

恩格斯认为，普选权这一合法手段有"千百倍的好处"。他通过列举大量事实，充分肯定了"迅猛发展起来"的德国从1866年以来利用普选权为工人阶级事业作出的重大贡献，为各国实行普选权做出的榜样。对于普选权的好处和作用，恩格斯指出："世界历史的讽刺把一切都颠倒了过来。我们是'革命者'、'颠覆者'，但是我们用合法手段却比不合法手段和用颠覆的办法获得的成就多得多。"[①]在这种合法性下，其他党派"走向崩溃"，我们"却长得身强力壮，容光焕发，简直是一副长生不老的样子。只要我们不糊涂到任凭这些党派把我们骗入巷战，那么它们最后只有一条出路：自己去破坏这个

[①]《马克思恩格斯文集》第4卷，人民出版社2009年版，第552页。

致命的合法性"。①

那么，我们应该如何看待暴力和"革命权"呢？恩格斯说："我们的外国同志们没有放弃自己的革命权。须知革命权是唯一的真正的'历史权利'——是所有现代国家无一例外都以它为基础建立起来的唯一权利。"②确实，革命权当时已经如此普遍地深入人心，以往各国都没有放弃并且都采用了这种唯一的斗争形式。但是，革命权（即暴力革命）是一种以往的即"真正的历史权利"，而不是现在必须要采取的形式。过去我们一次次的起义，一次次被残酷镇压、惨遭失败的教训难道还不够吗？既然革命权是"历史权利"，那就让它成为历史吧。如今情况完全不同，以往的暴力方式不可再用。"现在，读者是否已经明白了，为什么统治阶级一定要把我们引到枪鸣剑啸的地方去？为什么现在人家因为我们不愿贸然走上我们预先知道必遭失败的街头，就指责我们怯懦？为什么他们这样坚决恳求我们最终答应去当炮灰？"③恩格斯还说，1848年后各大城市的街道都是又长又直又宽，都为统治阶级的新式枪炮能充分发挥效力作好了准备。一个革命者如果这个时候走上街头去进行街垒战，那他一定是疯了。现在可以证明，"在1848年要以一次简单的突然袭击来实现社会改造，是多么不可能的事情"。④

相反，用普选权的方式效果更好。恩格斯指出："近50年来的历史，已经教会了我们认识这一点。但是，为了使群众明白应该做什么，还必须进行长期的坚持不懈的工作，而我们现在正是在进行

---

① 《马克思恩格斯文集》第4卷，人民出版社2009年版，第552页。
② 《马克思恩格斯文集》第4卷，人民出版社2009年版，第550—551页。
③ 《马克思恩格斯文集》第4卷，人民出版社2009年版，第549页。
④ 《马克思恩格斯文集》第4卷，人民出版社2009年版，第41页。

这种工作,并且进行得很有效,已经使敌人陷于绝望。"①这表明普选权比革命权更有效、更有威力。德国工人1866年开始实行普选权是一个重大贡献和有益经验。"他们给了世界各国的同志们一件新的武器——最锐利的武器中的一件武器,向他们表明了应该怎样使用普选权。"②"而由于这样有效地利用普选权,无产阶级的一种崭新的斗争方式就开始发挥作用,并且迅速获得进一步的发展。"③因此,恩格斯才多次说,现在情况发生根本变化,1848年使用过的斗争形式、旧式起义、街垒巷战、暴力革命等,现在都"大大过时了","是一个幻想","是不对的"。要知道,《共产党宣言》也有类似情况,《导言》的相关论述,对《共产党宣言》也有一定针对性。《共产党宣言》当时确实是基本停留在采用暴力的认识上,并把希望寄托在暴力身上。比如,"无产阶级用暴力推翻资产阶级而建立自己的统治"④;无产阶级"以统治阶级的资格用暴力消灭旧的生产关系"⑤;"他们的目的只有用暴力推翻全部现存的社会制度才能达到"。⑥如果说要对《共产党宣言》进行反思和修改,用普选权代替暴力就是一个重大的反思和修改。

恩格斯虽然没有绝对放弃暴力,但更没有把暴力的作用绝对化。可能是恩格斯服过兵役的原因,他更知道政府军镇压起义的残酷性。因此,他更多的是倾向于避免暴力,避免政府的军事制裁。他早在1848年6月指出:"我们郑重地警告科伦的工人们不要上反动势力

---

① 《马克思恩格斯文集》第4卷,人民出版社2009年版,第549—550页。
② 《马克思恩格斯文集》第4卷,人民出版社2009年版,第544页。
③ 《马克思恩格斯文集》第4卷,人民出版社2009年版,第545页。
④ 《马克思恩格斯文集》第2卷,人民出版社2009年版,第43页。
⑤ 《马克思恩格斯文集》第2卷,人民出版社2009年版,第53页。
⑥ 《马克思恩格斯文集》第2卷,人民出版社2009年版,第66页。

的当。我们坚决请求他们不要给拥护旧普鲁士的政党提供任何足以被用来使科伦受到横暴的军事制裁的借口。"① 所以，恩格斯为马克思起草《共产党宣言》准备的《共产主义原理》，就没有提出要使用暴力。更早时期，恩格斯 1844 年在给马克思的信中指出："如果这里的无产者按照英国无产者那样的规律发展，那他们不久就会明白，作为个人和以暴力来反对旧的社会制度的这种方法，是没有用的。"② 他认为，暴力不仅没有用，而且更没有什么好处。1849 年 9 月他指出：无数战斗起义"使 1848 年成了空前未有的血迹斑斑的一年"。③ 而这一年，正是《共产党宣言》问世的一年。暴力使工人吃尽了苦头，这种残酷的事实，使恩格斯难以忘怀。在 1877 年的《反杜林论》中，恩格斯也不主张使用暴力。他反对杜林先生关于"基于暴力的所有制"的观点，认为，生产关系和交换关系发生变化，都是由于经济原因产生的，靠暴力解决不了所有制问题。恩格斯指出："私有财产在历史上的出现，决不是掠夺和暴力的结果。""在这里，暴力根本没有起任何作用。""甚至'强迫人们从事奴隶的劳役'的最现代的形式，即雇佣劳动，我们也不能用暴力或基于暴力的所有制去说明。"④1891 年 6 月，恩格斯在《1891 年社会民主党纲领草案批判》中认为，"现代的社会正在长入社会主义"，而不去考虑必须用暴力来炸毁旧社会的旧壳，"旧社会有可能和平长入新社会，比如在法国和美国那样的民主共和国，在英国那样的君主国"。⑤1893 年 5 月 11 日，在一次与法国记者的谈话中，记者问恩格斯，"你们会用暴力来

---

① 《马克思恩格斯全集》第 5 卷，人民出版社 1958 年版，第 69—70 页。
② 《马克思恩格斯文集》第 10 卷，人民出版社 2009 年版，第 19 页。
③ 《马克思恩格斯全集》第 5 卷，人民出版社 1958 年版，第 483 页。
④ 《马克思恩格斯文集》第 9 卷，人民出版社 2009 年版，第 169—170 页。
⑤ 《马克思恩格斯文集》第 4 卷，人民出版社 2009 年版，第 413—414 页。

回答暴力吗?"恩格斯回答:"我们并不那么愚蠢,以致自己投到政府为我们设下的圈套里去;要知道德国政府为了能镇压我们,它最希望的就是起义。"① 其实,无产阶级运动革命早已改变了斗争方式。因此,恩格斯直到1895年即在逝世前几个月为马克思再版《1848年至1850年的法兰西阶级斗争》一书写的《导言》中,对暴力革命的思想作出了最后的总结和反思。不过要看到,马克思晚年的观念有所转变,对无产阶级的斗争方式和斗争策略有了新的认识。为了"全人类的解放"和实现"全部生产资料归集体所有",他在1880年指出:"必须使用无产阶级所拥有的一切手段,包括借助于由向来是欺骗的工具变为解放工具的普选权。"②

为什么说恩格斯没有完全放弃暴力? 1894年12月6日,德国政府提出了一个《反颠覆法草案》(1895年5月被国会否决),规定对"蓄意用暴力推翻现行国家秩序者""唆使一个阶级用暴力行动反对另一个阶级从而破坏公共秩序者"等,采取严厉措施。③ 可能是受此法律影响,恩格斯在《导言》中提出用普选权取代暴力,提醒工人无产者不要去做无畏的牺牲。但是,恩格斯态度很明确,不能绝对放弃暴力。1895年3月8日,恩格斯在致理查·费舍的信中指出:"我不能容忍你们立誓忠于绝对守法,任何情况下都守法。""如果你们宣扬绝对放弃暴力行为,是决捞不到一点好处的,"④ 恩格斯在信中接着说,"长条校样第10页:'**现在**社会民主党是靠……来从事颠覆的',你们想去掉'**现在**'一词,也就是把暂时的策略变成永久的策略,把具有相对意义的策略变成具有绝对意义的策略。我不会这样

---

① 《马克思恩格斯文集》第4卷,人民出版社2009年版,第558—559页。
② 《马克思恩格斯文集》第3卷,人民出版社2009年版,第568页。
③ 《马克思恩格斯文集》第10卷,人民出版社2009年版,第830页。
④ 《马克思恩格斯文集》第10卷,人民出版社2009年版,第686页。

做，也不能这样做，以免使自己永世蒙受耻辱。因此我拒绝写什么相反的东西，我说：'正是现在遵守法律对社会民主党从事颠覆**十分有利**'。"① 意思是，我们"现在""遵守法律"放弃暴力是"暂时的策略"，不是永久的策略。如果把"现在"一词去掉，放弃暴力就成为永久的策略了。他在1894年4月1日致卡尔·考茨基的信中指出，《前进报》社论事先不通知我就发表了我的《导言》的摘录，在这篇经过修饰整理的社论中，"我成了一个温顺平和、无论如何都要守法的人。我特别希望《导言》现在能全文发表在《新时代》上，以消除这个可耻印象"。② 4月3日，恩格斯在致保尔·拉法格的信中指出："我谈的这个策略仅仅是针对**今天的德国**，而且还有重要的附带条件。对法国、比利时、意大利、奥地利来说，这个策略就不能整个采用。就是对德国，明天它也可能就不适用了。"③ 这表明，使用暴力这种策略并不是绝对的，恩格斯对未来并没有完全放弃暴力。

必须在这里指出，从国际共产主义运动的历史看，要不要暴力，什么时候采取什么斗争策略，不能一概而论，完全由某个国家根据自己的历史条件和实际情况来决定。当一个国家的上层建筑和生产关系阻碍生产力发展或成为生产力发展的桎梏的时候，这个国家的人民群众必然会起来革命，采取包括暴力在内的一切斗争方式推翻旧的反动统治阶级。同样，经过斗争推翻资产阶级和旧的社会制度后，具体怎样走社会主义道路，这个也不能一概而论，也是完全由某个国家根据自己的历史条件和实际情况来决定。如果不顾本国实际，一味照抄照搬，搞教条主义，必然会走入死胡同。中国共产党

---

① 《马克思恩格斯文集》第10卷，人民出版社2009年版，第687页。
② 《马克思恩格斯文集》第10卷，人民出版社2009年版，第699页。
③ 《马克思恩格斯文集》第10卷，人民出版社2009年版，第700页。

领导全国人民通过革命斗争，推翻反动统治和旧的社会制度后，坚持把马克思主义与中国实际相结合，坚持走中国特色社会主义道路，不断使我国取得革命、建设和改革开放的伟大胜利。

四、建立和完善中国特色社会主义基本经济制度

走什么样的道路选择什么样的所有制模式。经过长期艰辛磨难和正反两方面经验教训，告诉了我们一个道理，中国共产党和中国人民注定要开辟一条符合自己国情的正确道路，这就是中国特色社会主义道路。这条道路世界上没有现成的答案和照搬的模式，只能靠自己探索前进。走中国特色社会主义道路，一个最基本的选择，那就是必然要选择中国特色社会主义所有制模式。而这个模式的根本要求就是坚持以公有制为主体、多种所有制经济共同发展的基本经济制度，坚持"两个毫不动摇"，即毫不动摇巩固和发展公有制经济，毫不动摇鼓励、支持、引导非公有制经济发展。

（一）《共产党宣言》所有制理论对中国的深刻影响

在近现代史上，《共产党宣言》科学社会主义理论特别是《共产党宣言》中关于"消灭私有制"及未来社会的所有制理论，对中国革命斗争实践、社会主义建设实践和改革开放发展实践，有着极为重要的影响。170多年来，《共产党宣言》始终与中华民族的命运紧密相连。为寻找救国救民的道路，《共产党宣言》成为许多有识之士的指路明灯。在相对落后的旧中国，来自欧洲和日本在对中国传导社会主义思想方面起了很大作用。

中国最早读到《共产党宣言》的人是孙中山先生。1896年，中国革命先行者孙中山流亡欧洲留居英国期间，在大英博物馆第一次

知道马克思和恩格斯的名字，第一次读到《共产党宣言》等马克思主义著作，并开始研究社会主义运动。1897年他旅居日本多年，与日社会主义领导人幸德秋水交往。幸德秋水在阅读了《共产党宣言》、《资本论》第一卷等著作的基础上，撰写了《社会主义神髓》一书。1904年，幸德秋水和堺利彦在亚洲最早翻译的《共产党宣言》（缺正文第3章），载于《平民新闻》周报，1906年，《共产党宣言》全文刊登在《社会主义研究》创刊号上。到二战结束前，日本共有16种《共产党宣言》译本。1912年7月孙中山为上海《天铎报》最早题写了著名的"天下为公"四个大字。他对马克思主义进行了深入研究，汲取了欧洲各派社会主义理论精华，结合中国实际，创立了"三民主义"理论，为实现"天下为公"而奋斗了一生。在他的影响下，资产阶级革命派大力宣传《共产党宣言》思想。梁启超、朱执信、廖仲恺等先后撰文，介绍《共产党宣言》及共产主义运动。中国共产党早期领导人陈独秀、李达、董必武、李汉俊、周恩来、陈望道等留学日本开始读到《共产党宣言》和研究社会主义思想，并翻译了《共产党宣言》的一些段落。

陈望道是中国传播马克思主义的一代宗师，是中文全译本《共产党宣言》第一人。1915—1919年，陈望道东渡日本留学，期间课外钻研《共产党宣言》等著作。1919年6月，戴季陶奉孙中山之命在上海创办《星期评论》杂志。留日时，戴季陶购买了一本日文版《共产党宣言》带回国，曾试图译成中文，但感到有难度而放弃。1920年3月，戴季陶想译出《共产党宣言》在《星期评论》连载，便请党内邵力子物色推荐翻译人选。这时，邵力子想到了浙江同乡陈望道。他知道，陈望道经常为他主编的《民国日报》撰稿，文学功底非同一般，精通日语，留日时熟读马克思主义书籍，完全可以

1920年8月，陈望道翻译出版的马克思恩格斯《共产党宣言》中文版封面，由于排版疏忽把书名错印成《共党产宣言》，9月重印改正为《共产党宣言》

胜任。于是他向戴季陶推荐说："能承担此任者，非杭州陈望道莫属！"陈望道崇敬和信仰马克思主义，深感此书对建设中国共产主义理想社会的重要意义，故而欣然应承。于是，戴季陶把手中由幸德秋水、堺利彦合译的日文本《共产党宣言》，交给了陈望道。为精确翻译，他请陈独秀出面在李大钊那里借来英文本《共产党宣言》对照。接到任务后，陈望道回到老家浙江义乌分水塘村进行秘密翻译。一个多月后，至4月底，陈望道完成了《共产党宣言》全书翻译。5月中旬，正准备在《星期评论》连载时，租界当局干预迫使杂志停刊，《共产党宣言》刊载搁浅。6月下旬，陈望道托俞秀松将《共产党宣言》译本转交陈独秀。陈独秀马上把译本连同日、英文本《共产党宣言》让李汉俊校阅。李汉俊是党的创建者中的学者型人物、马克思主义理论家，通晓日、英、德、法四国语言。他认真仔细校正修改后，再交陈独秀审阅。陈望道按照他们两人的修改意见，作了定稿。1920年8月，上海共产主义小组建立，陈望道是8位成员之一，其主要任务就是出版《共产党宣言》。8月中旬，他们动用共产国际帮助筹谋建党的经费，在复兴中路成裕里12号设了秘密印刷所，负责承印《共产党宣言》。这样，第一本中文版《共产党宣言》全译本终于出版问世，印数1000册。但是，由于排版疏忽，把书名《共产党宣言》错印成《共党产宣言》。9月重印1000册，书名更正为《共产党宣言》。历史巧合，1848年2月首次在伦敦印刷出版的德文版《共产党宣言》，把第17页错印成了第23页。4月第二次出版时，纠正了此错。这种有误的巧合，或许可以说明共产主义事业并非一帆风顺、径情直遂。

至1926年5月，由社会主义研究社再版的《共产党宣言》达17版。之后，有华岗译本、成仿吾和徐冰译本、陈瘦石译本等。1943

年5月,毛泽东主持中央书记处会议,指定博古等人重新翻译《共产党宣言》。8月,新译《共产党宣言》(包括4篇序言)由解放出版社出版。中华人民共和国成立后,1949年11月,在北京印出了苏联含有全部7篇序言的《共产党宣言》一百周年纪念本。1998年,中央编译局出版了《共产党宣言》150周年纪念版。2018年,为纪念马克思诞辰200周年,人民出版社出版了《共产党宣言》特辑。老一辈无产阶级革命家毛泽东、周恩来、刘少奇、朱德、邓小平等人,都是在阅读了《共产党宣言》后坚定了共产主义理想信念。可以说,《共产党宣言》是我们建党建国的思想理论基础,为我们指明了解放的道路和不断前进的方向。

关于来自欧洲的影响。1919年底,蔡和森等有志青年赴法国勤工俭学。在法国期间,蔡和森翻译了《共产党宣言》《社会主义从空想到科学的发展》《共产主义"左"派幼稚病》《国家与革命》等一些马克思主义著作的重要章节,主张中国要走俄国十月革命的道路,第一次提出要"明目张胆正式成立一个中国共产党"的建党思想,要发动工农群众夺取政权。

在东欧俄国,有一些早期社会主义活动家流亡在西欧国家,结识了马克思和恩格斯,并接受了他们的共产主义思想观点,积极翻译和传播《共产党宣言》。恩格斯说:"得知在俄国青年中有一派人真诚地、无保留地接受了马克思的伟大的理论和历史理论,并坚决地同他们前辈的一切无政府主义的和带点泛斯拉夫主义的传统决裂,我感到自豪。如果马克思能够多活几年,那他本人也同样会以此自豪的。这是一个对俄国革命运动的发展将会具有重大意义的进步。"[①]

[①]《马克思恩格斯文集》第10卷,人民出版社2009年版,第532页。

在翻译《共产党宣言》方面，俄国比日本要早41年。1863年（即与马克思发生分歧前），巴枯宁翻译了《共产党宣言》俄文第一版。之后，俄早期社会主义活动家维拉·查苏利奇、普列汉诺夫等也翻译了《共产党宣言》俄译本。

列宁在1888年自学了《共产党宣言》《资本论》等，由此接受并一生坚信马克思主义。1892年，他组建了当地第一个马克思主义小组，并将《共产党宣言》译成俄文。在他54年的生涯中，有30年在流亡中度过。1917年11月7日（俄历10月25日），列宁亲自领导了著名的"十月革命"。起义胜利，列宁当选为第一届苏维埃政府主席，世界上第一个由共产党领导的无产阶级专政的社会主义国家从此诞生。1922年12月，建立了世界上第一个社会主义国家即俄罗斯苏维埃联邦社会主义共和国，开创了俄国乃至世界新纪元。马克思和恩格斯在为《共产党宣言》写的1882年俄文版序言中的愿望，以及他们"现今的俄国土地公有制便能成为共产主义发展的起点"[①]的科学预言，真真实实地成为了现实。

十月革命一声炮响，给中国送来了马克思列宁主义。从苏联传播至我国的《共产党宣言》（包括7篇序言）虽然较晚，但是，这时传入的《共产党宣言》更完整、更成熟，并且已经从理论成功指导了社会主义实践。因此，它对中国革命和建设的影响更大、更直接、更广泛。

苏联在半封建半资本主义较落后生产力基础上进行社会主义建设，没有先例，没有经验。因此，他们没有完全从国情出发，没有把马克思主义与本国具体实际相结合。他们的做法是在思想理论上

---

① 《马克思恩格斯文集》第2卷，人民出版社2009年版，第8、18页。

所有制改革

搞教条主义禁锢，政治体制上搞个人集权和高度集中，经济体制上搞计划经济、平均主义和单一公有制模式，对外关系上搞大国主义和霸权主义。从经济制度方面看，他们照搬照抄《共产党宣言》中关于"消灭私有制"和一切生产资料和财产转变为公有制的一般原理。列宁在十月革命前，第一次提出"全民所有制"的理论以及实行全民所有制的实践。列宁指出："土地所有制应该成为全民所有制，而确定这种所有制的应当是全国性的政权。""当你们建立起在自由土地上进行自由劳动的制度的时候，不会有什么地主占有制，不会有什么私人土地占有制，而只有全民所有制和全国土地的自由租佃者"。① 列宁指出："十月革命给自己提出的任务是：剥夺资本家的工厂，使生产工具归全民所有。"② 1921年苏联的国内战争结束后，列宁提出和实行了"新经济政策"，在商品生产理论上有所转变，号召要重视"商品交换"。同时，也提出了"合作社""合作制"的思想。但是，由于他在所有制问题上，始终坚持一切生产资料实行"国有化""社会所有""全民所有"的原则，"合作社""合作制"只是在短暂的过渡时期存在。那种为改善工农关系而指定的"商品交换"，也是短暂的有计划的产品互换，并不是真正的商品生产。这就从根本上决定了他的"商品交换"理论，最终是不能成立的。

在这样的理论原则指导下，苏联的所有土地、工厂、矿山、工具、铁路、粮食、产品等财产和生产资料，都实现了全民所有制，并通过"国有化"的途径，全部由国家直接管理。1928年，即在"一五"时期的第一年，苏联的私有经济在工业总产值中占17.6%，到1932年第一个五年计划的最后一年，私有经济只占0.5%，到

---

① 《列宁全集》第24卷，人民出版社1957年版，第454、458—459页。
② 《列宁全集》第28卷，人民出版社1956年版，第153页。

"二五"时期私有经济几乎全部被消灭。到1937年，其社会主义工业产值为99.8%，农业产值为98.5%，个体、私营经济都被当作资本主义加以消灭。他们盲目追求对所有制的升级、过渡，追求共产主义所有制的高级形式，实行对所有农民的个体经济都通过苏维埃政权转为集体所有制，继而实行集体所有制向全民所有制过渡。斯大林在1936年第一次提出把社会主义公有制分为全民所有制和集体所有制两种形式的理论，指出：社会主义的基础"就是公有制：国家的即全民所有制以及合作社集体农庄的所有制"。①1952年，他在《苏联社会主义经济问题》中进一步肯定了公有制的这两种形式，认为"集体农庄的财产是社会主义的财产"，不能把它"收归国有，宣布它是全民的财产"。②这是理论上的一个积极突破。

但是，他又想尽快向共产主义的高级形式过渡，迅速把公有制的二元形式单一化，并且要实行计划经济体制，限制和排斥商品、货币、市场。指出："为了把集体农庄所有制提高到全民所有制的水平，必须将集体农庄生产的剩余品从商品流通系统中排除出去，把它们纳入国家工业和集体农庄之间的产品交换系统。"③在赫鲁晓夫时期，加快了集体所有制向全民所有制过渡的步伐。1953年，全苏的集体所有制农庄93300个，国有农场4857个。到了1965年，集体所有制农庄减少到36900个，国有农场增加到11700个。这就是苏联通过采取"军事共产主义"实行的单一纯粹的公有制，即"全民所有制+集体所有制"模式。他们把这种模式强加给了东欧各社会主义国家，也传播进入了社会主义中国。

---

① 《斯大林文选》上卷，人民出版社1962年版，第77页。
② 《斯大林选集》下卷，人民出版社1979年版，第605页。
③ 《斯大林选集》下卷，人民出版社1979年版，第611页。

（二）中国特色社会主义要排除和防止所有制教条

马克思恩格斯认为，消灭私有制、实行单一化的公有制和重新建立"个人所有制"，是一个建立在生产力高度发达基础上的统一体。然而，中国社会主义制度是在半殖民地半封建基础上建立起来的，这个基础与苏联有很大不同，与《共产党宣言》所设想的基础和未来理想社会更加不一样。这就是说，如果不具备一定的生产力条件，要实行这样的所有制关系是做不到的。因此，我们搞社会主义建设选择的所有制关系就应该有所不同，因为我们不能也没有可以直接照搬的所有制模式。

有人认为，马克思恩格斯对中国未来的社会主义有预言。这个毫无根据。马克思恩格斯确实很早就开始关注中国。1842—1848年，马克思恩格斯在《评普鲁士最近的书报检查令》《德意志意识形态》《共产主义原理》《共产党宣言》等著中，不仅很多次提到中国、中国人，还对中国的市场、历史、文化、革命、前途等有过叙述。在1850年至1862年的10多年里，马克思恩格斯发表了10多篇关于阐述中国问题的文章。但是，他们始终没有说在中国会发生针对推翻反动统治阶级的社会主义革命。因为他们知道，当时的封建旧中国是"亚洲弱国"，贫穷落后，闭关自守，野蛮愚昧，一盘散沙，处于"半文明制度"状态，根本没有基础和没有条件进行社会主义革命，——即使是声势浩大的太平天国农民运动，也不可能开展具有如此意义的革命。他们更没有说而且也不会说在落后生产力基础上实行的社会主义、在当今中国建立的社会主义生产关系，也要消灭私有制；也要实行全民所有制，或采取单一的公有制模式；也要实行计划经济体制、取消市场和商品交换。

马克思在1853年写的《中国革命和欧洲革命》一文中说："英国的大炮破坏了皇帝的权威，迫使天朝帝国与地上的世界接触。与外界完全隔绝曾是保存旧中国的首要条件，而当这种隔绝状态通过英国而为暴力所打破的时候，接踵而来的必然是解体的过程，正如小心保存在密闭棺材里的木乃伊一接触新鲜空气便必然要解体一样。"① 当然，他又想通过英国引起中国革命即农民起义运动。为什么呢？马克思指出："当英国引起中国革命的时候，便发生一个问题，即这场革命将来会对英国并且通过英国对欧洲发生什么影响？这个问题是不难解答的。"② 那就是反过来会对欧洲的革命产生重大影响。"中国革命将把火星抛到现今工业体系这个火药装得足而又足的地雷上，把酝酿已久的普遍危机引爆，这个普遍危机一扩展到国外，紧接而来的将是欧洲大陆的政治革命。"③ 恩格斯也希望这样，他在1857年写的《波斯与中国》一文中说："旧中国的死亡时刻正在迅速临近"，"过不了多少年，我们就会亲眼看到世界上最古老的帝国的垂死挣扎，看到整个亚洲新纪元的曙光。"④ 而这个"曙光"将会"送往西方世界"。可见，马克思恩格斯仍然是想在英、法、美等国，燃起革命的烈火，实现他们在《共产党宣言》中所明确的既定方针。

1850年1月，马克思恩格斯在《国际述评（一）》一文中说了一段让一些中国理论家关注的话："虽然中国的社会主义跟欧洲的社会主义象中国哲学跟黑格尔哲学一样具有共同之点，但是，有一点

---

① 《马克思恩格斯文集》第2卷，人民出版社2009年版，第609页。
② 《马克思恩格斯文集》第2卷，人民出版社2009年版，第609页。
③ 《马克思恩格斯文集》第2卷，人民出版社2009年版，第612页。
④ 《马克思恩格斯文集》第2卷，人民出版社2009年版，第627、628页。

仍然是令人欣慰的,即世界上最古老最巩固的帝国 8 年来在英国资产者的大批印花布的影响下已经处于社会变革的前夕,而这次变革必将给这个国家的文明带来极其重要的结果。如果我们欧洲的反动分子不久的将来会逃奔亚洲,最后到达万里长城,到达最反动最保守的堡垒的大门,那末他们说不定就会看见这样的字样:中华共和国。自由,平等,博爱。"① 这里说的"中国的社会主义""中华共和国"是什么意思?理论家们认为,这是马克思恩格斯在为中国未来社会进行科学预言,"中华共和国"是给新中国取的新名字,"中国的社会主义"就是说的我们今天的社会主义中国。其实这完全是误解。在"英国资产者"的影响下,太平天国革命将为建立以公共利益为愿望的共和制,这看起来似乎有所进步,但它至多是西方 18 世纪的资产阶级共和国,这里说的"自由、平等、博爱",也不过是18 世纪西方资产阶级革命的口号。因此,这个"中华共和国"不是在给新中国取名字,与我们的新中国——中华人民共和国无关。这种"中华共和国"其实仍然是"中华帝国""天朝帝国""大清帝国"等。"中国的社会主义"也与马克思恩格斯的科学社会主义和我们今天的中国特色社会主义无关。尽管"中国的社会主义跟欧洲的社会主义""有共同之点",即有"消灭私有制"的意思,但它毕竟是一种中国式的小农空想社会主义,这还不如 19 世纪欧洲的空想社会主义。如上所述,马克思恩格斯没有给中国预言建立科学社会主义国家。如果是那样的话,马克思恩格斯就会把《共产党宣言》翻译成中文出版了,同时,就会为中文版《共产党宣言》写个中文版序言了。然而,这一切都不曾存在,太平天国革命运动及其乌托邦社会

---

① 《马克思恩格斯全集》第 7 卷,人民出版社 1959 年版,第 265 页。

主义也以失败而告终。①

我们是在中国共产党的领导下，取得了中国革命的胜利，建立了中华人民共和国，走上了社会主义道路。这是马克思恩格斯没有想到的。现在我们建设的是中国特色社会主义，走的是前人没有走过的路，没有现成的答案和方案，所以，我们只能选择适合中国国情的有中国特色社会主义的生产资料所有制模式。我们这样做，会经历很多艰苦探索，这是难免的，也是值得的。然而，如果我们在所有制方面不顾实际，盲目冒进、急于求成，搞教条主义，那是很危险的，是绝对行不通的，是要犯大错的。

中华人民共和国成立后，我们在探索推进社会主义建设的过程中，出现了一些重大失误。起初，我们准备从1952年下半年开始用10—15年时间，通过"一化三改"基本完成生产资料私有制到社会主义公有制的过渡。但是，到1956年仅用了4年时间，就基本完成了社会主义三大改造任务，实现了私有制向公有制转变的目标。据资料，在我国国民经济所有制结构中，1952年的全民所有制经济、集体所有制经济、公私合营经济、个体私营经济的比重分别是19.1%、1.5%、0.7%和78.7%，到1956年，其比重就变成为32.2%、53.4%、7.3%和7.1%，公有制经济比重达到了92.9%，个体私营经

---

① 尽管太平天国运动在中国革命历史上具有一定积极作用，但它给马克思留下很多不好的印象。马克思在1862年发表的《中国记事》中指出，太平军从19世纪50年代初"就开始闹革命了"，但是，"10年来他们的喧嚣一时的毫无意义的活动，把什么都破坏了，而什么都没有建设起来。"（《马克思恩格斯全集》第15卷，人民出版社1963年版，第546页）他们"丑恶万状"、"惊惶民众"、"胡作非为"、"强奸妇女"、"到处放火"、滥杀无辜，无恶不作。这样的革命运动又怎么能"消灭私有制"和废除封建土地所有制，怎么能建立起天下太平和公平合理的社会制度呢？因此，马克思在文中最后总结指出："太平军就是中国人的幻想所描绘的那个魔鬼的化身。但是，只有在中国才能有这类魔鬼。这类魔鬼是停滞的社会生活的产物。"（《马克思恩格斯全集》同上，第548页）

济所剩无几。1958年搞"大跃进"运动,提出"超英赶美",大刮"共产风",工业农业全面浮夸和脱离实际,给国民经济造成极大损失。由于急躁冒进、政策失误和自然灾害,导致1959—1961年全国性的粮食短缺和饥荒,经受了3年困难时期。1966—1976年长达10年的"文革",使党、国家和人民遭到中华人民共和国成立以来最严重的挫折和损失,使国民经济到了崩溃的边缘。到1978年,在全国工业产值的所有制比重中,国有工业占78%,集体工业占21.8%,私营个体占0.2%,私营经济基本被消灭。出现以上"左"倾思想和错误做法的原因很多,但其中一条重要原因就是搞脱离实际和违背客观规律的本本主义、教条主义。

中国的革命、建设、改革,关键任务也是要解决所有制问题。改革开放40多年来,我们坚持"两个毫不动摇"原则,以所有制和产权制改革为重点,大力调整和完善所有制结构,在发展公有制经济的同时,着力使个体私营等非公有制经济从无到有、从小到大、从弱到强,不断发展壮大。民营经济的地位和作用从"资本主义尾巴"到"有益补充""重要组成部分",再到"重要力量,使之与公有制经济共同形成中国特色社会主义所有制结构和基本经济制度,共同推动我国经济社会不断向前发展。如"国进民退论""民企离场论""公私合营论"等,有的甚至直接提出要"消灭私营经济"。这些观点是一种不切实际的幻想,完全是受"左"的和教条主义思想影响的表现,这是违背党和国家的大政方针的,是完全错误的和极其有害的。

长期以来,我们存在一个误解,认为马克思恩格斯在《共产党宣言》和其他场合讲的未来公有制有两种形式,即全民所有制和集体所有制,集体所有制是公有制的低级形式,全民所有制是公有制的高级形式，集体所有制要向全民所有制过渡。同样认为，未来理想社会有两种社会形态即共产主义社会和社会主义社会。社会主义是共产主义的低级阶段，共产主义是未来社会的最高阶段。这种误解来源于马克思《哥达纲领批判》中的有关论述。马克思指出："但是这些弊端，在共产主义社会第一阶段，在它经过长久的阵痛刚刚从资本主义社会里产生出来的形态中，是不可避免的。""在共产主义社会高级阶段上，在迫使人们奴隶般地服从分工的情形已经消失，……社会才能在自己的旗帜上写上：各尽所能，按需分配！"①我们以往把"第一阶段"和"高级阶段"理解为是资本主义社会之后的两个不同的社会制度，即"第一阶段"或低级阶段是社会主义社会，再之后才是共产主义社会。其实，我们这种观点直接来源于苏联，来源于列宁《国家与革命》对《哥达纲领批判》的理解。列宁说："'不劳动者不得食'这个社会主义原则已经实现了；'按等量劳动领取等量产品'这个社会主义原则也已经实现了。但是，这还不是共产主义。""马克思把通常所说的社会主义称作共产主义社会的'第一'阶段或低级阶段。既然生产资料已经成为公有财产，那么'共产主义'这个名词在这里也是可以用的，只要不忘记这还不是完全的共产主义。"②列宁对《哥达纲领批判》还有这样一个理解："人类从资本主义只能直接过渡到社会主义，即过渡到生产资料公有和按劳分配。我们党看得远些：社会主义必然会渐渐成长为共产主义，而在共产主义的旗帜上写的是：'各尽所能，按需分配'。"③列宁把"社会主义"与"共产主义"分割开来的这些理解不完全符合马

---

① 《马克思恩格斯选集》第3卷，人民出版社1972年版，第12页。
② 《列宁选集》第3卷，人民出版社1972年版，第252、255页。
③ 《列宁选集》第3卷，人民出版社1972年版，第62页。

克思的原意。而我们更是"为了图省事，为了不费脑筋"，心甘情愿、原原本本地进入了这个误区。

在马克思恩格斯看来，"社会主义"和"共产主义"是两个意义完全相同的概念，只是在不同的时期和不同的场合采用了不同的表达。马克思在《哥达纲领批判》中讲的"第一阶段"和"高级阶段"都讲的是共产主义社会。他在这里用的是"共产主义社会"一词，没有提到"社会主义社会"。由于共产主义社会在开始的时候，"是刚刚从资本主义社会中产生出来的"，所以在"第一阶段"还带有"旧社会的痕迹"和"弊端"，而这个阶段是很短暂的。但是，它就已经是共产主义社会了。同时，这个"第一阶段"，并不是说在资本主义社会和共产主义社会之间还有另一个社会形态即社会主义社会。马克思指出："在资本主义社会和共产主义社会之间，有一个从前者变为后者的革命转变时期。同这个时期相适应的也有一个政治上的过渡时期，这个时期的国家只能是无产阶级的革命专政。"① 这里不管是说的"之间"，还是"前者、后者"，其中间都不会有别的任何一种社会形态出现。要知道，在马克思恩格斯那里，社会主义和共产主义是通用的，只不过是在不同的时期和不同的地方用不同的名称，但都是一回事。在资本主义社会之后，不会出现两种不同的社会形态，而只有一个社会形态，也是最后一个社会形态，这个社会可以叫社会主义社会、也可以叫共产主义社会，这两个叫法、两种表述只是名称不同，其本质、内涵、特性都一样。

在1847年起草《共产党宣言》的时期，为区别各种形形色色的社会主义，马克思恩格斯把自己的理论称之为共产主义。在后来的很多地方，在不需要区别空想社会主义和各种社会主义流派的时候，

---

① 《马克思恩格斯选集》第3卷，人民出版社1972年版，第21页。

这两个称呼都可以用。比如，恩格斯在《反杜林论》《社会主义从空想到科学的发展》等著作中，用社会主义一词较多，或社会主义与共产主义并用。《社会主义从空想到科学的发展》最后一句总结句："这就是无产阶级运动的理论表现即科学社会主义的任务。"① 这里的"科学社会主义"和科学共产主义完全是一个意思。马克思指出："这种社会主义（即共产主义）就是宣布不断革命。"② 有时，马克思还有"社会主义或共产主义"的说法。恩格斯认为："马克思是当代唯一能够和那位伟大的佛罗伦萨人相提并论的社会主义者。"③因为马克思"是现代社会主义的伟大创始人"。④ 可见，在马克思恩格斯那里，社会主义和共产主义是并用的、等同的，并不是分割的，更没有社会主义是共产主义的低级阶段之意。

同样，在对所有制的论述方面，马克思在《哥达纲领批判》中和其他地方说的"集体占有""集体所有制"等，也容易被误解为是公有制的低级形式，从而要向公有制的高级形式过渡。即使在"革命专政"阶段，"国家仍然是土地的所有者，"即国家实行统一的生产资料公有制。马克思说："在一个集体的、以共同占有生产资料为基础的社会里，生产者并不交换自己的产品。"⑤ 他说："经济方面努力的最终目的是使全部生产资料归集体所有。"⑥ 这个"集体占有""集体所有"并不是苏联的和苏联传给我们的集体所有制。马克思恩格斯说的不管是"集体占有""共同占有"，还是"集体所有制""社会

---

① 《马克思恩格斯文集》第3卷，人民出版社2009年版，第567页。
② 《共产党宣言》，人民出版社2018年版，第118页。
③ 《马克思恩格斯文集》第10卷，人民出版社2009年版，第666页。
④ 《马克思恩格斯文集》第4卷，人民出版社2009年版，第324页。
⑤ 《马克思恩格斯选集》第3卷，人民出版社1972年版，第10页。
⑥ 《马克思恩格斯文集》第3卷，人民出版社2009年版，第568页。

所有制"等，都是共产主义"第一阶段"和"高级阶段"的单一的公有制形式。正是因为如此，所以在社会主义或共产主义"生产者并不交换自己的产品"。把公有制分为全民所有制和集体所有制两种形式，并且要使集体所有制向全民所有制过渡，这是苏联的作法，是斯大林的理论。

马克思恩格斯一贯反对教条主义。他们提出消灭私有制和建立公有制，是有前提条件的。根本的一条就是无产阶级掌握的生产力和生产资料相当充分。如果忽视这个条件，不把马克思主义与本国实际相结合，一味搞单一的公有制模式，一味实行"低级"的集体所有制向"高级"的全民所有制过渡，这就是典型的教条主义。马克思恩格斯的态度很明确，就是坚决反对教条主义。恩格斯指出："马克思的历史理论是任何坚定不移和始终一贯的革命策略的基本条件；为了找到这种策略，需要的只是把这一理论应用于本国的经济条件和政治条件。"[①] 这里说的很明白，就是要把马克思主义理论"应用于本国"具体实践。因为"马克思的整个世界观不是教义，而是方法。他所提供的不是现成的教条，而是进一步研究的出发点和供这种研究使用的方法"。[②] 他说："我所在的党并没有任何一劳永逸的现成方案。我们对未来非资本主义社会区别于现代社会的特征的看法，是从历史事实和发展过程中得出的确切结论；不结合这些事实和过程去加以阐明，就没有任何理论价值和实际价值。"[③] 恩格斯指出："用学理主义和教条主义的态度去对待它，认为只要把它背得烂熟，就能满足一切需要。对他们来说，这是教条，而不是行动的指

[①] 《马克思恩格斯文集》第10卷，人民出版社2009年版，第532页。
[②] 《马克思恩格斯文集》第10卷，人民出版社2009年版，第691页。
[③] 《马克思恩格斯文集》第10卷，人民出版社2009年版，第548页。

南。"① 他说：德国人"企图把他们那一套从外国输入的、常常是没有弄懂的理论变成一种'唯一能救世的教条',……我们的理论不是教条,而是对包含着一连贯互相衔接的阶段的发展过程的阐明"。② 恩格斯还说："要获取明确的理论认识,最好的道路就是从本身的错误中学习,吃一堑,长一智。""不要硬把别人在开始时还不能正确了解、但很快就能学会的一些东西灌输给别人,从而使初期不可避免的混乱现象变本加厉。"③ 他指出："许多人为了图省事,为了不费脑筋,想永久地采用一种只适宜于某一个时期的策略。其实,我们的策略不是凭空臆造的,而是根据经常变化的条件制定的。"④ 恩格斯的这些教诲,是不是对我们也曾有很强的针对性呢？是不是过去我们搞教条主义或输入别人的东西时出现过"混乱现象变本加厉"的情况呢？是不是我们也应该"从本身的错误中学习,吃一堑、长一智"呢？回想起来,我们过去一度脱离实际在已经变化了的条件下实行单一公有制模式的做法,是多么的幼稚。

实践证明,不管是进行新民主主义革命,还是实行社会主义建设,我们党带领全国人民必须走自己的符合本国国情的道路。在革命时期,我们把马克思主义中国化,克服了教条主义和各种艰难险阻,走农村包围城市、武装夺取政权的道路,建立了新中国。在社会主义建设特别是改革开放时期,我们同样走自己的路即中国特色社会主义道路,取得了举世瞩目的辉煌成就。这条路可能更难更长更远,但是,我们坚信,这条路我们走对了,走对了就不怕远。今

---

① 《马克思恩格斯文集》第 10 卷,人民出版社 2009 年版,第 557 页。
② 《马克思恩格斯文集》第 10 卷,人民出版社 2009 年版,第 560 页。
③ 《马克思恩格斯文集》第 10 卷,人民出版社 2009 年 12 月版,第 560 页、第 561 页。
④ 《马克思恩格斯文集》第 10 卷,人民出版社 2009 年 12 月版,第 630 页。

天，从站起来、富起来到强起来的中国，完全可以向全世界宣告，在中国共产党的正确领导下，中国大地发生的翻天覆地的巨大变化和展示在世人面前的辉煌成就，这是《共产党宣言》和科学社会主义理论在人类社会发展史上的成功实践和伟大胜利。今后只要我们坚持中国化的马克思主义，防止教条主义和假马克思主义的干扰，防止"左"的或右的尤其是"左"的干扰，继续团结奋斗、真抓实干、努力前进，向第二个百年进军、中华民族伟大复兴和建设社会主义现代化国家的奋斗目标就一定能够实现。

（三）坚持发展公有制经济同时积极发展非公有制经济

改革是生产关系的自我完善。其根本任务是推进所有制改革，调整所有制结构，建立和完善中国特色社会主义基本经济制度。党的十一届三中全会以后，我们破除了在所有制问题上的传统观念束缚，为非公有制经济发展打开了大门。40多年来特别是党的十八大以来，随着市场化改革的不断深入，我国的所有制结构发生巨大变化。在坚持发展公有制经济的同时，个体私营等非公有制经济从无到有、从小到大、从弱到强，不断发展壮大。其地位和作用从"资本主义尾巴"到"有益补充""重要组成部分"，再到"重要力量""重要主体"和"两个毫不动摇"，与公有制经济互相促进、相辅相成、相得益彰，形成我国基本经济制度，共同推动着我国经济社会不断向前发展。

党中央国务院高度重视民营经济和非公有制经济发展，先后出台了一系列关于促进民营经济、民间投资、私营企业、中小微企业发展的大政方针，相关法律法规体系逐步建立。2018年11月，习近平总书记在民营经济座谈会上发表重要讲话，充分肯定了民营经济的重要地位和作用，指出了当前民营经济发展遇到的困难和问题，同时，为大力支持民营经济发展提出了要求和希望。党的十六大提出了"毫不动摇地巩固和发展公有制经济""毫不动摇地鼓励、支持和引导非公有制经济发展"的方针。党的十八大后进一步强调"两个毫不动摇"，党的十九大把"两个毫不动摇"写入我们必须坚持的基本方略，进一步把它确定为党和国家的一项大政方针。2019年12月，中共中央、国务院发布《关于营造更好发展环境支持民营企业改革发展的意见》（28条），在为优化民营企业发展的市场环境、政策环境和法治环境等方面，作出了新的部署，给非公有制经济发展提供了强有力的支持。民营经济的发展，为我国的改革开放和现代化建设作出了巨大贡献。截至2017年，总体看，民营经济的贡献有"五六七八九"的特征。近两年，营商环境进一步优化，中央实施了减税降费政策，民营经济发展又出现新的积极变化。如安徽省广德县（现为广德市），民营经济已经成为改革发展的主体力量，到2019年上半年，出现了"八九九九九十"的贡献，即贡献了80%的GDP，95%的税收，95%的城镇就业，99%的企业数量，99%的科技创新成果，100%的进出口额。①

然而，有的地方、有的部门和有的人，对民营经济仍然存在某种偏见，在实际工作中心存疑虑，放不开手脚，使非公有制经济发展受到一定制约。一是市场化改革有待于加大力度，市场决定资源配置的作用没有充分发挥出来。处理市场与政府的关系成为一个难题，市场作用发挥不够，政府作用过度发挥。政府过多干预经济和插手企业，使大量贴近市场的民营企业在创新发展过程中受到影响。

---

① 这一组数据来源于《优化营商环境，促进民营经济发展》一文，见本书第158页。

二是有的思想解放不到位，对民营经济的认识没有完全统一到党和国家的大政方针上来。在实际工作中，有的地方随意给民营企业设置障碍，使民营企业至今未能享受与国有企业同等待遇。有的地方说一套，做一套，并未完全把民营企业家当自己人，亲清政商关系并未完全建立起来。特别是有的人散布不当言论，曲解马克思主义所有制理论，给人们的思想造成混乱，甚至给民营企业家造成不应有的恐慌。任何否定、怀疑、动摇我国基本经济制度的言行，都不符合中国特色社会主义的客观实际，都不符合党和国家的方针政策，都是完全错误的、极其有害的。三是整体民营经济的营商环境问题仍然突出，针对民营企业的服务有待加强。平等竞争的市场环境还没有完全形成，共同享受政策体系的体制机制还没有完全建立，融资难、融资贵的金融服务的突出问题还没有根本解决，私有财产神圣不可侵犯的法律保护地位还没有完全明确。

根据当前国际国内异常严峻复杂形势挑战，从中国特色社会主义现代化建设实际长远考虑，在巩固和发展公有制经济的同时，必须继续大力鼓励、支持、引导非公有制经济发展。首先，进一步解放思想，克服旧的观念束缚，把思想认识统一到中央的大政方针和决策部署上来。充分认识民营经济和非公有制经济在改革开放、经济发展、促进创新、改善民生、建设现代化经济体系中的重要作用，充分肯定非公有制经济在改革发展稳定中所作出的巨大贡献。非公有制经济是改革开放和市场经济发展的产物，现已成为稳就业稳增长和国民经济发展的重要力量，走中国特色社会主义道路和实现中华民族伟大复兴离不开非公有制经济继续发展壮大。其次，加快推进市场化改革，充分建立和完善社会主义市场经济体制，为非公有制经济持续发展提供体制保障。民营经济、非公有制经济最适应的生存环境是平等竞争的市场环境。因此,核心问题是加快市场化改革,把充分发挥市场在资源配置中的决定性作用的重大战略决策落到实处,要注重操作和实施,不要停留在纸上。要严格区分、界定市场和政府的职责定位,不得错位、更不得越位。要把更好发挥政府作用明细化、具体化、清单化、制度化,要加强监督,防止形式化、权利化,防止把政府作用发挥到干预"市场决定"的程度。处理好市场和政府的关系,是国家治理体系和治理能力现代化建设的重要内容,要进一步以法律的形式加以固定。第三,以建立和完善统筹公有制经济与非公有制经济共同发展的政策、制度、法律体系为重点,优化民营经济和非公有制经济的营商环境。在"两个毫不动摇"原则下,打破现有的在公有制经济和非公有制经济发展中的体制分割、政策分割、制度分割、法律分割的局面,建立统一的起跑线,遵守统一竞争规律,培育统一制度、体制、政策、法律环境。公有制经济和非公有制经济都是社会主义市场经济的重要组成部分,都是我国经济社会发展的重要基础。二者同等重要,不可偏废,不得"重公轻非""重国轻民"。目前,需要尽快解决民营企业在融资、税费、用地、人才培养、教育培训、产权保护、市场竞争、使用生产要素等方面不平等的问题,尽一切力量帮助民营企业渡过疫情冲击这一难关。

结束语

所有制理论是马克思主义的理论精髓。然而,马克思主义活的灵魂是解放思想、实事求是、与时俱进。《共产党宣言》中对所有制问题的阐述,不是教条和现存方案,而是一种世界观和方法论。坚持公有制为主体、多种所有制经济共同发展,是把马克思主义与中

所有制改革

国具体实际相结合的体现,是把马克思主义中国化的基本内容。中国改革取得辉煌成就,集中到一点就是在中国共产党的坚强领导下,所有制改革和产权制度改革取得巨大突破。要继续深化改革、扩大开放,促进我国经济社会持续快速稳步发展,全力向第二个百年奋斗目标进军和实现中华民族伟大复兴,建设社会主义现代化强国,必须始终从国情出发,坚持"两个毫不动摇",坚持和完善基本经济制度,坚定不移走中国特色社会主义道路。必须进一步解放思想,不断开拓创新,努力在产权制度改革、优化所有制结构的理论和实践方面继续谱写新的篇章。

后 记

改革开放40多年来，中国共产党坚持把马克思主义基本原理与中国具体实际相结合，高举中国特色社会主义伟大旗帜，把所有制改革作为创新发展的突破口和重要领域，坚持和完善公有制为主体、多种所有制经济共同发展的基本经济制度，坚持"两个毫不动摇"原则，不断调整和完善所有制结构，稳步推进改革开放并取得令人瞩目的辉煌成就。

在改革的关键时期，笔者把所有制改革的理论与实践作为研究的方向和重点，注重用一些新的观点、方法来影响和促进中国改革发展进程。书中关于中国改革的相关探索尤其是所有制改革方面的研究成果，不仅经受住了形势发展变化的考验，而且在不断深化改革中发挥积极作用。经典著作中的所有制理论是指导，是方法，不是教条。解放思想、实事求是、与时俱进是马克思主义活的灵魂和生命力所在。改革开放以来，我们在坚持公有制主体的同时，大力发展个体、私营、外资等非公有制经济，这是在中国特色社会主义条件下把马克思主义中国化的生动体现。笔者考虑，如果把《〈共产党宣言〉及其所有制问题》这篇新的学习体会和以往有关文章整合在一起是有意义的，这样就形成了《所有制改革》这本书。

《所有制改革》的内容大致分为所有制改革理论、所有制改革实践、经典著作所有制思想三大部分，包括导言、正文共汇集16篇先后公开发表的文章。其中《所有制改革回顾与展望——〈所有制改革〉一书导言》《优化营商环境，促进民营经济发展》《〈共产党宣言〉及其所有制问题》是近期新作。

《优化营商环境，促进民营经济发展》和《〈共产党宣言〉及其所有制问题》（45000字左右）的主要内容，分别在《中国发展观察》等刊物和《社会主义研究》杂志、中国改革网、中国理论网等网站发表，均引起各界极大反响。

这次专门为出版本书写的导言，叙述了笔者在我国改革关键时期研究所有制改革理论和实践的重要过程，对未来提出了一些新的思考和建议。如果朋友们想更多了解作者和本书内容，还请阅读著名经济学家陈东琪为本书所作的序言。

在编辑出版本书过程中，笔者同时也对所有文章进行了校订。除了对《鼓励和引导民间投资发展的政策建议》和《围绕完善所有制结构深化经济体制改革》这两篇文章的内容和个别文章的标题作了修改外，其他文章都保持了原样，未作改动。同时，对书中所有引文内容的来源、版本等，都进行了一一核实、对照和注明，对部分文章的脚注予以了充实和加强。

同时需加说明的是，书中有的表述是反映当时情况的观点，现在看来难免会存在某些不妥之处。由于理论水平有限，对于《所有制改革》书中一些新的尝试性的认识，有的地方还可进一步研究和探讨，真诚地希望读者能给予谅解和不吝赐教。

《所有制改革》一书能够顺利出版问世，得到中共中央党校出版社的大力支持和热情帮助，家人付出很多辛劳，在此深表谢意！

胡德巧

2021年12月于北京新海苑